国家社科基金后期资助项目"保罗·利科诗学的'事件'概念研究"（项目号：19FZWB068）的最终成果

事件的诗学：
保罗·利科的"事件"概念

Poetics of Event: the Concept of Event in Paul Ricoeur

刘欣 著

南开大学出版社

天 津

图书在版编目(CIP)数据

　　事件的诗学：保罗·利科的"事件"概念 / 刘欣著
. —天津：南开大学出版社，2022.3
　　ISBN 978-7-310-06201-0

　　Ⅰ.①事… Ⅱ.①刘… Ⅲ.①里克尔(Ricoeur,
Paul 1913－2005)－文学理论－研究 Ⅳ.①B565.59
②I565.065

中国版本图书馆 CIP 数据核字(2021)第 244186 号

事件的诗学:保罗·利科的"事件"概念
SHIJIAN DE SHIXUE：BAOLUO LIKE DE "SHIJIAN" GAINIAN

南开大学出版社出版发行
出版人:陈　敬
地址:天津市南开区卫津路 94 号　　邮政编码:300071
营销部电话:(022)23508339　营销部传真:(022)23508542
https://nkup.nankai.edu.cn

天津泰宇印务有限公司印刷　全国各地新华书店经销
2022 年 3 月第 1 版　2022 年 3 月第 1 次印刷
238×165 毫米　16 开本　15.75 印张　2 插页　272 千字
定价:78.00 元

如遇图书印装质量问题,请与本社营销部联系调换,电话:(022)23508339

国家社科基金后期资助项目

出版说明

后期资助项目是国家社科基金设立的一类重要项目，旨在鼓励广大社科研究者潜心治学，支持基础研究多出优秀成果。它是经过严格评审，从接近完成的科研成果中遴选立项的。为扩大后期资助项目的影响，更好地推动学术发展，促进成果转化，全国哲学社会科学工作办公室按照"统一设计、统一标识、统一版式、形成系列"的总体要求，组织出版国家社科基金后期资助项目成果。

全国哲学社会科学工作办公室

序

　　刘欣的博士学位论文前年获国家社科基金后期资助项目立项，经过一番增删打磨，目前已修订完善，出版在即。得知消息，作为刘欣的导师，我由衷地高兴，为其作序，义不容辞。

　　保罗·利科是法国当代著名哲学家，亲历过第二次世界大战战火的磨难，战后任教于欧美名校，致力于学术研究，著作等身，其独特而丰富的思想学说影响广泛。选择保罗·利科著述中的"事件"概念表达的诗学思想为研究对象，写作博士学位论文，难度不小，风险很高。要做好这一选题，不仅必须具备相应的哲学、美学、史学、语言学、文艺学的知识积累和较高的外语水平以及思辨能力，还得面对相关中外资料搜集的困难和阅读研究工作量巨大的挑战。而且，"事件"概念的歧义纷纭和"诗学"范围的变动不居，如同迷宫。伊格尔顿 2012 年推出的新著 *The Event of Literature* 被中译为《文学事件》，曾引起国内学者的质疑，主张从英文词义、该书内容和作者自述来看，译为《文学的发生》可能更合适。在《意义的逻辑》中，德勒兹认为，"事件"是事物之间关系的逻辑属性，不是某件事情或者历史上真实发生过的具体事实。事件不客观存在，而是内在于事物之中，是一种"非物质性的效果"。它具有非物质性、不确定性、中立性、包含创新的力量和意愿等特点。正如刘欣所意识到的那样："事件"虽然是一个被广泛使用的概念，却从未达成共识："一事件是否应归类于一客体、一事实、一事态或仅仅是一变化，它是普遍的还是特殊的，以及关于辨识单个事件的标准等问题，把学者们分成了不同的派别。他们对于是否应将事件或对象视为本体论中的基础也没有达成共识。"事件是本体的必然存在或外在的偶然现象，是独一的还是普遍的，是主体还是客体，是真理或意见等，在哲学史、神学史和文论史上是历久弥新的"老问题"。至于同样被广泛使用的"诗学"概念，其内涵和使用范围也是随着不同使用者以及时间、空间的迁延而发生变化的。在古希腊，"诗学"既指作诗的技艺，也是韵文作品的分类学，亚里斯多德的《诗学》，主要就是从诗作范本中归纳出规范作为评价标准，评判后世创作，传授作诗的技艺，同时还把韵文作品区分为戏剧和长篇叙事诗两类。到了18世纪，德国的狂飙突进运动开始发难，反对崇尚范本和规则的传统诗学，主张尊重和解放诗人独有的"创造精神"。逐渐地，"诗学"不再是传授作诗技艺的学问，只剩下了诗作分类得到继承，成为"诗作分类学"。如今的"诗学"则又有扩大为相当于"文学（艺）学"的内涵，或用于系统，或施于局部。从系统层面来说，诗学要研究"什么是文学""文学怎么样""文学为什么"这些最基本的关于文学的本质、特征、功能、历史发展等理论问题；局部的使用则五花八门，只要涉及文学某一方面的问题，都可能被冠以"诗学"之名。例如"叙述诗学""结构诗学""性别诗学""寓言诗学""翻译诗学""认知诗学""社会学诗学""空间诗学""生态诗学""情境诗学"等，不一而足。要从散见于保罗·利科丰富的著述中的"事件"概念体现的诗学思想搜集出来，进行系统研究，没有相当的学术研究实力，难以驾驭这样的博士学位论文选题。

刘欣提出这一选题的设想，还是在其刚进入读博第二学年之初，我毫不犹豫地赞同、支持。不仅鉴于他当时已经发表过研究保罗·利科的"叙述动力学"的学术论文，知道他对保罗·利科著作的阅读研究已有一定基础，更主要的原因在于我在授课过程中对他学术研究能力的直接了解。在他就读博士研究生的第二学期，作为他们这一届文艺学博士生"主文献研读"课程的任课老师，我要求他们以韦勒克的《批评的概念》《近代文学批评史》《文学思潮和文学运动的概念》《文学理论》等著作作为重点，选择体现其文学观、批评观、文学史观的论述或具体的文学理论专题研究或批评个案进行探讨，着重通过与中外具有可比性的相关参照系的比较辨析，认识并深入发掘其学术特色、理论贡献或不足，汲取文学研究的理论、方法启示。教学方式主要是课堂讨论，在6周每周3课时的授课时间内，每周由一位同学主持，先阐述自己的研究见解（含选题、研究过程的主要体会、方法、观点），提出讨论的问题。再由师生共同就主持同学的研究和所提问题发表自己的看法和疑问，主持同学或其他同学回应、驳辩。最后，教师总结。为此，课前每位同学都要按照课程教学内容要求的范围选定具体对象进行研究，写成课程论文，并确定需要讨论的问题，在距自己主持讨论日一周前将论文、讨论问题和参考文献目录等材料发送给同学和老师。非主持同学则根据主持同学的论文、提出的问题和参考文献目录进行研读准备，写好发言提纲。这种以学生的课程论文写作与研讨为主体的教学方式，实际上就是培养博士生学术研究能力的一种综合性强化训练。学生必须在规定的研究范围和较短时间的阅读内发现有价值的学术选题，进行一定深度的研究，并写成课程论文的形式宣讲，直面老师和同学的质疑、批评，互相争论、辩驳、交流，淬炼思维，进一步完善课程论文，提升学术研究能力。刘欣主持了两次课堂讨论，提交了两篇课程论文，质量颇高，第一篇《韦勒克与马克思主义文学批评》，从韦勒克八卷本的《近代文学批评史》中发现其对马克思、恩格斯的文学批评与其后的"马克思主义文学批评"评价一贬一扬，严重脱节，自相矛盾。刘欣抓住这个问题进行探讨，从历史语境和韦勒克的历史观、方法论、叙述策略等方面剖析韦勒克前后矛盾判断的原因，揭示其批评史写作中存在的局限。此文经课堂讨论后刘欣做了一些修改，我推荐其投稿到《文艺理论与批评》，很快发表，另一篇《韦勒克"文学实践论"辨正》后来也在《中国文学批评》刊出。（刘欣博士生毕业后还在《首都师范大学学报》发表了一篇《韦勒克"文学史理想"之再思考》，无疑也属于这一学期韦勒克研究的后续成果。而且，刘欣发表的三篇韦勒克研究论文就有两篇获人大复印资料《文艺理论》全文转载。）该学期刘欣还选修了我给文艺学硕士生开的一门文学理论前沿课程，研讨文学思潮理论，其提交的课程论文《朱光潜与审美主义文艺思潮》后来也为《美育学刊》采用。短短一个学期，能获得这样突出的学术成果，证明了刘欣才思敏捷、治学扎实、勤奋高效，学术研究的能力在同辈中出类拔萃。果然，刘欣研究保罗·利科"事件"概念诗学思想的博士论文开题报告，在学科开题会上顺利通过。到第二学年结束的暑假中间，刘欣就在学校完成了论文初稿。从 2013 年 10 月 14 日他向我提出选题设想至 2014 年 8 月 15 日提交初稿，历时仅十个月，高速高效，令人惊叹，也可以想见刘欣为此付出了多少不眠之夜。

常见介绍评析外来理论的博士学位论文大多局限于观点仰视认同的梳理归纳，缺乏理论研究必须的批判性，以及比较方法的浅尝辄止。我对刘欣博士论文初稿的审读意见也主要强调了这两方面存在的不足。刘欣从善如流，继续努力修改，日臻完善的论文在预答辩和正式答辩两个环节中都一路绿灯，顺利通过。如今的出版文本对博士论文答辩稿又有了较多的改动：征引材料愈益宏富，内容更加充实，论证的准确性、科学性达到了新的高度，结构也有一些调整，并且增加了第六章"奥斯维辛"与事件的诗学，锦上添花，更为合理。前五章分别探讨利科"事件"概念五个方面的诗学思想：文学事件发生的语义性特点、文学事件本身的构成、文学事件的伦理性功能、事件的叙述化及其后果、"事件解释学"的可能及其限度。如果说前五章主要是对散见于利科诸多著作中"事件"概念诗学思想的系统梳理和评析，那么，第六章就是在历史事件与文学事件的关系上，通过对利科与列维纳斯、阿甘本、利奥塔等人的争论、对话体现的不同观点的比较，从历史性视野进一步确认利科"事件"诗学思想的个性特征，进一步突出其价值与局限，也彰显了比较方法运用的深刻到位。当然，比较的分析方法在前五章已有自觉的出色运用，成效显著，尤其是其中对利科与马克思、恩格斯观点的关系及其异同短长的对照辨析，理据翔实地揭示了保罗·利科的"事件"诗学思想对马克思、恩格斯观点的承袭、深化或误读甚至反动，体现了鲜明的理论批判性。

迄今，国内外尚无对保罗·利科诗学"事件"概念的全面研究，刘欣这部专著的问世，无疑是填补了这一学术空白，自有其拓荒性的理论价值，必将推动和深化"事件"诗学研究的发展。

刘欣笃学敏行，近将远渡重洋访学，转益多师，不惧异域疫情凶险，勇匹西行取经求法前贤，前途无可限量！

卢铁澎

2021 年 10 月 1 日于北京

目　录

绪　论

保罗·利科（Paul Ricoeur，1913—2005）是法国当代著名哲学家，出生于瓦朗斯市（Valence，法国罗讷-阿尔卑斯大区德龙省的省会）的一个新教家庭，父母早亡。1933 年获得雷恩大学学士学位，1934 年进入巴黎大学学习哲学，师从纳贝尔德（Jean Nabert）和马塞尔（Gabriel Marcel），次年取得国家中学哲学教师资格考试第二名，成为中学教师。二战爆发后利科服兵役，1940 年被德军俘虏，在战俘营中与法国哲学家米凯尔·杜弗连（Mikel Louis Duffrenne）一起研读胡塞尔、雅斯贝斯的著作，深入接触到现象学和生存哲学。利科获释后重操旧业，于 1948 年承接让·伊波利特（Jean Hyppolite）在斯特拉斯堡大学的哲学史专职教授，开始"意志现象学"研究阶段。1956 年进入巴黎大学，进行对象征、神话的历史比较研究，进而转入"反思解释学"阶段。1965 年利科自愿前往巴黎第十大学，因在 1968 年的"五月风暴"中遭受左派学生的侵犯而辞职，"自我放逐"式地先后任教于比利时鲁汶大学、加拿大蒙特利尔大学、美国芝加哥大学等著名学府，以与法国知识界保持距离的姿态激活大陆哲学与英美哲学的"对话"，出版了一系列核心著作，以对语言的"隐喻"和"叙述"形式下创造性问题的研究获得广泛的承认。2005 年利科逝世。

利科的思想与方法不仅在当代哲学史中占据重要位置，更广泛涉及文艺理论、美学、伦理学、语言学、宗教学、历史学等领域，并在这些"学科"中产生越来越深刻的影响。《恶的象征》（1960）、《活的隐喻》（1975）、《解释学与人文科学》（1981）、《从文本到行动》（1986）、《意识形态与乌托邦讲座》（1986）、《叙述认同》（1988）、《作为一个他者的自身》（1990）、《记忆，历史，遗忘》（2000）、《承认的过程》（2004）等一系列论著将"话语""隐喻""象征""想象""叙述""文本""作品"等诗学问题扩展到政治、历史、伦理等一系列实践（praxis）领域，在语义解释的"漫长迂回"（le long détour）中实现了其反思解释学嫁接现象学与解释学、解释学与意识形态批判，跨越文本—行动，意识形态—现实，理论—实践，观念—生活世界的"野心"。作为结构主义的重要反对者，利科启用"事件"（event，événement）作为其解释学的思想资源，在他的诗学中更成为立论的核心概念，考察"事件"在利科诗学中的位置，研讨其价值和限度，是本书的主要任务。

第一节 "事件哲学"的诗学问题

首先，何为"事件"？事件源自拉丁词 ex（在外）和 venire（来），evenire 这个拉丁语动词，其表面词义即"自外而来者"。与其日常用法相同，我们称之为事件之事常常出乎我们的意料，事件以令人惊诧的方式突然降临在我们身上，带有拉丁语动词 accido、英语 accident 所指的意外之意。事件是以令我们猝不及防的方式出现，并将我们带向无法预料的未来。事件概念重新进入理论界，带来的是思想范式的改变。

一、"事件"概念与事件哲学

事件是对线性时间之流（flow）的扰乱，它作为一种产生或发生（happening or occurring）并不固守与某物的关联性，而只发生于某一特定的时间间隙中。事件虽是一个被广泛使用的概念，却从未达成共识："一事件是否应归类于一客体、一事实、一事态或仅仅是一变化，它是普遍的还是特殊的，以及关于辨识单个事件的标准等问题，把学者们分成了不同的派别。他们对于是否应将事件或对象视为本体论中的基础也没有达成共识。"①事件是本体的必然存在或外在的偶然现象，是独一的还是普遍的，是主体还是客体，是真理或意见等，在哲学史、神学史和文论史上是历久弥新的"老问题"。

虽然歧义丛生，不可否认的是事件为哲学带来了一种"惊诧"：自柏拉图以来的西方哲学传统一直以追寻事物的本质和普遍性法则为目标，但在这种致思理路中，哲学能为突然发生的事件给出恰当的解释吗？突然发生的意外事件把时间及偶然性问题引入哲学的中心。事件构成时间的裂缝，让过去与未来之前的连续性显得可疑，它以全新的形式预示着分裂、混乱的时间线。"事件"之所以带来如此之多的歧义，一方面固然在于哲学家的

---

① 〔英〕尼古拉斯·布宁、余纪元编著：《西方哲学英汉对照辞典》，北京：人民出版社，2001年，第338页。

"借题发挥"，即赋予"事件"存在论或价值论上的倾向性，使之成为体系内的重要概念；另一方面则是因为在"事件"这一核心概念周围，出现了一个具有"家族相似性"的概念群，如生成（becoming）、故事（story）、情节（plot）、行动（act）、实践（praxis）、策略（strategy）等等，这些概念渗透着整个现代哲学。

在 20 世纪 60 年代的后结构主义思潮中，"事件"这个老问题被激活为"新"存在论。德勒兹（Gilles Deleuze）借用柏格森《创造进化论》中对事物表象及对应词类的划分，较好地解释了作为哲学概念的"事件"。柏格森将我们对事物的"表象"（representation）分为性质、形式或本质、行动三种，这三种观察方式分别对应三个最原始的词类：形容词、实词、动词。西方传统形而上学惯于从变化的存在中抽取不变的理念、形式，形容词和实体性名词构成了对世界的先在的解释模式，用柏格森的话说，"我们睁眼看世界，在未看清实体之前就已对各种性质做出了区分"①，却察觉不出性质和实体都处在永恒的变化之中，并用我们静止的视野从非静止的事物中"发现"某种抽象形式。所以我们依赖实词、形容词组成的主谓结构逻辑能把握的只是关于事物某种静止状态的知识，根本无力构成关于变化、运动和生成的知识。在德勒兹看来，动词能揭示事物变化的发生，但此时变化的"主体"不是固定的实体或性质，而是"事件"，即处于不断变化中的非实体性的存在，它永恒地在不同状态之间发生、运动，是事物生成、变化的"本质"所在②。这样看来，事件的存在本身就是一种悖论，它无法被传统形而上学的存在论所把握，因为它不具备固定的形式和边界，溢出了形而上学体系的控制；事件又是与存在本身息息相关的"非存在"，它变化、生成的"本质"在现代世界中切实地具有实践后果：两次世界大战、世界性的文化革命等大事件不仅彻底改变了世界的政治—文化格局，更对现代人的心理结构、认知模式产生着深刻的持续影响。霍布斯鲍姆（Eric Hobsbawm）称"短 20 世纪"（1914—1991）为"极端的年代"（age of extremes），切中的正是这些极端事件对这个世纪即现代世界的笼罩。"事件哲学"或一种"事件本体论"的出场可以视为对传统形而上学体系的反动，却深刻地标示出现代世界与现代人的生存状态，这种现代情境让哲学不得不直面事件本身。可见事件是我们难以用知识固定却又无法逃避的存在。

---

① Henri Bergson. *Creative Evolution*. Trans by Arthur Mitchell. New York: Random House, 1944, p.326.
② Giles Deleuze. *Logique du sens*. Paris: Les Éditions de Minuit, 1969, p.15.

事件的悖论性无疑具有现象学的色彩，回到事物本身的训示可以视为对事物事件性的追寻，不断生成变化的现象的"本质"就是事件。传统西方哲学对个别与普遍、现象与本质的割裂所能发现的"本质"在现象学看来只是抽象的概念及其体系，事物的"本质"却是活在现象之中、在不同情境中当场发生的。让事物以事件发生的方式当场自身构成、自身呈现，而不是用特定的意识去把握现成的对象，这就是现象学的还原（reduktion）。巴赫金（М.М.Бахтин）正是以现象学的观念确立了存在与事件的统一性。在早期著作《论行为哲学》（1920—1924）中直接将存在定义为事件："存在即事件"（бытие-событие）①，以此术语将现实中的自然界和社会生活构成的存在视为人的行为世界、事件世界。结构—解构主义的主潮渐渐退去之后，"事件"逐渐在人文学术中成为常见的"关键词"，这一现象本身已被宣称为"一个重要的当代思想事件"②。按照哈贝马斯的说法，现代有四大哲学思潮——分析哲学、现象学、西方马克思主义和结构主义，现代思想有四大主题——"后形而上学思想，语言学转向，理性的定位，以及理论优于实践的关系的颠倒——或者说是对逻各斯中心主义的克服"。③"事件"对这些现代哲学主题的"侵入"显而易见：英美分析哲学中罗素、维特根斯坦、戴维森尤其是日常语言学派（J.L.奥斯汀、J.R.塞尔）对语言—事件—行动的论析；法国哲学在结构主义之后从"结构"到"事件"的转向（从列维-斯特劳斯、罗兰·巴特到德里达、让-弗朗索瓦·利奥塔和吉尔·德勒兹）；解释学、现象学对存在与事件的沉思（胡塞尔、海德格尔、伽达默尔），以及与之相关的接受美学、阅读理论中的文学"事件"论（伊瑟尔、艾柯）；西方新马克思主义者对事件优先性的肯定（哈贝马斯、霍耐特、巴迪欧、朗西埃）；还有哈贝马斯未曾提及的当代神学对语言事件性的关注等。

二、"事件"作为诗学问题

对"事件"概念的启用在近年来的社会科学领域已经引发了"爆炸性的兴趣"④，但在文论研究领域对相关思想的知识考古尚未全面开展。正如

---

① M. M. Bakhtin. *Toward a Philosophy of the Act*. Trans by Vadim Liapunov. Austin: University of Texas Press, 1999, p.2.

② 杨慧林：《在文学与神学的边界》，上海：复旦大学出版社，2012 年，第 186 页。

③〔德〕哈贝马斯：《后形而上学思想》，曹卫东、付德根译，南京：译林出版社，2012 年，第 6 页。

④ Zackary Gilmore, Jason Donoughue(ed.). *The Archaeology of Events*. Tuscaloosa: The University of Alabama Press, 2015, p.1.

沃尔夫莱（Julian Wolfreys）所论，重新思考事件就是要对发生之事的一般解释方式提出质疑，质疑"结构、空间、表达、事件以及普遍的知识系统化观念"①。在诗学问题中启用事件概念，同样意味着对本质主义的文艺理论范式的挑战。既有的文学理论知识体系仍建基于 M.艾布拉姆斯的"四要素"之上，惯于将作为事件发生并存在的文学总体还原为一个审美—意识形态的单纯现象，生产出关于文学的作者、文本、世界、读者等要素的知识模块，再用生产（创作）—消费（接受）的"活动论"统摄全局。在这样的知识结构中，我们习得关于文学的一切知识：文学的审美—意识形态本质，这一本质指导下的创作过程（简单的心理学描述）、文本本身（狭义的修辞、风格、文类等）及读者的接受过程，等等。似乎只有在作者、读者的模块中我们才能谈论文学的意义、情感的发生、传递过程；只有在文本的模块中，才能谈论文学形式本身的美学，只有在世界、社会历史模块中，才能谈论文学的存在方式，文学与历史、时代的关系等"本体"问题。当这一知识生产方式成为文论教学中占主流的意识形态之后，知识的更新成为难题。正如高建平指出的，"这些研究（如形式主义、结构主义等各种方法）当然有意义也有价值，但是，当一些阐释方法进入了大学课堂，就很容易被教条化。文学成为文本，成为摆放在人们面前的物，从而远离创作中的情思，接受中的迷恋，在学院中自我消费。"②在事件哲学的视域中，从偶发性、生成性、独一无二性等方面，一种基于"事件"概念的诗学话语，即"事件诗学"（poetics of event）的知识图谱有待绘制。"事件"的"进入"在重新形塑现代哲学观念的同时，势必深刻影响文学哲学，成为诗学问题的关键概念。

德语思想中海德格尔对日常名词 Ereignis 的阐发为 20 世纪 50 年代以来法语思想中"事件"论的兴起到了关键作用，更将"事件"视为理解诗的关键。海德格尔对 Ereignis 一词的使用较为复杂③，《存在与时间》设想永恒轮回中每一个独特性显现出来的"事件"如同决定的瞬间，同时它通过预见未来的可能性来理解世俗化时间中的此在。这种可能性是在有关死的问题上提出的：作为终有一死者，此在通过预见死亡将自己设计为朝向自身可能性发展的过程。可见，Ereignis 的发生总是内在于时间的。1957 年

①〔美〕于连·沃尔夫莱：《批评关键词：文学与文化理论》，陈永国译，北京：北京大学出版社，2015 年，第 90 页。

② 高建平：《从"事件"看艺术的性质》，《文史知识》，2015 年第 11 期。

③ 汉语学界对海德格尔的 Ereignis 已有"本有"、"居有事件"（孙周兴）、"自在起来"（王庆节）、"本成"（倪梁康）、"本是"（陈嘉映）、"本然"（张灿辉）、"成己"（邓晓芒）、"自身的缘发生"或"自身的缘构发生"（张祥龙）、"生成事件"、"事件生成"、"生成"、"事件"等译法。

的《同一律》明确将 Ereignis 确定为"为思想服务的主导词"①，认为 Ereignis
不是一般意义上的事情、事件，它只在单数中、独一无二地发生。可以确
定的是，真理及其在诗与思中的发生是作为事件存在的，诗之语言不是可
以支配的工具，"而是那种拥有人之存在的最高可能性的居有事件
（Ereignis）"②。亚当只能为动物和女人命名，作为神人之间的诗人则是在
为神圣的事物命名，让神圣的事物本身在词语中显现出来，这样隐秘的东
西在诗之语言中就被接近了。诗人以人类破碎的语言书写"持存的东西"，
用诗的"程式""纪念碑"和"踪迹"使真理发生，艺术作品作为"大地"
的制作，镌刻着作为肯定性事件的出生、成熟、衰老，这一事件确定了新
的意义可能性，于是艺术作品是"真理自行置入作品"。这些并非人类的狡
智，而是人类趋向理解神圣事物的意志，真正的诗人至死不渝地追随更高
者，跟着"太初有道"（《约翰福音》第 1 行第 1 句）道出诗之言："如若没
有那种由缺失规定的、因而隐匿着的切近，则发现物就不可能以其如何临
近的方式临近。因此，对诗人的忧心来说，要紧的只有一点：对无神状态
这个表面现象毫无畏惧，而总是临近于神之缺失，并且在准备好的与这种
缺失的切近中耐心期待，直到那命名高空之物的原初词语从这种与缺失之
神的切近中被允诺出来。"③诗之语言就是被允许、被赐予的语言，人通过
它见证真理事件的降临。诗的领域之所以可能构成对技术模棱两可的本质
的沉思，仅在于诗的沉思本身没有对真理锁闭自身④。

　　在事件哲学的视域中，文学将重新遭遇有关自身存在方式的一系列问
题：作为一种特殊的话语方式，文学言说、书写本身是否构成一种行为事
件？事件在文学中得到表现，被赋予"物"的形式，那么文学摹仿和创造
事件能否被视为对存在事件的一种把握方式？就无法穷尽的存在事件而
言，文学的方式能达到何种程度？它对事件的编织又能否克服意识形态的
歪曲？主体在文学意义的发生过程中处于什么位置？在意义衰微、真理晦
暗的现代情境中，文学还能作为真理事件出场？这些问题触及文学"基本
理论"的核心，是在广泛吸收现代思想资源的基础上，立足现代情境对文
学的重新定位。具体而言，"事件"对文学的发生、构成、主体性、真理（意

---

　　①〔德〕海德格尔：《同一与差异》，孙周兴，陈小文，余明锋译，北京：商务印书馆，2014 年，第
42 页。
　　②〔德〕海德格尔：《荷尔德林诗的阐释》，孙周兴译，北京：商务印书馆，2000 年，第 41 页。
　　③〔德〕海德格尔：《荷尔德林诗的阐释》，孙周兴译，北京：商务印书馆，2000 年，第 30 页。
　　④〔德〕海德格尔：《演讲与论文集》，孙周兴译，北京：生活·读书·新知三联书店，2011 年，第
36 页。

义）等核心问题的"入侵"构成了关于文学"本质"和存在方式的新观念，使一种事件哲学竟在去政治、去革命、去历史的意义微弱时代不合时宜地出场。这是西方哲人立足当下相对主义、犬儒主义大盛的"民主"时代，试图重新确定文学的"事件本体论"、激活文学潜能的方式，文学被视为人类更新认识、走向行动和实践，即更好地生存的"事件"。巴赫金在 20 世纪 20 年代就已经在"存在即事件"的"事件哲学"的基础上展开了诗歌批评以及关于作者与主人公关系的讨论。他认为文学的审美创造虽然不能完全把握作为存在的事件整体，却是最能切近事件本身的行动，因为审美创造在认识和伦理把握之外，克服了对意义的预设，把存在与具体实存的个体的人结合起来，作为他的生活事件及其命运。巴赫金以普希金的抒情诗《离别》为例，指出该诗的全部要素（指涉物、形象、内在空间、内在时间及节奏、主人公和作者的情感意志、主题等）都是围绕主人公的价值中心而统一在这个艺术事件之中，"存在在这里、在这唯一的事件中完全变成了人的存在，因为这里现存的一切，具有价值的一切，无不是此人生活事件的因素，他的命运的因素"①。伊格尔顿在《文学的发生》（2012）中甚至认为现代文论已普遍将文学作为事件来理解②。厘清"事件"概念及其与文学问题的关联性成为文艺学、美学研究的当务之急。

　　强调文学的"事件性"，如在解释活动中将艺术作品视为"表现事件"和"历史事件"（伽达默尔）；阅读行为中文学作为事件发生（萨特、伊瑟尔）；文学叙述这一语义实践进入生活世界，塑形读者的伦理身份，叙述的事件与生活故事相互实现（保罗·利科）；主体在忠于独一的文学事件的过程中成为主体，并生产真理（巴迪欧）；文学作为事件的结构化阅读策略（特里·伊格尔顿）；等等，这些理论背后存在的是一种关注的目光，即在现代世界中确信文学作为事件的现实与潜能，而这一事件能改变主体的面貌，催生出新的事物。

　　一方面，我们看到国外大量关于文学的"事件"思想没有被重视；另一方面，国内对"事件"概念进行解释、运用的研究尚未成型。这恰恰让"事件诗学"成为开放的研究空间，一种正在生成中的文论知识和观念亟待我们参与其中，获得重新思考文学"本质"的支援意识。在"终结论"（从文学到理论、意识形态、乌托邦、历史直至民族国家）甚嚣尘上的时代，越过本质主义与反本质主义的争论，我们相信"事件"的向度将成为

---

① M. M. Bakhtin. *Art and Answerability: Early Philosophical Essays*. Trans by Vadim Liapunov. Austin: University of Texas Press, 1990, p.227.

② Terry Eagleton. *The Event of Literature*. New Haven and London: Yale University Press, 2012, p.167.

重审文学存在方式的契机。

三、两种事件诗学的进路

20 世纪 60 年代以来，人文研究中发生从"结构"向"事件"的倾斜，反对总体性的历史形而上学、强调事件独特意义的研究得到重视，从保罗·利科、雅克·德里达、德勒兹、利奥塔、米歇尔·福柯到活跃于当下的阿兰·巴迪欧，这些具有世界性影响的当代哲学家纷纷启用"事件"概念，论域遍及现象学、历史哲学、诗学等诸多领域，在诗学研究中形成两条理论路径。

其一为奠基性的现象学—解释学的理论路径，将事件的发生视为打破"结构"禁锢、创造意义的前提。"事件"概念的启用成为后结构主义击溃传统结构主义的武器之一，此时的"事件"更多地被视为一个现象学、解释学概念（为接受美学、读者反应批评所用）。文学艺术及其存在方式问题此后被纳入一种"事件哲学"思考之中。后结构主义者的事件论多属此列。列维纳斯在《从存在到存在者》（1947）中将艺术这种感觉（sensation）的、审美事件被视为存在者（existant）从存在（être）中涌现而出的运动，从外部揭示事物自身无法内化于我们的世界之中的"异质性"①（altérité）的事件。德勒兹以《褶子》（1988）一书通过解读莱布尼茨的单子论，提出其事件哲学。他彻底将"事件"看作存在者的存在方式：事物总是处在一种状态向另一种状态的转化过程中，即处于两种存在方式之间或之中，总是穿越不同的层次和世界，改变自身的本质，事件则是思与行基本的"问题情境"（problème），既成事实和既定知识体系在"事件"面前失去合法性，陷入不确定性之中，当代艺术为德勒兹的"事件哲学"提供了最佳范例。对于保罗·利科、福柯、利奥塔而言，事件对抗历史形而上学的作用得到肯定，作为事件的文学艺术具有颠覆规训、习俗、律法的潜在力量。在此路径中，马克思主义的意识形态批评受到重视，历史唯物主义则被简单理解为黑格尔历史哲学的强化，文学事件于是被视为对历史决定论、目的论的颠覆。艾尔雅维茨在《艺术：事件》一文中总结利奥塔到巴迪欧的文学事件理论时，虽然提及利奥塔《历史的符号》对历史唯物主义的反思，但明显缺乏细致的批判性分析。

其二为激进的"哲学实践"路径，论者试图用断裂性、创造性的"事件"观来确证文学的革命潜能。在当代左翼哲学家阿兰·巴迪欧（Alain

---

① Emmanuel Levinas. *De l'existence à l'existant.* Paris. Librairie Philosophique J. Vrin, 2002, p.86.

Badiou)、齐泽克（Žižek）、阿甘本（Agamben）的文论话语中，"事件"概念被赋予重新激活马克思思想的重要作用。巴迪欧认为某个事件的发生促使人与之相遇，对这一事件的忠诚使人成为真理的主体，文学艺术作为真理的"程序"之一，被赋予革命性的颠覆力量①。齐泽克在《霍尔沃德：忠实于巴迪欧事件》一文中指出巴迪欧的"事件"具有跳出意识形态国家机器运作的可能性："事件无视一切机会主义的考虑而献身于坚持内在必然性的普遍事业。"②巴迪欧的弟子昆汀·梅亚苏的《阿兰·巴迪欧的历史与事件论》一文梳理了巴迪欧的事件哲学，表明巴迪欧如何在唯物主义的历史和真理观下思考事件的意义。从革命到文学，巴迪欧坚持事件激活被压抑的主体的政治潜能。齐泽克则认为理论需要准确诊断事件的性质和意义，才可能为革命行动铺平道路。2006 年汪晖引入巴迪欧的事件概念，认为由事件引发的一系列后果（sequence）形成新的历史序列，与此前的历史时期相区别。就艺术问题而言，艺术家最终的取向不是遵循某种理论，不是单向度的"影响""传递"，而是对某一个"事件"（如某个人物的创作、理论或历史事件）的忠诚，即"遭遇"和"认同"③。"事件"强调的不是时间性，而是一种共时关系，人与国家被放置在世界的整体中被观察，于是中国或其他非西方国家的艺术、文化和各种事件就不能再纳入传统与现代—西方斗争的叙述中，这些充满矛盾、冲突、融合的事件都被视为"现代事件"的有机部分，汪晖以此用一种"事件"的叙述学打破单纯的中西二元构造的叙述。虽然汪晖意在将历史叙述的中心转向"事件"，但实际上已经触及事件作为文学艺术发生、传播基本方式的问题。

　　此后汉语学界以某一哲学家的事件概念为研究对象④。文学与事件的直接关联性直到近两年才被提及。文艺学、文艺理论界已然出现依托于"事件"思想的文学本体论，将"事件"指认为文学存在的根本方式，提出"作

---

① Alain Badiou. *Theoretical Writings*. Trans Ray Brassier and Alberto Toscano. Continuum, 2004, p.234.

② Alain Badiou. *A Subject to Truth*. Minneapolis and London: Minnesota UP, 2003, xi.

③ 汪晖：《别求新声：汪晖访谈录》，北京：北京大学出版社，2010 年，第 316 页。

④ 如李建盛的《理解事件与文本意义——文学诠释学》（上海译文出版社，2002 年），该书以伽达默尔的解释学为基础，在解释的理解事件中确定文学活动的"事件性"，对阅读接受理论有翔实的梳理和评析；姜宇辉的《德勒兹身体美学研究》（上海：华东师范大学出版社，2007 年），评述了德勒兹的"事件"概念；毕日生的《阿兰·巴丢"事件"哲学视域中的"非美学"文艺思想研究》（中国人民大学，2011年文艺学博士学位论文）指明巴丢的真理、主体概念建立在"事件"概念之上（第 99 页）；杨慧林的《在文学与神学的边界》中《"反向"的神学与文学研究——齐泽克"神学"的文学读解》和《神学的"事件"》两文涉及"事件"问题，上海：复旦大学出版社，2012 年，第 104、186 页）；周慧的《利奥塔的差异哲学：法则、事件、形式》（重庆：重庆大学出版社，2012 年），第四章"语用事件（语位）的政治学"论述利奥塔的"事件"概念。

为事件的文学"或"事件诗学"的命题。如殷学民的《论文学作为事件存在》（《山西师范大学学报》2011 年第 6 期），该文认为事件不仅从内部构成文学，而且从外部推动文学，文学作为事件存在是文学走向本真的道路。但文中的"事"囿于现象层面，与现象学意义上的"事件"相去甚远，"文学作为事件存在"的命题尚未得到全面的证明；马大康的《论作为"事件"的文学作品》（《社会科学》2012 年第 11 期）和《文学活动论》（浙江大学出版社 2012 年版第三章）从斯坦利·费什、伊瑟尔、巴赫金、韦恩·布斯的阅读理论来建构其文学"事件"论，指出接受理论研究文本与读者的相互对话、相互作用、共同生成，其实质即研究 "文学活动"，把文学作为读者亲身参与的活动来看待，把作品作为发生在文本与读者之间"开放的""活态的"生成过程，也即"文学事件"来看待，文学作品作为事件给读者的体验是独特的，这一事件既是历史的又是当代的，对当代读者来说，文学作品就是当下的文学生产事件。高建平《从"事件"看艺术的性质》（2015）一文勾勒出各类艺术不同的事件性；尹晶的《事件文学理论探微》（2017）主张利用德勒兹和巴迪欧的事件概念发展"事件文学理论"，即一种关注作家通过语言事件表现生命事件，读者接受这些生命事件的"文学伦理学"。在此类理论建构中，事件理论之间的深刻差异没有得到揭示，仅有极少数研究者尝试捕捉文学事件理论与马克思主义的关联性。如张进试图在马克思主义的问题域中从话语行为事件、历史文化事件和社会能量事件三个维度勾勒出"文学事件论"的知识地图，指出"事件"论在思维方式上对马克思的延续性，关键在于"马克思主义的实践观构成了'事件'理论的基本立场，'事件'与'实践'一体两面"①。该文主要从阅读接受的角度论述文学的事件性。当前对"文学与事件"问题的研究缺乏总体的观点，论者对"事件"概念的差异性也很少加以区分，而提出"事件"理论的知识社会学语境更没有得到说明。

可以看出，在挪用"事件"概念完成一种诗学体系时，论者很难顾及当代法语思想中事件思想的丰富性和复杂性，仅在接受美学或一般性事件概念的基础上讨论问题。事实上，利科、伊曼努尔·列维纳斯、布朗肖、德勒兹、利奥塔、巴迪欧、朗西埃等法国哲人（以及斯洛文尼亚的齐泽克、意大利的阿甘本）各有其独特的事件思想。建构一种事件诗学或确证事件作为文学存在的基本方式必须以全面理解上述"事件"思想为前提，欲先理解这一思想，利科的事件概念是我们绕不开的路标。

---

① 张进：《马克思主义批评视域中的文学事件论》，《中国人民大学学报》2016 年第 3 期。

第二节 被遮蔽的"事件"概念

与当代法国思想善于剑走偏锋的激进姿态不同，利科深入人文社科诸领域，在辩证分析前人成果的基础上，提出自己的见解。他以现象学研究（翻译胡塞尔的《观念 I》、创建并领导胡塞尔现象学研究中心、出版《巴黎胡塞尔文库》）及独特的意志现象学在法国成名，20 世纪 60 年代开始转入"反思解释学"阶段，到 70 年代"自我放逐"中对语言、文本中介性的反思，最终走向后期的"自我解释学"。近六十年的哲学生涯让利科赢得了国际性的影响，随之而生的是海量的研究资料。20 世纪 40 年代法国国内已出现研究其思想的论文，随着其重要著述英文版本的出版，自 70 年代起，利科研究的专著、论文集开始陆续出现，至今已蔚为大观。

一、国外研究

据 F.D.瓦西那编著的《保罗·利科：一手和二手文献目录，1935—2008》显示，利科的著述及各国译本、研究资料构成目录已达六百余页，其中法语、英语学界的利科研究最为丰富。1971 年在法国和美国出现两部研究利科思想的重要著作，分别为菲利贝尔（M. Philibert）的《保罗·利科或依据希望的自由》（*Paul Ricoeur ou la liberté selon l'espérance*，Seghers，1971）、Don Ihde 的《解释学现象学：利科的哲学》（*Hermeneutic Phenomenology: The Philosophy of Paul Ricoeur*，Northwestern University Press，1971），前者聚焦利科"意志现象学"阶段对应的"希望"哲学及伦理学，后者已经注意到利科在《弗洛伊德与哲学》之后对语言中介性的重视，评述其向解释学的转向。20 世纪 70 年代的利科研究着眼于早期利科思想中的存在主义倾向、意志现象学和中期的解释学思想，代表性研究成果有贝格龙（R. Bergeron）的《利科哲学中的自由使命》（*La vocation de la libertédans la philosophie de Paul Ricoeur*，Bellarmin-Editiions Universitaires，1974）、麦迪逊（G. Madison）的《意义与生存：向保罗·利科致意》（*Sens et existence: En hommage à Paul Ricoeur*，Seuil，1975）、布儒瓦（L. Bourgeois）的《利科解释学的延伸》（*Extension of Ricoeur's Hermeneutics*，Nijhoff，1975）。

20 世纪 80 年代以降，随着利科"反思解释学"在语言、文本中的实施，人文学乃至神学的边界被利科的语义解释打通，《活的隐喻》、三卷本《时间与叙述》影响日深，学者逐渐意识到与隐喻、叙述、想象、象征、故事、神话、寓言乃至生活、实践密切相关的诗学问题已然成为利科思考的重心。恩格拉米希戈（*Th. Nkeramihigo*）的《人及其超越：论保罗·利科哲学中的诗学》（*L'homme et la transcendence*，Lethielleux-Culture et vérité，1984）标志着利科诗学被法国学界普遍承认，1988 年《精神》杂志以"保罗·利科专号"介绍其思想动态。

叙述问题得到集中关注。1989 年坎普（T. Peter Kemp）、拉斯姆森（David M. Rasmussen）合编《叙述之路：保罗·利科的晚近著作》（*The Narrative Path：The Later Works of Paul Ricoeur*，The MIT Press，1989）收录四篇研究利科叙述理论的文章，其中科尼（Richard Kearney）的论文指出了"叙述"背后的想象力运作机制；1990 年《现象学研究》杂志第 11 期发表《保罗·利科：时间与叙述》评述利科对叙述问题的最新思考。同年美国的范胡泽（Kevin J.Vanhoozer）出版《保罗·利科哲学中的圣经叙事：诠释学与神学研究》（*Biblical Narrative in the Philosophy of Paul Ricoeur：A Study in Hermeneutics and Theology*，Cambridge University Press，1990.中译本为杨慧译，中国人民大学出版社 2012 年版），这项研究成果是较早打通利科哲学解释学与神学的一部力作，第一部分将利科的诗学命题放置在神学问题的背景中加以讨论，第二部分以对"耶稣事件"的思考，发掘利科思想中历史、叙述与想象的关系，最终将利科的哲学界定为一种希望的神学，能沟通哲学、神学，表达并赋予希望的正是诗歌。这本书触及诗歌作为未来事件之见证的思想，超出一般囿于利科哲学研究的著作，这提醒本文作者在研究利科的"文学—事件"思想时应该将其神学思想，尤其是对《圣经》中"神话"与"寓言"的解释纳入考察的范围，否则会丢失利科诗学应有的深度。

1991 年大卫·伍德编辑出版《论保罗·利科：叙述与理解》（*On Paul Ricoeur：Narrative and Interpretation*，New York：Routledge，1991），集结了编者、利科本人、海登·怀特等十一位学者的专题论文、对话，集中于利科哲学体系中的"叙述问题"；1997 年乔伊（Morny Joy）主编《利科与叙述：语境与争论》（*Paul Ricoeur and Narrative：Context and Contestation*，University of Calgary Press，1997），十六位学者围绕利科的《时间与叙述》展开主题性论析；1994 年蒙甘（Olivier Mongin）的《从文本到行动——保罗·利科传》（*Paul Ricoeur*，Editions du Seuil，中译本为刘自强译，北京大学出版社 1999 年版）充分介绍了利科《时间与叙述》《作为他人的自我》等著作中的叙述思想。21 世纪以来，充分阐释"叙述"这条"红线"更成为利科研究的重心。2003 年卡普兰（David. M. Kaplan）出版《利科的批判理论》（*Ricoeur's Critical Theory*，State University of New York Press，Albany，

2003），第二章《叙述》讨论了利科关于"隐喻与叙述""叙述与历史"的观点。2007 年有三本专著聚焦利科哲学中的叙述问题：霍尔（W. David. Hall）著《保罗·利科与诗性律令》（*Paul Ricoeur and the Poetic Imperative*，State University of New York Press，Albany）第三章讨论利科的叙述塑形（Narrative Configuration）在构造人的生活方式方面的意义；阿贝尔（Olivier Abel）、波雷（Jéôrme Porée）编著《利科词典》（*Le vocabulaire de Paul ricoeur*，Ellipses Édition Marketing，2007）设词条"叙述认同"（Identité narrative），梳理了利科著述中对叙述认同概念的阐释；利罗斯佩（Athena E. Corospe）著有《叙述与认同：对出埃及记第四章的伦理阅读》（*Narrative and Identity：An Ethical Reading of Exodus 4*，Leiden：Brill，Hotei Publishing，2007），用两章的篇幅介绍利科的叙述伦理（Narrative Ethical）理论，并将其运用到对《出埃及记》第四章的文本解读中。2010 年，布伦德尔（Boyd Blundell）出版《神学与哲学之间的保罗·利科》（*Paul Ricoeur between Theology and Philosophy*，Indiana University Press，2010），以"叙述之弧"（Narrative Arc）描述利科对于叙述的界定，即活生生的行动与诗性叙述之间的辩证法①；道林（William C. Dowling）的《利科论时间与叙述：〈时间与叙述〉引导》（*Ricoeur on Time and Narrative：An introduction to Temps et Récit*，University of Notre Dame Press, 2011）全面交代了利科叙述诗学的理论背景和体系性。

　　不少论著在把握利科思想整体时都设置专章讨论诗学问题。耶沃利诺（D. Jervolino）的《保罗·利科：人之境况的解释学》（*Paul Ricoeur：Une herméneutique de la condition humaine*，Paris：Éd，Ellipses Marketing S. A，2002）第一部分设七节按历时顺序梳理出利科的学术发展史，指出利科在意志现象学和哲学人类学之后，利科开始关注象征的解释问题及文本在解释中的位置，随后便开始以隐喻和叙述为中心的诗学研究。西姆斯（Karl Simms）出版题为《利科》的小册子（*Paul Ricoeur*，London and New York Press，Routledge，2003），将"隐喻"作为利科的"关键思想"，大篇幅介绍了利科关于隐喻与解释学的关系。科尼（Richard Kearney）作为利科的高足，出版了《论保罗·利科：密涅瓦的猫头鹰》（*On Paul Ricoeur：the Owl of Minerva*，Ashgate Publishing Limeted，2004），该书第一部分以六组辩证概念（现象学与解释学，想象与语言、神话与传统、意识形态与乌托邦、善与恶、诗学与伦理学）层层梳理清楚了利科反思解释学的辩证特质，第二部分是作者与利科就五个话题展开的对谈，其中涉及"承载可能世界的

---

① Boyd Blundell. *Paul Ricoeur between Theology and Philosophy*. Indiana University Press, 2010, p.81.

神话""语言的创造""想象""生命的故事"等与诗学紧密联系的话题，其中对语言的创造性、想象功能的讨论颇有价值。该研究对本文的最大启发在于从利科著作中抽出一个总体性命题，即新的意义的创造如何可能，又是如何重置过去的意义？"创造的邀请"①这一核心的解释学问题贯穿着利科的哲学生涯。凯卓（Mabiala Justin-Robert Kenzo）的《积淀与革新的辩证法：利科论主体之后的创造性》第二部分分三个章节论及利科的语言理论，并将其与象征性创新的力量、隐喻性创新的力量及叙述性创新的力量联系起来②，但利科的话语事件理论并没有得到足够的重视。

总体而言，利科描述并反思文学话语的行为事件、文学中的发生事件、文学—伦理事件和文学作为真理事件的可能性这一层层推进的思路没有得到论者的重视，文学问题也被淹没在利科高度概括的概念和命题之中，有待厘清。而对利科诗学及叙述问题的研究整体上呈现一种介绍、述评的趋势，代表性的论著如卡普兰（David. M. Kaplan）的《保罗·利科的批评理论》（2003），第二章"叙述"仍是在利科自己的体系中寻找叙述理论的关键词和脉络，缺乏宏观综合的批判立场。而在吸收、借鉴利科叙述理论方面，学界多采取"各取所需"的思路：叙述学界将目光集中在利科对历史叙述与虚构叙述的区分上，如杰拉德·普林斯在《重返叙述学》一文中将利科对叙述学的贡献概述为这种叙述形态的二分法③；哲学界则侧重"叙述"为时间塑形这一认识论工具的维度，如彼得·奥斯本的《时间的政治——现代性与先锋》（*The Politics of Time: Modernity and Avant-Garde*，London and New York: Verso，1995，中译本为王志宏译，商务印书馆2004年版）以"事件"概念为切入点，可以突破利科诗学研究较为沉闷的现状，完整把握并确定利科哲学总体中文学的坐标，激活利科诗学的潜能。

二、国内研究

汉语学界最初接触到利科的思想是在1965年，《哲学译丛》第6期发表了丁象恭翻译的一篇论文《社会史和历史哲学》（法国学者 P. 维拉尔），该文对"里苟"（即利科）《历史与真理》中的观点进行批评。1978年《哲学译丛》第2期刊登利科介绍法国哲学现状及问题的一篇论文《现代法国哲学界的展望——特别是从一九五〇年以后》（方昌杰译），这是国内首篇

---

① Richard Kearney. *On Paul Ricoeur: the Owl of Minerva*. Ashgate Publishing Limeted, 2004, p.8.

② Mabiala Justin, Robert Kenzo. *Dialectic of Sedimentation and Innovation: Paul Ricoeur on Creativity after the Subject*, Peter Lang Publishing, Inc, New York, 2009, p.130.

③ *Narrative Theory Volume* I .Edited by Mike Bal. London and New York: Routledge, 2007,p.13.

翻译出版的利科论文，可以大体窥见利科的学术旨趣。进入 20 世纪 80 年代，利科的解释学、语言哲学、诗学都逐渐进入汉语学界的视野，利科思想中对人的主体性的承认、对语言、文学"本身"的确信等方面都与 80 年代的国内学界的理论期待相符合，学者从利科思想中发掘出与"文学是人学""主体论""语言本体论"相关的部分，用来对抗激进的政治文艺学、认识论文艺学，以纯学术的姿态在文学理论研究领域进行"去意识形态""去政治化"的新启蒙。就此而论，利科的思想历史地构成了这场新启蒙中我们所需的支援意识。如 1986 年朱国均翻译的利科《言语的力量：科学与诗歌》一文（原载美国《今日哲学》1985 年春季号）在《哲学译丛》第 6 期刊出，该文体现出利科关于诗歌话语的独特性以及诗歌情感的本体论思想，在文学理论界产生影响，此文后来收入国内编译的美学、文学论文选集；1987 年《读书》杂志第 10 期刊出钟海帆的《语言意识的觉醒及其他》，该文依据利科的《言语的力量》，为新时期小说中透露出的语言意识找到一种哲学依据。同样是从 20 世纪 80 年代后期开始，利科的核心著作开始被翻译出来。1987 年到 2020 年，翻译出版的利科著作已达十七本①，部分单篇论文、访谈被收入不同主题的文集之中②。

---

①　它们是《解释学与人文科学》，1987 年陶远华等译，河北人民出版社，2012 年孔明安、张剑、李西祥译，中国人民大学出版社，译名为《诠释学与人文科学——语言、行为、解释文集》；《哲学主要趋向》，1988 年李幼蒸、徐奕春译，商务印书馆；《法国史学对史学理论的贡献》，1992 年王建华译，上海社会科学院出版社，1994 年以《历史学家的技艺与贡献》在牛津大学出版社出版；《恶的象征》，1992 年翁绍军译，桂冠图书股份有限公司，2005 年公车译，上海人民出版社；《解释的冲突》，1995 年林宏涛译，桂冠图书有限公司，2008 年莫伟民译，商务印书馆；《虚构叙事中时间的塑形》，2003 年王文融译，生活·读书·新知三联书店；《历史与真理》，2004 年姜志辉译，上海译文出版社；《活的隐喻》，2004 年汪堂家译，上海译文出版社；《过去之谜》（利科为作者之一），2009 年綦甲福、李春秋译，山东大学出版社；《论公正》，2007 年程春明译，法律出版社；《论现象学流派》，2010 年蒋海燕译，南京大学出版社；《承认的过程》，2011 年汪堂家、李之喆译，中国人民大学出版社；《作为一个他者的自身》，2013 年余碧平译，商务印书馆；《从文本到行动》，2014 年夏小燕译，华东师范大学出版社；《爱与公正》，2016 年韩梅译，华东师范大学出版社；《弗洛伊德与哲学：论解释》，2017 年汪堂家、李之喆、姚满林译，浙江大学出版社；《记忆，历史，遗忘》，2018 年李彦岑、陈颖译，华东师范大学出版社。

②　胡经之、张首映主编《西方二十世纪文论选》（第三卷，中国社会科学出版社，1989 年）收入《言语的力量：科学与诗歌》，该文后又收入朱立元《二十世纪西方美学经典文本》（第 2 卷，复旦大学出版社，2000 年）；刘小枫主编《二十世纪西方宗教哲学文选》（上海三联书店，1991 年）收入《隐喻的过程》《罪孽·伦理·宗教》；杜小真编《利科北大演讲录》（北京大学出版 2000 年）收入《公正与报复》、《从道德到制度》等演讲、访谈稿；倪梁康主编《面对实事本身——现象学经典文选》（东方出版社，2006 年）收入《胡塞尔与历史的意义》《意志现象学的方法与任务》；孟华主编《比较文学形象学》（北京大学出版社，2001 年）收入《在话语和行动中的想象》；胡景钟、张庆熊主编《西方宗教哲学文选》（上海人民出版社，2002 年）收入《语言的隐喻使用》；洪汉鼎主编《理解与解释——诠释学经典文选》（东方出版社，2006 年）收入《存在与诠释学》《诠释学的任务》《诠释学与意识形态批判》。

　　利科思想的研究工作也在 20 世纪 80 年代开始兴起，一批综论式的哲学史著作开始设专章介绍利科的解释学思想和语言哲学。如杜任之主编的《现代西方著名的哲学家述评》（1980）、张汝伦《意义的探究——当代西方释义学》（1986）、潘德荣《诠释学导论》（1999）及《中西学术视野下的诠释学》（2014）、刘放桐《现编现代西方哲学》（2000）、赵敦华《现代西方哲学新编》（2001）、洪汉鼎《诠释学——它的历史和当代发展》（2001）、高宣扬《当代法国哲学导论》（2004）及《当代法国思想五十年》（2005）、莫伟民、姜宇辉、王礼平的《二十世纪法国哲学》（2008）。2002 年张祥龙等出版的《现象学思潮在中国》中设置"利科尔解释学在中国"一节，厘清了国内利科解释学思想研究的状况。汉语学界出现的第一部专论利科思想的著作是台湾郑圣冲的《吕格尔的象征哲学》（1984），该书集中论述利科"意志现象学"阶段对象征的思考；1990 年高宣扬在中国香港和台湾地区同时出版《利科尔的解释学》，2004 年又经修订，以《利科的反思诠释学》之名在同济大学出版社出版，该书以精当的篇幅勾勒出利科由"意志现象学"过渡到"反思解释学"的过程，并指明其在诗学、语言哲学中的运用；台湾廖炳惠的《里柯》（1993）及沈青松的《吕格尔》（2000）对利科的哲学进行整体性的梳理；姚满林的《利科文本理论研究》（2014）聚焦利科"文本诠释学"阶段的文本理论。

　　20 世纪 90 年代以降，汉语学界对利科诗学中语言、叙述问题的关注呈现出逐渐加强的趋势。叶秀山《哲学的希望与希望的哲学：利科对解释学之推进》一文（《中国社会科学院研究生院学报》1991 年第 4 期）论及利科解释学连接了"事件"与"意义"，并以语言、文本为中介；高宣扬的《利科的反思诠释学》在第 35 小节"隐喻中的语言创造性"中有两段文字涉及话语的事件性，认为利科论话语的事件性"生动地体现了在运动中的语言和在实施中的语言的活泼的、充满生命力的和有发展潜力的特性"[①]。可谓国内开利科研究风气之先的导论性佳著。汉语学界第一部研究利科叙述理论的著作是伏飞雄的《保罗·利科的叙述哲学——利科对时间问题的"叙述阐释"》（苏州大学出版社 2011 年版），该书主要聚焦于利科的三大卷《叙述与时间》，说明利科如何建构起以"三重摹仿"为基础构架、以"情节化"为核心的"叙述诗学"，以及时间疑难的"三大对质"，是把利科的现象学阐释学视为一种广义的叙述符号学，以此来理解利科的叙述理论。刘惠明著《作为中介的叙事——保罗·利科的叙事理论研究》（世界图书出

---

① 高宣扬：《利科的反思诠释学》，上海：同济大学出版社，2004 年，第 138 页。

版公司 2013 年版）第一章涉及了话语在事件与意义之间的中介作用，将利科的叙述理论置于其中期文本理论和后期行动理论之间，并以话语理论为背景烘托，选取了叙述循环、叙述运作和叙述身份/认同这三个维度来勾画和描述利科叙述理论的概貌，凸显"中介化"在利科解释学思想体系中的范型意义及张力特征。

利科对时间与叙述的思考也获得国内学界的较多关注。除已出版的《保罗·利科的叙述哲学——利科对时间问题的"叙述阐释"》外，还有汪向东的《对时间性问题之叙事解说》（2003 年复旦大学博士学位论文）及张逸婧的《时间的叙事性——评保罗·利科的叙事理论》（2008 年复旦大学硕士学位论文）。利科的叙述理论已经得到较为充分的介绍、说明，但其对事件的叙述化及其后果的辩证分析没有得到综合的考察。叙述赋予事件逻辑和秩序，带来创新和身份认同的同时，无法避免意识形态和乌托邦的陷阱，叙述如何超越其对事件的束缚，向意义开放是利科叙述理论的落脚点。此外，山东大学王金凤的博士学位论文《保罗·利科诗学思想研究》（2009）较为粗略地论述了利科诗学思想中的文本理论、隐喻理论、悲剧理论和时间理论；汪堂家的论文《文本、间距化与解释的可能性——对利科"文本"概念的批判性解释》（《学术界》2011 年第 10 期）认为在利科诗学中文本、作品作为行为方式，是动作及其构成的事件，事件的意义就是行为解释的意义；山东大学赵娜的博士学位论文《保罗·利科语义想象理论研究》（2012），2013 年由山东大学出版社出版，想象作为利科诗学的关键词得到了集中关注。但利科关于解释活动中的"承认"和"占有"事件，文学作为尊重与怀疑的真理等与文学直接相关的思想并没有吸引论者的足够注意，文学问题本身在利科庞杂的哲学丛林中失去了踪迹。

在对事件哲学、诗学的研究中，保罗·利科成为很少谈论的对象。原因在于"事件"概念在利科庞大的著述整体中分布较散，需要以宏观视野从中爬梳。利科作为当代法国思想中"结构"向"事件"转向的关键人物之一，他对于话语、言谈事件性的强调，对作品生产过程中事件的重视，对不同叙述文类（神话、历史、小说）中事件意义的分析，对文学意谓事件的肯定，乃至宣称事件的主体性，解释中的"承认""占有"事件，都是利科诗学的题中之义。上文提及的事件"入侵"文学理论的几种路径中，利科都发出了独特的声音，成为我们谈论"文学与事件"问题绕不开的重要参照。利科本人没有将其主题化、系统化，"事件"概念分散在不同时期的文本中，其致思过程有待厘清，需要综合把握和理解。

第三节　"事件"在利科诗学中的位置

透过话语、隐喻、叙述、作品的中介抵达文学的事件性，利科的诗学为这一研究进路提供了可能性。在 1960 年的《意志哲学》第二部分《有限性与罪感》之后，利科以《弗洛伊德的哲学：论解释》（1965）、《解释的冲突》（1969）开始转向一种基于现象学方法的解释学，因为他不再承认意志现象能够在意识中得到直接的观察，而必须通过意志活动所说出的东西来考察，话语问题、语义解释于是成为利科"反思解释学"的核心。

一、对施皮格伯格的回应

赫伯特·施皮格伯格（Hebert Spiegelberg）在著名的《现象学运动》中曾对保罗·利科的反思解释学与"语言转向"有所怀疑，他的理由很简单：以文本、作品为中心的解释学不可能取消现象学，因为文本与现象不可能处于同一水平，文本本身就是以各种不同方式和外观在意识中显现出来的现象，所以需要"一种关于作为意识中事件的文本的描述现象学"①。施皮格伯格虽然承认主体进入现象时文本的优先性，但两者之间的关系仍须进一步描述清楚，而这正是保罗·利科尚未完成的工作。《现象学运动》1982年的第三版第十二章后所列的利科研究文献截止到 1978 年，利科后期的重要著作如《解释学与人文科学》、三卷本《时间与叙述》《意识形态与乌托邦讲座》《作为他人的自身》等都没有收录。事实上，这些著作与其早期著作一起，建构了作为事件的文本及文学的描述现象学。

利科自始至终在反思结构主义的霸权，他的现象学、解释学方法运用到语义实践方面，势必与结构主义去主体的解释模式相对立。1963 年利科在《精神》杂志中反对列维-斯特劳斯的一般关系理论，赞成一般解释理论；"结构主义之年"1966年②之后，反抗随之而起。利科在《精神》杂志撰文指出结构主义在取得绝对胜利的同时也付出了高昂的代价，即将言谈行为和历史排除在外③；1970 年的《从文本到行动》中利科又再次击中结构主

---

①〔美〕赫伯特·施皮格伯格：《现象学运动》，王炳文、张金言译，北京：商务印书馆，2011 年，第 790 页。

② 1966 年出版了罗兰·巴特的《批评与真理》，格雷马斯的《结构人类学》，拉康的《著作选集》，托多罗夫的《文学理论》，热奈特的《辞格》、福柯的《词与物》、马舍雷的《文学生产理论》等基于结构主义方法的著作。

③ Paul Ricoeur. *The Conflict of Interpretations*. Edited by Don Ihde. New York: Continuum, 2004, p.82.

义的软肋，他承认结构主义方法的有效性，但认为这只能被视为知性过程的一部分，"所谓结构的解释模式并没有全然穷尽文本的可能性"①。也就是说运用语言学进行的解释是补充性的，而使文本保持开放才能将意义重新分配给主体，解释活动于是成为意义自身的完成。20 世纪 70 年代中期结构主义逐渐式微，主体、历史、事件重回理论研究的中心，形而上学、伦理学等"过气"问题再度成为人文学科的旨归。语言学与诗学领域，克里斯蒂娃在 1966 年之后提出"文本间性"（intertextualité）；托多罗夫 20 世纪 70 年代末重新发现巴赫金，申明了研究对象与研究主体之间的互动，对话理论使得读者与作者之间的对话成为意义的制造者，"内容"压倒了"形式"；热奈特则以"跨文本型"（transtextualité，即使一个文本与其他文本结成某种关系的一切）概念考察了文本的历史之维。社会科学领域也认可了历史性，重新发现了事件的重要性。"重新发现"的风尚终结了结构主义范式的霸权，也使利科对结构主义的顽强抵抗显出一种深刻性，1966 年之后自我放逐的法国哲学家终于得到国际性的承认。弗朗索瓦·多斯认为利科在结构主义全盛期过后之所以被更好地欣赏，在于"他能够保持主体、行动、指涉物、伦理学等维度，而这些东西已不再流行。与此同时，他还接受了符号学中一切积极之物。他拒绝接受这样的观念——语言是与世隔绝的，他总是要追加人类行动之维，把自己的著作当成符号学的补充。因此在今天，他比任何人都更适宜于抵抗冲击波（正是这场冲击波把 60 年代的全部思想冲进了深渊）"②。利科不仅对结构主义排斥事件的方法做出了有力回应，并在其著作整体中从发生、对象、主体、价值等维度探讨文学的事件性，充分描述文学作为事件存在的方式，即以话语事件发生，在编织事件中超越意识形态，以事件模式构成希望的乌托邦，在主体那里被经验为伦理事件，并最终在解释中成为承认、占有事件的完整过程。

当前利科诗学研究尚未辨明"事件"概念在利科诗学总体中的位置。利科的哲学及诗学是一种肯定的哲学、希望的哲学，他从不从俗地宣称放弃对"本体论"的信仰，我们自然要追问利科的"文学本体论"究竟是什么。作为事件发生（事件与意义的辩证统一）的文学具有意谓世界（作为事件的存在本身）的现实和潜能，这就是利科的"文学本体论"。这是一个根本问题，是其他一切对利科诗学进行主题式研究的大前提，如果丢弃这个前提，割裂利科的文学本体论与"诗学理论"的关系，那么对利科诗学

---

① Paul Ricoeur. *Du texte a l'action. Essais d'hermeneutique II*, Seuil, 1986, p.147.

② 〔法〕弗朗索瓦·多斯：《解构主义史》，季广茂译，北京：金城出版社，2012 年，第 352 页。

中的"想象""象征""叙述""隐喻"等具体问题的研究都失去了立足点，论者多关注的是利科的这些诗学思想在更加宽泛的语义实践、生活事件领域的运用，反而没有返回到文学问题本身。

利科诗学建基于现象学、解释学的方法，跨越了本质现象学和先验现象学，并走向后期胡塞尔的"生活世界现象学"和"交互主体性现象学"，完成了施皮格伯格未曾见出的"关于作为意识中事件的文本（文学）的描述现象学"①。在这个意义上，利科可谓现代法语思想中较早对事件的诗学问题做出全面深入思考的哲学家。

二、全书基本结构

本书主体部分五章的设置对应着利科描述、反思文学在人的意识及世界中不断生成的过程。

第一章：文学的事件性发生。从最核心的言语、话语问题开始，人说出区别于日常生活话语的文学话语，本身就是一种创造性事件，其中生成出新的意义。利科在对当代思想中言语与劳动的关系的反思中，发展出关于人的言语的事件—意义理论，消解了言语与劳动、说与做之间的二元对立；在话语的时间性、意向性、主体性、他者维度上赋予言谈、作品、文学触及存在本身的意义。利科以弗雷格为批评对象，确证文学话语的意谓功能（除去描述性、陈述性、教导性意谓功能之外，指向的是生活世界）。从这一推进式的论证中，我们可见文学话语的发生是人创造新的意义、意谓世界本身的事件，我们称之为文学的事件性发生。

具体而言，象征、隐喻和叙述的语义创新以不同的方式确保了文学话语的意义和意谓维度：象征作为话语事件的基本结构，在双重的意向性（在场与不在场）中成为语义创新；活的隐喻以词项的转移和互换的张力，确保了意义的转换和新意义的开放；叙述通过摹仿的塑形活动对事件进行编织、整合，为读者和世界提增添新的意义和存在方式。人说出文学话语作为一种特殊的行为事件，其复杂的话语机制中包含的事件性得到解释，文学本身作为话语事件的功能和价值同时得到说明。

第二章：回到文学事件本身。文学以创造新的意义、意谓世界的方式把握作为事件的存在本身，那么作为一种意向性活动，它的对象是什么？

---

① 〔美〕赫伯特·施皮格伯格：《现象学运动》，王炳文、张金言译，北京：商务印书馆，2011 年，第 790 页。

它摹仿、表现、思考的对象正是作为自然和现实本身的人类行为事件。作为文学的意向性对象，文学的事件与过去客观发生的历史事件、将要发生的未来事件虽不能同日而语，却是建立在人类特定生活情境及其行为模式的可能性基础上，文学"虚构""编织"事件同样是在创造新的有意义的事件。叙述话语（词语、句子之上的语篇层级）在这里处于利科解释学的中心。

利科首先在诸多话语形式中将刻写话语置于解释的中心，因为它超越了言谈的局限性，在书写中再次对象化，克服了情境、场景和时代的有限性。进一步看，文学是如何编织、创造事件的？利科复活亚里士多德的"情节"或"情节编排"概念，认为文学的事件之间连接的动力不是后设的叙述逻辑或语法（经典叙述学），而是人以其叙述智力（叙述领域的实践智慧）对经验的综合，将纷杂的事件、细节编制为一个故事，给时间塑形，即以"物"的形式成为人类回忆、反思自身行为事件的源泉，同时构成触发、引导人类实践的"事件"。这引发了利科对叙述的实践意义的思考，他认为理论与实践之间的鸿沟必须以某种中介来弥合，人需要理解的中介来弥补经验的匮乏，这就是有意义的事件，即认识论、本体论维度的事件、故事。利科以对神话和寓言中故事固有的事件模式之考察，回到故事本身的生存论意义。

第三章：事件的伦理性。作为事件的文学话语与意义分不开，与主体也不可割裂。利科在对文学话语的语义学解释之后，认为还需要一种语用学的考察，即在对话语境中考察话语的实际运作方式，主体问题、"谁在说"的问题被纳入文学的事件整体。一般的事件概念（如戴维森）属于将主体性排除在外的本体论范畴，而利科对话语事件主体性的认识与"主体间性"息息相关，属于现象学的认识论—存在论范畴，并证明一种无人称的事件概念是不可想象的。利科通过描述叙述中的主体交流，将主体纳入文学的事件过程，更以对"再塑形"活动的解释说明了读者生活世界与文本世界"视域融合"的发生。再塑形即读者积极主动地参与构筑意识中的事件及情节的过程，没有这一步，文学的意义的发生就没有完成，阅读的理解事件成为人理解自身与世界的根本方式。接着，利科转向由阅读的理解事件引发的身份认同问题，我集中讨论了利科的"叙述身份"概念（人通过叙述的中介取得的身份，不是虚构的而是现实身份的来源），人物、情节辩证地统一于叙述事件之中，人物的叙述身份的各种变体和可能形式在文学叙述的巨大试验场中被释放和探究，成为我们身份认同的来源。这让一切叙述活动最终指向主体问题和伦理领域。

对于由阅读的理解事件引发的身份认同问题，利科提出"叙述身份"概念，即人通过叙述的中介取得的身份，不是虚构的而是现实身份的来源，人物、情节辩证地统一于叙述事件之中，人物的叙述身份的各种变体和可能形式在文学叙述的巨大试验场中被释放和探究，成为我们身份认同的来源。这让一切叙述活动最终指向主体问题和伦理领域。接着，利科以对文学叙述的伦理交流功能，及文学伦理事件与生活事件统一性的研究，将对文学的阅读—理解事件的认识推向深处，读者以自身面对文学中不可避免的伦理事件，这种伦理经验通过我们的道德境遇判断成为继续生存的实践智慧。从弗莱彻的道德境遇论出发，利科还思考了我们依据文学的伦理事件做出伦理判断的根据是什么，如何判断才能合适。他通过康德的"确信"概念解决了这一问题，即通过经验文学的伦理事件，确信一种与他人一起在政治、伦理共同体中更好地生活的可能性。本书以利科《作为一个他人的自身》中对《安提戈涅》的解释为例（确信神律对于城邦律法的优先性），看利科如何从文学的伦理事件中获得面对丧子的生活悲剧事件的能力。我们阅读文学的伦理事件而获得的经验通过我们的道德境遇判断成为继续生存的实践智慧。从文本到行动的能力于是被利科视为一种真正的主体性的体现。在阅读现象学的视野中，利科将文学事件中的主体活动，即"我"与"你"交互影响，描述为一场以自身直面文学虚构中不可避免的伦理事件的过程，作者与读者之间分享交流的是一种伦理经验，这种伦理经验通过我们的道德境遇判断成为继续生存的实践智慧，这样，虚构叙述中发生的交流（一种理解事件）同时被理解为我们生活叙述中的伦理事件。

　　第四章：事件的叙述化及其后果。本章我们集中于利科对事件叙述化的反思，他以对语言、符号的批判性反思返回语言的中介性，延续了"反思解释学"的基本方法。利科承认叙述在赋予事件逻辑结构的同时，成为一种将对象合理、合法化的过程，从而"歪曲"了现实的本来面貌，叙事活动对事件的编排甚至会滋养恐怖与暴力，但利科在叙述对事件的歪曲之外，同样看到理解事件的可能性，在他看来，文学话语虽然存在歪曲事件的可能性，却同时构成任何以语言为中介的反思活动的基础，但当表象成为绝对的"歪曲"之前，本身就是现实生活中人的物质活动和语言活动的一部分，一种"现实生活的语言"先于"歪曲"存在。

　　乌托邦并非天然地属于意识形态，文学乌托邦具备一种"自反性结构"，我们以之重新审视在现存秩序中扮演的角色，乃至秩序本身，成为显现未来事件的希望。利科以对《圣经》中事件的解释说明文学乌托邦中事件作为未来希望的显现方式，肯定了只要人是能想象、能书写、能叙述、能行动的主体，意识形态与乌托邦就存在更新和实践的可能性。这从客观上构成了对流行的意识形态、乌托邦终结论的有力回应。

第五章："事件解释学"及其限度。利科不仅对结构主义排斥事件的方法作出了有力回应，甚至将其工作称为一种"事件解释学"（l'herméneutique de l'événement）。首先他的"事件解释学"回应了文学作为真理的可能性问题。从存在事件、真理事件的意义上思考诗之本质的路径由尼采与海德格尔开启，当代法国思想在此基础上探讨了现代社会中文学作为真理事件的可能性问题。

利科的"事件解释学"在诗学中的展开与巴迪欧"哲学实践"下的激进道路形成可资参照的研讨平台，研究两种进路中的事件诗学有助于我们厘清事件思想的内在差异性。他们以不同的思路走向"忠实于文学事件"的共同命题，为我们深入理解两种路径的事件思想提供了契机。在确定"事件"的优先性的基础上，利科与巴迪欧对文学事件的"忠诚"最终得出大相径庭的结论。与巴迪欧以忠实于文学事件，开启全新的未来的诉求不同；利科希望的是人类具备坚守记忆、抵抗遗忘的能力，忠实于文学事件成为他获得抵抗历史暴力和绝望的生机，这种深刻的差异同样导致两人对文学终结的不同理解。

最终我们需要反观利科"事件解释学"的限度。从《时间与叙述》卷三（1985）出发，利科以对黑格尔历史哲学的批判，经过胡塞尔历史哲学的中介，确立了一种新的"事件"观。我们先从总体上把握当代"法国理论"中的"事件"哲学，追溯其受到的德国思想的影响。在尼采和海德格尔那里，存在与真理通过文学艺术把自身呈现给历史的人，真理的存在方式就是"事件"，真理的显现是一种发生事件，即一种可以被不断解释、重写、重述的东西，他们以对形而上学真理观的否定否定了存在本身的稳定性。利科则认为叙述文学的表象和诗歌的情感本体论，道出了存在和尚未存在之物的本质，文学说出新的东西，创造出新的存在物；并通过描述人对文学意义的占有和承认的过程，再次确证了文学作为真理的可能性。通过对晚期胡塞尔历史观的考察，利科获得一种对抗总体化的事件观，这种事件观成为利科反思人类意义创造活动的基本观点。但其"事件解释学"规避了真正意义上的冲突、暴力和革命。对于利科而言，"解释的冲突"不进入实践领域是一切讨论的前提。利科的"事件解释学"止步于作为语义解释的"叙述"活动，而如果一种"叙述"无法有效对事件本身进行批判，走向改变现实的实践，事件及其解释就无法真正产生意义。

第六章："奥斯维辛"与事件的诗学。在对利科"事件解释学"的反思性考察之后，我们需要回到具体的社会历史事件，在敞开的历史领域找到事件诗学的发生契机。事件诗学的发生与 20 世纪撕裂历史的重大事件不无关联。奥斯维辛（Auschwitz）作为灾异性事件的象征，构成令利科等哲学家无法回避的思想地平线，以他们的思想交锋为中介，事件诗学的历史性得以呈现。

其一，我们在利科与列维纳斯之争中，看到继续思考爱与死亡之伦理性的契机。利科通过列维纳斯走向对死的内在学习，死亡是完全彻底不可认知的事件，面对死亡，不存在海德格尔所谓的"筹划"或"先见"，也不会有"能动"或"自由"，更无人能够"承担"；列维纳斯将爱欲视为战胜死亡的超越性事件，利科则认为爱是通向正义的道路，它在对仇敌的爱与宽恕中超越敌我之分；利科排除了列维纳斯的"人质"的神圣性，在自我与他者的交流中存在的是交互性的平等关系，列维纳斯则认为交流首先意味着在言语中将自己暴露给他人，言语直接就是甘冒牺牲之险的应承。

其二，在利科与阿甘本的对话中，我们看到文学与诗学在事件之后继续存在的可能性。面对奥斯维辛事件，审美主义遭受根本性的伦理冲击，支撑文学存在的是其见证功能，文学本身也在奥斯维辛事件之后获得了新的语言，一种死语言、非语言和沉默，它不寻求任何交流；事件即奇遇的观念提醒我们，毫无保留地投入事件，在一切对奥斯维辛的解释、再现和反思中与其保持初次遭遇时的震惊，成为我们必要的伦理选择；在希望的议题上，阿甘本寄望于爱的潜能，爱意味着毫无保留、无所顾忌地投身于奇遇—事件，利科则寄望于艰难的宽恕，为了能重新生活而选择对那些不可遗忘之事进行遗忘，文学的叙述兼具记忆与遗忘的辩证功能。

其三，利科与利奥塔各自使用"事件"概念思考话语和诗学问题。如果说利奥塔在语言游戏、短语连接以及现实历史事件的扭结处发现的异识（différend）是哲学的终极任务，利科则在事件带来的分歧（dissensus）中看到政治步入良性循环的可能；利奥塔的"事件"拒绝任何宏大叙事，独异性事件的颠覆性让我们获得新的短语连接方式，利科则坚持在注视独异事件的深渊后，面向未来的我们需要有限度地走向"自由"的价值；利奥塔拒绝了艺术的可交流性、可解释性，他以"后现代艺术"为赌注开启了激进的"非人"未来，利科则将艺术视为亟待解释的事件，它奠定人类共同生活的根基。在理解他们的各自观点和差异时，我们得以窥见事件诗学的历史之维。

余论部分我们以利科诗学为中介，在更为广阔的思想史、诗学史的脉络中把握其事件思想的价值与局限。利科诗学实现了施皮格伯格并未见到的"关于作为意识中事件的文本的描述现象学"，其对事件概念的使用，提醒我们思想事件转化为生活事件的无限可能性。如此我们才有可能不被主体的幻想迷惑，成为自觉的思考者、事件的行动者和历史的创造者。有意义的文学事件成就有意义的生活事件，这是文学、哲学能赠予我们希望的唯一原因，即思想事件与生活事件的相互实现。

西方及汉语学界还没有出现全面研究保罗·利科"事件"概念的专著，施皮格伯格《现象学运动》中基于利科早、中期文本的判断几成定论，尚未遭遇批判性反思。利科的事件哲学、诗学思想不仅涉及文学观念的嬗变和批评理论的更新，还为我们在当下的生活世界中理解文学的存在与自身存在提供了契机。本书尝试从利科的哲学丛林中探索通往"事件"思想的小径，以使对利科的研究进一步走向深入。

第一章　文学的事件性发生

文学是语言的艺术，但具体而言，文学是"关于"语言的特殊使用的艺术。即使是日常生活中的言谈，在进入文学后只能被视为在特殊语境中对他人话语的物质性呈现，我们在文学中更多见到的是风格化的语言的创造性使用，如隐喻、象征、赋比兴等等。人生产出自己的语言，甚至发展出特殊的语言能力即文学语言能力，这是一个奇异的、漫长的、持续发生的事件。

语言问题在利科诗学中是一个根本性问题，他的"反思解释学"所选择的"漫长迂回"（le long détour）的道路即解释的语言学及语义学之路。解释学从最初的注释学，由施莱尔马赫和狄尔泰发展为认识论哲学问题，即一般解释学；胡塞尔（《逻辑研究》到《笛卡尔式的沉思》时期）和海德格尔（《存在与时间》时期）则最终促成了理解的认识论到存在论的转向，这在利科看来是将解释学建基在现象学之上的"捷径"，即理解存在论（ontology of understanding），解释学问题变成了对存在即此在进行分析的问题，此在就是通过理解而存在。与之相对，利科决定"绕道"，因为存在论理解作为一种原始理解，衍生出一切历史理解，但这衍生的过程未曾得到说明；此外，从认识论理解到存在论理解，困难在于"本身是此在分析结果的理解正是在这种存在通过其并在其中理解自身为一存在的理解"[①]，这要求我们在语言本身之中寻找理解是存在方式的指示。于是，语言分析和语义学进路成为利科取代"捷径"的"长路"，这是对海德格尔"通向语言之途"的细致描绘。而语义学中对多义的或象征的理解与自我理解息息相关，利科于是推进至"反思"的进路，因此语义学成为利科全部解释学的核心和基础。而利科所谓开启意义、抵达存在的"语义创新"（l'innovation sémantique）之所以可能，就在于话语作为事件存在。

---

① 〔法〕保罗·利科：《存在与诠释学》（1965），洪汉鼎主编：《理解与解释——诠释学经典文选》，洪汉鼎译，北京：东方出版社，2006年，第254页。

第一节　"话语事件"与"语义创新"

利科指出，"话语"（le discours）是他全部作品中占主导地位的概念。在他看来，"讲话（parler）就是向某人依据某件事说某件事。在这里，四个因素在起作用：讲某件事，就是指意，就意味着提呈一个意义（un sens）；依据某事，就是指涉及某些事物，引证世界，即引证到语言之外的因素；某一个人讲话，就意味着强调说话人在他的言谈中的责任……我向其他某个人讲话，就意味着语言一上来就导向别人，也就是说，如果别人在我之前讲话，我自己便处于聆听的地位，或者，如果我先讲话，我就向对谈者讲话。"①这里的话语本身就是作为事件存在的，话语的出场即意义的突显，话语事件的目的地在于意义的开放空间。

一、言语与劳动的辩证法

利科在 1961 年的耶鲁"特里讲座"中发表了关于"弗洛伊德与解释学"的三次报告，清晰地阐明了关于语言、象征与解释的关联性（1965 年作为《弗洛伊德与哲学：论解释》的第一部分正式出版）。在利科看来，语言（la langue）、言语（la parole）、语词（le mot）、话语（le discours）对于理解存在及我们自身的意义而言，已经超越了知识论的维度，成为一种"信心"："相信语言，蕴含象征的语言，被我们言说的远不如向我们言说的多。我们生而在语言中，在'照亮每个在世之人'的逻各斯的光中。正是这种期许、信心、信仰，赋予了关于象征研究极端严肃性。诚实地讲，我必须说这一点鼓舞了我所有的研究。"②在神学的维度上，利科和海德格尔都承认语言是"原初事件"，即先于主体存在的意义充沛的领域，太初有道，道即言（logos），《创世纪》中上帝说出的一句"光"标志了创世的开始，而人祖亚当尚未从泥中站立起来，上帝给亚当的第一件任务也与语言相关：为一切动物命名。正如圣奥古斯丁对上帝创世的描述："你一言而万物资始，你是用你的'道'——言语——创造万有。"③语言的启示只能通过聆听语言本身所言，而非我所能言，这也是利科与勒维纳斯④的共同信念。但

---

① 高宣扬：《利科的反思诠释学》，上海：同济大学出版社，2004 年，第 4—5 页。

② Paul Ricoeur. *Freud and Philosophy: An Essay on Interpretation.* trans by Denis Savage. New Haven and London, Yale University Press, 1970, p.29-30.

③〔古罗马〕奥古斯丁：《忏悔录》，周士良译，北京：商务印书馆，1963 年，第 236 页。

④〔法〕勒维纳斯：《塔木德四讲》，关宝艳译，北京：商务印书馆，2002 年，第 8—9 页。

这并不意味着人的绝对沉默，言语（parole）作为人自身的有限性构成，在利科看来并不是外在于人的命运的纯粹沉思，而是人的存在的一个方面："言语产生和创造世界上的某种东西；更确切地说，会说话的人创造某种东西和自我创造，但只能在劳动中进行创造。"①言语对于人而言具有意义的前提被限定在生产劳动的实践过程中，可见利科并没有将语言、言语视为如"物自体"般的第一性存在。巴赫金在此基础上指出："语言不能自我存在，而只存在于与具体表述及具体的个体言语行为相结合之中。只有通过表述，语言才能交际，充满活力，成为现实……社会言语交际的变化条件就决定着我们所研究的转述他人表述的形式变化。"②所谓他人表述问题在巴赫金那里就是一系列文学的语言事件，如人物言语、故事体、仿格体等。在"语言转向"统领一切的现代—后现代情境中，利科与海德格尔"语言即存在之家"、维特根斯坦"语言是我们的边界"、德里达"文本之外无他物"或理查德·罗蒂"语言之后无实在"等论断保持了适当的距离。他从对现代思想中言语与劳动（travail）的关系之反思出发，发展出关于人的言语的事件—意义理论。

亚里士多德在《形而上学》中将人的活动归纳为三种主要形式：实践、制作和理论③。"实践"的含义可追溯到古希腊语 πρᾶξις，意为社交、交易、经商；事情的好结局、好结果；行事、行为、（尤指戏剧中的）行事、行为、行动（尤指戏剧中的）；战斗、军事行动、情况、境况、遭遇、命运，转换成拉丁字母就是 praksis。亚里士多德将其视为道德的或政治的活动，其目的既可以是外在的又可以是实践本身，是对于可因我们的努力而改变的事物的基于某种善的目的所进行的活动，它表达着逻各斯（理性），表达着人作为一个整体的性质（品质），伦理学、政治学就是实践的研究④。制作则是使某事物生成的活动，其目的在于活动之外的产品，活动本身只作为手段和工具才是善的。理论是具有优先地位的沉思活动，最高的理论和"第一哲学"，其求知形式为对普遍性的沉思。在亚氏这里，理论对实践和制作都具有明显的优先性，这一判断也得到古典世界的普遍认同。现代以降，"理论"（Theorie）与"实践"（Praxis）的古典关系模式发生了颠倒，"实践"逐渐压倒"理论"成为决定性的建构力量，被从理论上及至生活（私

---

① Paul Ricoeur. *Histoire Et Vérité*. Paris: Seuil, 1975, p.188.

② 〔苏〕巴赫金：《马克思主义与语言哲学》，张杰等译，钱中文主编：《巴赫金全集》（第2卷），晓河、贾译林等译，石家庄：河北教育出版社，2009年，第468页。

③ 〔古希腊〕亚里士多德：《形而上学》，吴寿彭译，北京：商务印书馆，1995年，第118页。

④ 〔古希腊〕亚里士多德：《尼各马可伦理学》，廖申白译注，北京：商务印书馆，2003年，第3页。

人的、政治的）中，塑造为优先、压倒性的"主题"。哈贝马斯确认的现代思想"四大主题"即：后形而上学思想、语言学转向、理性的定位以及理论优于实践的关系的颠倒。压倒性的实践观念在现代确实出现了一种异化现象，正如哈贝马斯指出的，"使得许多人陷入了唯生产力论，实践被还原为劳动，由符号构成的生活世界、交往行为以及话语之间的多重关系被遮蔽了"①。这是我们思考语言、文学存在方式所不得不提防的陷阱。利科直言对劳动地位的过度恢复感到失望，他认为劳动地位的重新确立的过程伴随着劳动概念的逐步扩张，从古典意义上与自然斗争的劳作，扩大到包括所有的科学、精神、思辨活动，劳动哲学逐渐走向劳动神学；与此同时，人们在一般的理解和判断中仍然固守手工劳动高于沉思活动的现代观念。这种说与做的二元对立在利科看来必须在言语事件的维度上实现突破，言语作为贯穿一切活动的能力，代表了在劳动领域之外确立另一种存在方式的可能性，甚至具备质疑、反思神圣劳动的能力："它能证明劳动的光荣，它能怀疑劳动的光荣"②。

　　语言最初的发生就与物质活动密不可分，由交往需要而发生、发展的语言能力创造出新的交往模式，文学语言这种基于活生生的个体与他人交往之需要的"高级"能力由此发生，它在日常生活的言谈之外创造出新的意义。正如手作为劳动的产物不断去适应新的越来越灵巧、复杂的动作需要，以至于最终达到产生拉斐尔的绘画、托瓦森的雕刻和帕格尼尼的音乐的"高度的完善"，精神交往在劳动及语言的发展中历史地形成文学与艺术。语言及其交往不是单纯的触发语音、传递音响的过程，它是一种历史地生成的、物质性的事件，一种"说出"的行动和实践。语言与行动在劳动中一起发生，如伴随体力劳动过程的命令式叫喊属于动作的范畴。

　　在此基础上，利科指出言语不是单纯的触发语音、传递音响的过程，首先它是一种在世的事件，即言说行动。言语与动作在劳动中一起发生，如伴随体力劳动过程的命令式叫喊属于动作的范畴。这里的言语与动作直接联系在一起，但即使是命令式的叫喊声也是在"意味"着动作，超越并监督动作。而当言语从叫喊发展为一个预期的方案和计划时，言语和动作虽然仍可被视为同一"实践"中的元素，但两者之间不再直接相关了，言语对于动作的间距化效果突显，言语包含了将做之事的意义，所以实践不能完全将作为计划的言语占为己有，言语"最初是反省所需的间距，是'意

———————

①〔德〕哈贝马斯：《后形而上学思想》，曹卫东、付德根译，南京：译林出版社，2012 年，第 8—9 页。

② Paul Ricoeur. *Histoire Et Vérité*. Paris: Seuil, 1975, p.187.

义的因素'，是最初状态的理论"①。然而言语不能被视为本义上的劳动，但"无能"的语言并未将活生生的生活实践悬置起来，而是拉开了现实劳动与思考的一段距离，为意义的生产打开了空间，说话就是某人在用语言活动的方式提出一种"意义"，言语于是以卡西尔（Cassirer）意义上的"符号"形式再现生活问题。这里显示了英美日常语言学派语言观的影响，J. L. 奥斯汀的言语行为理论即认为主体所说是一回事，在说中所做是另一回事，以言行事的事可以通过陈述、命令、请求、怀疑等方式②提出，于是就有了言语行为和以言行事行为之间的对立。利科在此基础上深入探究了以言行事与意义的关联。在他看来，怀疑的言语和祈求的言语比陈述、命令的言语更富有哲学意义。命令的言语是叫别人做某事，而怀疑的言语转向他人的同时，转向自身，因为怀疑把言语变成问题，把提问变成对话，即变成为了回答的问题和对问题的回答，总之，在怀疑的言语中，才能构成马丁·布伯意义上的"我"与"你"之间的对话，此即苏格拉底式的言语活动，就其提出、引入现实之外的可能的意义而言，从怀疑的言语中走出了思辨哲学、科学规律和律法。祈求的言语则开辟了一条更宽广的道路，人以抒情的诗语将自身完全投向他者（如投向上帝的祈祷文和赞美诗、投向诸神和命运的古希腊悲剧，投向世俗世界中的自然和人情的诗歌），祈求的言语成为价值评判式的言语，其中言语不仅开辟了意义领域，更是在开辟最好的意义领域。利科总结道，就其本身的"力量"而言，言语不仅可以缓和劳动分工，用休闲补偿劳动分工，还有一种奠基功能，即作为"理论"的载体，言语在言说者与聆听者之间建立起意义的空间，在其中言谈触及知识、伦理、智慧的上升与下降，言语从数学走向伦理学，从物理学理论走向历史，从科学走向本体论，使得知识的产生和运用、意义的创造和更新成为可能，所以言语以其创造、想象功能接近于神学意义上的"创造"，"这首先意味着在人的有限性中，我们需要劳动和言语，以便置身于在我们之外的创造性言语的意义中"③。可见利科是在尊重劳动的前提下，将被"劳动神学"所遮蔽的言语恢复到其应有的位置，言语和劳动、说与做辩证地生成人类社会生活的"理论—实践"统一体。

---

① Paul Ricoeur. *Histoire Et Vérité*. Paris: Seuil, 1975, p.190.

② 根据第欧根尼·拉尔修的《名哲言行录》，智者普罗泰格拉"第一个将论辩分为的四个部分：恳求、询问、回答和要求——（而有一些人则将之分为七个部分：陈述、询问、回答、要求、宣告、恳求、呼吁，）他称它们为论辩的基本内容。"（〔古希腊〕欧根尼·拉尔修：《名哲言行录》，徐开来、溥林译，桂林：广西师范大学出版社，2010 年，第 459—460 页）。

③ Paul Ricoeur. *Histoire Et Vérité*. Paris: Seuil, 1975, p.204-205.

　　说与做、理论与实践之间的二元对立消解在利科的解释中，在此基础上利科开始其对更为广泛意义上的"话语"（le discours）事件的思考，话语在事件与意义之间为何及如何构成桥梁和中介成为利科诗学的基础。

二、话语：在事件与意义之间

　　为了证明书写语言与口头语言的区别，利科引入基础性的"话语"（le discours）概念，作为语言系统或语言代码的对立面，话语即语言事件或语言的使用，它以句子为基本单位。利科对话语事件性的肯定深受法国语言学家本维尼斯特（Emile Benveniste，1902—1976）的启发。正是本维尼斯特开启了对语言意谓现实的功能的思考："语言再生产（re-produit）着现实。这需要从最直接的意义上去理解：通过语言，现实被重新生产出来。说话的人通过他的话语使事件以及他对事件的体验重生，听他说的人首先把握到话语，并且通过话语，把握到被重新生产的事件。"①话语对事件的重塑和理解事件在话语交流中的中心地位使本维尼斯特将话语视为事件性存在。利科则在话语的时间性、意向性、主体性、他者维度上确立其事件性。在他看来，话语总是当下发生的事件，它通过一系列指示活动涉及说话者（主体），并指向它声称要表征的世界，最终指向一个对话者（他者），信息得到交换。与之相对，结构主义的"语言"则以其系统性、虚拟性和封闭性失去了话语的时间性、意向性、主体性和他者维度②。利科正是从这四个角度将话语直接称为"事件"。

　　利科在早期与结构主义的论战中，试图超越结构主义带来的结构与事件、系统与行动的二律背反，将词语置于结构与事件之间。在 1967 年的"檄文"《结构、语词、事件》中，利科认为结构主义的问题在于对言谈的一系列生产性功能（作为外部的实施、个人的能力、新陈述的生产和自由组合）避而不谈，而实际上在一定语言环境中产生的言语行为，其"意义的凸显及辩证的生产使系统成为行动，使结构成为事件。"③话语以行动（acte）作为其存在模式，于是话语就具备了事件的性质，言谈是一种现实的事件，一个瞬息即逝的行动；话语存在于一系列选择（choix）之中，通过这些选择，某些意指被选择了，其他项则被排除，这些选择产生新的组合，产生新的句子和理解这些句子的新话语，这一整个过程是言谈行动和

---

　　① Émile Benveniste. *Problèmes de linguistique générale I*. Paris: Gallimard.1966. p.25.

　　②〔法〕保罗·利科：《诠释学与人文科学——语言、行为、解释文集》，孔明安、张剑、李西祥译，北京：中国人民大学出版社，2012 年，第 160 页。

　　③ Paul Ricoeur. *The Conflict of Interpretations*. Edited by Don Ihde. New York: Continuum, 2004, p.83.

理解言语的本质所在。利科进而指出，在话语作为事件的意义上，语言才有一种意谓，弗雷格对 Sinn（意义）与 Bedeutung（意谓）①的区分以及胡塞尔对意谓与现实（Erfüllung）的区分在利科看来都是要阐明一种意指性意向，这种意向要破除符号的封闭性，把语言构造为言说的事件。话语作为事件蕴含着一种指明话语主体的方式：某人对某人说话是交往行动的本质，言谈的行动与结构主义"系统"的匿名性是对立的，"哪里主体加入行动，将语言交付给他支配的符号系统运用到单独的话语实例中，哪里就存在着言语"②。在题为《你们要做双重读者》（1999）的讲演中，利科更强调语言是唯一能自我批评的人类功能，因为任何批评都是通过语言进行的，所以怎样最大限度地提高语言的能力是一个政治问题："语言，不仅仅作为感知的主体之间的一种交流，而且还用来表达人们感知的东西。"③话语于是在利科看来成为系统与行动、结构与事件之间的交叉点，话语（le discours）即"语言的事件"（l'événment de language）。

　　作为事件的话语的存在转瞬即逝，但它在重复中被识别和再识别，这种可被识别的重复代表着"意义"的出现。于是"所有话语都是作为事件出现的，但被理解为意义（sens）"④。正如语言通过在话语中的实现，超越了自身的体系，成为事件一样，话语在利科看来是通过进入到理解的过程，超越了自身的事件，变得有意义。通过意义超越事件于是成为话语的特征。"意义"是解释学的主要论题。伽达默尔受海德格尔启发，从"存在"的解读看待"意义"，"意义"的真理性就是"意义"的"存在"。从"存在"看"意义"，"意义"就不是虚悬的理念，"意义"体现于"事件"之中，这是伽达默尔、利科解释学的共通之处。但伽达默尔强调事件的直接性，从活生生的事件本身看意义，利科却在事件与意义中加入了一个中间项——语言，事件通过语言获得意义。结构主义者正是以"结构"使对意义的理解成为可能，但利科指出，结构主义虽然讲"意义"，但局限于语言本身，

---

① 弗雷格在其著名论文《论意义与意谓》（1892）中区分了作为句子的思想的 Sinn（意义）和作为句子的真值的 Bedeutung（意谓）。Sinn 英语一般译为 meaning 和 sense，汉语学界有"涵义""意义""意涵"等译法；Bedeutung 英语一般译为 reference 和 denoting，汉语学界有"指称""所指""意谓"等译法。王路认为弗雷格的 Sinn 即句子的一般意义，"涵义"等则有深入的意思，所以"意义"更合适；"意谓"在字面上符合 Bedeutung 的意思，且有"指"的意思。（弗雷格：《弗雷格哲学论著选辑》，王路译，北京：商务印书馆，2006 年，译者序第 17 页）比较而言，"意义""意谓"的译法更好，本文一律采用王路的译法。

② Paul Ricoeur. *The Conflict of Interpretations*. Edited by Don Ihde. New York: Continuum, 2004, p.85.

③ 杜小真编：《利科北大讲演录》，北京：北京大学出版社，2000 年，第 40 页。

④ Paul Ricoeur. *La métaphore vive*. Paris: Seuil, 1975, p.92.

是经验科学，并非真正的语义学或哲学。事件与意义的关系应该是交互的：事件使意义有一个现实的、存在的基础，意义使事件拥有结构，具有可理解性，于是"文本"成为可理解的，开放的，为不同的解释留下空间。语言的意向性也在意义对话语事件本身的超越中得到了证明。

在活生生的言谈中，话语是作为转瞬即逝的事件存在的，只有在刻写（字母刻写、词语刻写、句法刻写）中，话语才能被固定化。刻写所固定的并不是所说的事件，而是已说的"内容"（said），"我们所写的，我们所刻写的，就是说话的意向对象（noema）。它就是言语事件的意义，而非作为事件的事件"①。那么话语事件这一意向的外在化过程是如何走向意义的？利科求助于J.L.奥斯汀和J.R.塞尔的语言行为理论。在他们那里，话语行为由分布于三个层次上的次属行为等级构成：话语行为，大致相当于说出具有一定意义的某个语句；话语施事行为（如告知、命令、警告、承诺等），即具有一定（约定俗成）力量的话语行为；话语施效行为，通过说某些事情我们实现或取得某些效果，如使人信服、说服、阻止，甚至是使人吃惊或使人误导②。这三个层面的区分在利科看来恰好可以说明意向外在化中事件与意义的辩证法。话语行为使意义外在化于句子之中，我们可以认同这句子中的意义，并在别处辨认出这一意义；在可辨认的语法规范（如陈述式、命令式、祈使式等）中，我们得以理解话语施事行为的意义，这些程序使话语施事行为外在化；话语施效行为则不是通过我的对话者对我意向的认知，而是一种直接影响感情、情绪的活生生的行为，其中意向的外在化最不明显。总之，通过意向的外在化，"事件在意义中超越了自身，并使自身成为物质的确定化"③，于是，话语的刻写成为可能，话语事件需要在文本和作品的维度上得到阐明。

三、从话语到作品：文学的意谓事件

作品和文本是话语事件在更大程度上的意向外化方式，利科的作品概念具有三个特征：其一，作品是比句子更长的话语序列，它在一个封闭形式中提出了一个新的理解方式；其二，作品服从于一定的话语编码形式，其中话语被转化为诗歌、故事、散文等等；其三，一件作品被赋予独特的

---

①〔法〕保罗·利科：《诠释学与人文科学——语言、行为、解释文集》，孔明安、张剑、李西祥译，北京：中国人民大学出版社，2012年，第161页。

②〔英〕J.L.奥斯汀：《如何以言行事》，杨玉成译，北京：商务印书馆，2012年，第94页。

③〔法〕保罗·利科：《诠释学与人文科学——语言、行为、解释文集》，孔明安、张剑、李西祥译，北京：中国人民大学出版社，2012年，第162页。

构型，即风格。作品的话语将形式加诸材料之上，使产品具有某种风格，在这个意义上，创作作品就是使语言材料具备独特形式的"实践"和"制作"活动，话语实践将其自身对象化在作品之中，文学作品即组织语言的劳动的成果。正是通过将创作和劳动范畴引入话语的维度，利科找到了事件的非理性与意义的理性之间的中介。作品以其独特的话语组织方式（风格化的）将话语提高到事件的高度，这一事件就存在于作品可辨认的语言形式中，作品可以被理解为对特定场景的回应和建构过程。

　　作品、文本特别是文学这种完备的话语序列如何成为连接事件和意义的中介，这是利科思考话语各层级的事件性的最后一步。话语事件作为一个命题出现，它总能在弗雷格的意义上区分出意义（Sinn）、意谓（Bedeutung）和表象（Vorstellung）。意义是该命题中蕴含的一种共有的、客观的、独立的思想内容，意谓是该命题具体指向的对象，表象则是命题在主体那里产生的一种主观的、心理的、个别的内心图像。亚里士多德《解释篇》指出："口语是内心经验的符号，文字是口语的符号。正如所有民族并没有共同的文字，所有的民族也没有相同的口语。但是语言只是内心经验的符号，内心经验自身，对整个人类来说都是相同的，而且由这种内心经验所表现的类似的对象也是相同的。"①可见特定话语的声音、符号、表象等形式是各异的，也无法达到一致，但同一话语行为所涉及的内心经验是类似的，内心经验所意指的对象也是同一的、客观的、稳定的。在这个意义上，弗雷格在意谓与表象之间确定了意义，它不像表象那么主观，但也非对象本身。弗雷格自己举出了一个经典例子来对这三者加以区分、说明：人用望远镜看月亮，月亮是这一行为的意谓，望远镜中物镜呈现的真实图像为意义，而人视网膜所见的是表象。真实图像是客观的、同一的，每个人视网膜所见之象则各不相同，弗雷格强调的正是意义的客观性与独立性，他的意义理论就是句子理论，句子的思想即意义，句子的真值为意谓。科学的求真活动就是从意义推进至意谓，文学的语言表述在他看来则没有求真的需要，可以有意义、表象却无意谓，有无意谓是科学与美学艺术的根本差别。在这个意义上，弗雷格做出了如下判断："聆听一首史诗，除了语言本身的优美声调外，句子的意义和由此唤起的想象和感情也深深吸引打动了我们。若是寻问真这一问题，我们就会离开这艺术享受，而转向科学的思考。这里只要我们把这首诗当作艺术品而加以接受，'奥德赛'

---

　　① 〔古希腊〕亚里士多德：《解释篇》，秦典华译，苗力田主编：《亚里士多德全集》（第一卷），北京：中国人民大学出版社，1990年，第49页。

这个名字是否有一个意谓，对我们来说是不重要的。"[1]也就是说，文学并非是一种求真活动，它本身无所谓意谓问题。这一判断无疑构成了对利科话语事件理论的极大挑战，以至于利科宣称"我的全部工作意在消除这种将意谓（dénotation）局限于科学陈述的做法"[2]。讲话（parler）在他看来就是向某人依据某件事说某件事，话语本身就是作为事件存在的，话语的出场即意义的突显，话语事件的目的地在于意义的开放空间，而所有真实的意义的获得必须以意谓为基础。当话语成为文本、作品和文学时，却失去其意谓这在利科看来是不可思议的。

在口语中，对话最终指向对话者共享的场景（Umwelt），一种直接的意谓，而在书面语言中意谓确实不再明确，诗歌、论文、小说都在谈论某物、某事、某人，但这些都是被重新唤起的不在场之物。那么文学在日常语言的描述性、陈述性、教导性意谓功能（第一层的意谓）之外，究竟指向何处？利科"断言"，文学指向的是"世界"（Welt），即第二层的意谓。"文本将其意义从精神意向的监护下解放出来，同样，它也将其意谓从明确所指的限定中解放出来。世界就是由文本打开的意谓总体性。"[3]这样，文学话语在现实的意谓之外指向另一个层次，具有一种独特的意谓维度，即在胡塞尔的"生活世界"（Lebenswelt）和海德格尔的"在世存在"（in-der-welt-sein）的意义上走进了世界。文学的非直接意谓就是这一可能世界，其中小说和诗歌以潜在的模式意指存在本身，在日常现实之中打开了一个新的在世存在的可能性，所以文学成为我们的存在方式，一种我们以想象和象征方式改变日常现实形态，以更好地居于其中的存在方式，这就是利科所谓文学的意谓事件。利科对文学意谓本质的规定和开拓指向其对解释（如文学批评）任务的界定。文学作为具备二层意谓的总体，其意义是在文本之前就存在的，意义不是隐藏的而是揭示的意义。引发理解的东西是通过文本的非直接性意谓指向可能世界的东西，所以解释就成为对由文本的非直接性意谓所打开的可能世界的理解。"理解就是追随作品的活力及其运动，从它的所说到有关其所说。"[4]

话语在其意谓维度上被利科称为"语义创新"（l'innovation

---

① 〔德〕弗雷格：《弗雷格哲学论著选辑》，王路译，北京：商务印书馆，2006年，第97页。

② Paul Ricoeur. *La métaphore vive*. Paris: Seuil, 1975, p.278.

③ 〔法〕保罗·利科：《诠释学与人文科学——语言、行为、解释文集》，孔明安、张剑、李西祥译，北京：中国人民大学出版社，2012年，第139页。

④ 〔法〕保罗·利科：《诠释学与人文科学——语言、行为、解释文集》，孔明安、张剑、李西祥译，北京：中国人民大学出版社，2012年，第139页。

sémantique），即语言的瞬间创造，"这种创新不是以与意谓（désignation）或意义（connotation）相关联的、作为有既定的东西出现在语言中的"①，而是一种兼具事件和意义的语言创造，意义在其作为事件的突然闪现中得以凸显。言谈、话语、作品、文学在话语事件的维度上被赋予触及存在本身的"意义"，成为事件与意义的中介。在此基础上，利科将"话语""隐喻""象征""想象""叙述""文本"、"作品"等诗学问题扩展到政治、历史、伦理等一系列实践领域，在语义解释的"漫长迂回"中实现了其反思解释学嫁接现象学与解释学、解释学与意识形态批判，跨越文本—行动，意识形态—现实，理论—实践，观念—生活世界的"野心"。象征、隐喻、叙述等语义创新构成了文学发生的基本元素，对这些语义创新形式的思考贯穿了利科的全部哲学生涯。语义创新作为对词语、话语的非常规使用方式，如何以不同的方式体现文学作为话语事件的特殊性，这是本节的着眼点。

第二节　"象征"的事件结构

自 1960 年发表《意志哲学》Ⅱ 之后，利科开始转向一系列关注解释问题的著作，暂停了严格意义上的意志现象学研究。从 1965 年的《弗洛伊德的哲学：论解释》开始，利科逐步发展他的语言、话语、文本的解释学，一种基于现象学方法的解释学。这主要由于利科不再承认意志现象能够在意识中得到直接的观察，而必须通过意志活动所说出的东西来考察，话语问题及其解释于是成为利科解释学的核心。赫伯特·施皮格伯格正确地指出："利科的现象学不再将对意识现象的描述当成首要任务，而是将对象征的解释，最终是将对象征在其中得以表现的文本的解释当成首要问题。"②

在利科看来，任何形式的理解必须经过语言的中介，因此语义学被视为全部解释学的核心。而从注释学开始，解释活动都绕不开文本、作品的多重意义问题。一个文本在字面之外可能具有超出语言一般用法的"象征意义"，奥古斯丁在对阅读《圣经》的经验进行反思时已领会到象征意义的趣味。圣人将自己比作羔羊，这让奥古斯丁感到更有兴味。从这一事件中奥氏得出结论："知识用语象表达，常能产生较大乐趣；另一事实，凡属艰

---

① Paul Ricoeur. *La métaphore vive*. Paris: Seuil, 1975, p.126.

② 〔美〕赫伯特·施皮格伯格：《现象学运动》，王炳文、张金言译，北京：商务印书馆，2011 年，第 789 页。

苦追寻的东西，一旦到手则乐趣也更大。"①所以他认为理解《圣经》必须考虑象征意义。托马斯·阿奎那则认为有两种象征：显示上帝之存在的自然物和文字、意象语；六世纪罗马教皇格列高里认为《圣经》有字面的、寓言的和哲理的三种意义。这里语言的象征使用都被看作更好地理解上帝意图的方式。但丁的"四义说"从《圣经》注释学过渡到世俗文学的解释，并形成了象征寓意批评的传统，这也是他为《神曲》辩护的一种方式。"我这部作品的意义不是简单的，反之，可以说诗'多义的'，就是说，含有多种意义。第一种意义是照文字上的意义；第二种意义是照文字所表示的事物的意义。第一种可以称为字义的意义，第二种可以称为讽喻的或神秘的意义。"②四义即字义、讽喻意义、道德意义和神秘意义，后三者统称为讽喻的或寓意的。对象征的重视可以看作自中世纪以降的一种传统观念："承认一般性象征主义，是中古思想的主派，包括了文法的、美学的、与神学的成分。"③利科认为不管是《圣经》注释学还是尼采对价值的解释、弗洛伊德的精神分析，都是从历史的或文字的意义过剩中转化出精神的意义，建立在某种意义建筑结构的基础上，这种多义性的表达就是"象征性的"（symbolic）。

利科没有从拉丁文修辞学传统或新柏拉图主义出发，把象征化约为类比（analogy），也没有像卡西尔一样，将一切通过符号（从知觉、神话、艺术到科学）对实在的理解称为象征。利科的定义是："任何表意（signification）结构，其中直接的最初的文字的意义附加地指称另一种间接的引申的比喻的意义，这后一种意义只有通过前一种意义才能被理解。"④解释学的全部任务于是被规定为对象征的解读，即在明显的意义中解读出隐蔽的意义，展开暗含在文字中的意义层次。象征在利科的使用中成为意义建构的基本方式，这种方式包含了宗教现象学所阐明的宇宙象征、精神分析所揭示的梦的象征理论以及诗人的语义创新，"宇宙的""梦的"和"诗的"被利科称为象征系列的三个取向。宇宙象征建基于宇宙的地缘特质，人最初是根据自然的世界和自然物来解释神祇的，实际事物如太阳、月亮、水于是成为象征；在梦的体验中，精神的象征形式（如性的

①〔古罗马〕奥古斯丁：《忏悔录》，周士良译，北京：商务印书馆，1963年，第313—314页。

②〔意大利〕但丁：《致斯加拉亲王书》，缪灵珠译，章安祺编：《缪灵珠美学译文集》（卷一），北京：中国人民大学出版社，1998年，第308—309页。

③〔美〕卫姆塞特、布鲁克斯：《西洋文学批评史》，颜元叔译，北京：中国人民大学出版社，1987年，第129页。

④〔法〕保罗·利科：《存在与诠释学》（1965），洪汉鼎主编：《理解与解释——诠释学经典文选》，洪汉鼎译，北京：东方出版社，2006年，第256页。

象征）被视为人性中不变的象征系列。人在象征中表达了自身，因为人在以象征形式表达世界的过程中表达了自己，在解释世界的神圣性的过程中探索了自身的神圣性，在这个意义上象征以其双重的"表达性"被利科称为"探索者的手杖"和"自我发生的指南"。

除了宇宙的和精神的象征表达，还有诗的想象作为象征的第三种样式。诗人发动感官的想象，或遵循感觉、视觉、听觉及其他意象的指导，或涉及时间和空间的象征理论，直接诉诸语言。在诗中，"象征是在它使语言涌现的瞬间被把握的"①，用巴什拉（M. Bachelard）的话说是"在它使语言处于浮动状态"②的瞬间被把握的，而非通过仪式和神话的神圣性规定去把握宇宙象征，亦非通过对被压抑的婴儿期的解释去理解梦的象征。

虽然这些象征形式以不同的方式建构起来，但利科明确地将其诉诸语言的奠基性："所有这些象征都在语言元素里找到它们的表现。即使象征的力量根深蒂固，但在人们讲话之前不存在任何象征。正是在语言里，宇宙、欲望和想象才达到表现。"③象征作为符号是传达意义的方式，这种意义在以言语作为其工具的表意意向中被表明。即使是作为自然事物的宇宙象征也必须通过语言的中介，因为这些事物的象征功能是在祭祀、祈祷、神话的讲述中达成的。同样，梦也接近语言，因为它是被讲述和传达的，而诗本身就是语言。语言之于象征的奠基性被利科一再加强，这与本维尼斯特的立场是一致的。在本维尼斯特看来，语言的力量（如神话中将语言视为世界的初创原则）源于其象征能力，即"通过一个符号表现现实的能力，以及将'符号'理解成对现实的表现的能力，也就是在某一物与某一他物之间建立起'意指'关系的能力"④。语言在他看来是最富象征意味的中介。首先，所有其他交流系统（如书写、动作、视觉等）都以语言为前提，语言作为物理的发声事实从发声器官到听觉器官的运动可以被观察、描写和录入；其次，语言是非物质的结构，所指（signifi）的交流，通过对事件或经验的'回想'来替代事件和经验；最后，语言也是最经济的象征方式，不费力地以少任多，言语展现事件（如创世）时世界也要重新开始一次。所以象征使思想和语言成为可能。利科更进一步探寻象征的本质，他指出

---

① 〔法〕保罗·里克尔：《恶的象征》，公车译，上海：上海人民出版社，2005 年，第 12 页。

② M. Bachelard. *La Poétique de l'Espace*. Paris. 1957, p.89.

③ 〔法〕保罗·利科：《存在与诠释学》（1965），洪汉鼎主编：《理解与解释——诠释学经典文选》，洪汉鼎译，北京：东方出版社，2006 年，第 257 页。

④ 〔法〕埃米尔·本维尼斯特：《普通语言学问题》，王东亮译，北京：生活·读书·新知三联书店，2008 年，第 16—17 页。

象征具有双重的意向性。首先含有一定意义的措辞代表了字面意义上的意向性，假定约定符号高出自然符号。如"玷污""不洁"的字面意义是"污点"，"污点"本身已经是一种约定符号，在这最初的意向性之上又形成了一种意向性，即通过肉体的"不洁"，暗示人在祭礼上却正在被玷污、不洁的某种状态。所以象征的符号是不透明的，它通过最初的字面意义类比地暗示不能不由它去表示的另一种意义，这正构成了象征的深度。用黑格尔的话来说，象征不是单纯的符号，"象征所要使人意识到的却不应是它本身那样一个具体的个别事物，而是它所暗示的普遍性的意义"①。

利科指出象征是类比地提出后一意义的最初的意向性，是赠予者（donnant），因为象征不让我们置身事外，"它是使我们加入到潜在的意义之中、从而使我们同化到我们无力从理智上去掌握其相似的那种被象征的东西中去的本来意义的运动"②。象征于是在其双重的意向性中成为语义的创新形式，它的结构决定了它是不在场的，因为它在事物以外用代用的符号表明事物；同时它又是在场的，它归根结底是要表示某事某物，最终表示世界，象征"对我们说的，正是对人在他所活动、生存和意愿的实际生存处境的一种索引"③，最终成为话语事件的基本结构。

第三节 "活的隐喻才是事件"

利科认为所有话语的产生和实现都表现为一个事件，同时被理解为一定的意义，而语言的一种特殊使用——隐喻，被利科视为具有集中事件和意义双重特征的语义创新。《活的隐喻》（1975）作为利科20世纪80年代最重要的作品，可谓其隐喻理论的一次集中展现。利科的"隐喻"概念并未完全脱出古典用法，他是在亚里士多德《诗学》与《修辞学》的基础上，结合现代语言哲学的隐喻理论，探究隐喻的本质。

隐喻（métaphore，metaphor）源自希腊语 metaphorain，meta 为"超越"，pherain 为"传送"，即将一个对象的特征"传送"到另一对象，使之得到"超越"其自身的某种意义。句子是话语的基本单元，词语是句子的基本单位，如果将文本、作品视为句子最大化的集合，隐喻则是在单一句子中词语的创造性使用。亚里士多德曾在言语（lexis）的限定下给出了隐喻词

---

① 〔德〕黑格尔：《美学》（第二卷），朱光潜译，北京：商务印书馆，2006年，第10—11页。

② 〔法〕保罗·里克尔：《恶的象征》，公车译，上海：上海人民出版社，2005年，第14页。

③ 〔法〕保罗·里克尔：《恶的象征》，公车译，上海：上海人民出版社，2005年，第314页。

的经典定义："用一个表示某物的词借喻他物，这个词便成了隐喻词，其应用范围包括以属喻种、以种喻属、以种喻种和彼此类推。"①虽然我们辨认某个隐喻必须以该隐喻陈述的句子，甚至是段落、语篇、文本整体为语境，但隐喻的发生总是源于词语及其语境的突然改变，正是在这个意义上，利科认为亚里士多德的定义强调了词语中创造的意义变化的背景行为，仍然具有价值。亚里士多德的启示还在于他在修辞学和诗学两个不同的话语领域都涉及隐喻问题。《诗学》集中讨论隐喻的诗学功能，所以研究言语表达形式的学问（如何为命令、祈求、陈述、提问、回答等）被视为与演说技巧相关的修辞学问题，这与诗艺的高低并没有直接的联系，所以"以诗人是否了解这些形式为出发点，并在此基础上对诗艺进行的批评，是不值得认真对待的"②。但亚里士多德在《修辞学》中指出，散文作者和演说者更依赖于隐喻词，因为他们能借助的东西少于诗人，就效果而言，隐喻最能使用语变得明晰，让人耳目一新，这就需要依据恰当的类比关系，"如果类比不当，就会显出不相宜来，因为把事物彼此放在一起，就能最大限度地显出它们间的相反之处"③。在亚里士多德看来，修辞学的雄辩技巧和诗歌的摹仿，说服的激情与对激情的净化完全属于两个话语领域，而隐喻却以其独一无二的意义转换机制涉足了这两个领域。利科进而指出："隐喻有两种功能：修辞学功能与诗学功能。"④就隐喻以对语言的特殊使用转换日常语言的意义而言，它之所以能成为隐喻，必须要在不同的事物中见出本质上的类同，而对这一替换词的选择本身就作品而言即"恰当"的修辞，同时以隐喻陈述的方式成为比尔利兹所谓的"微型诗歌"⑤，意谓存在的某个方面。

　　要实现隐喻的意谓功能，利科试图从亚里士多德对诗的"层级"分析中找到依据。亚里士多德认为悲剧作为一个整体，必须包括六个成分：情节（Muthos）、性格（Êthê）、言语（Lexis）、思想（Gnômê）、戏景（Opsis）和唱段（Melos）。其中言语和唱段是摹仿的媒介，戏景是摹仿的方式，情节、性格、思想为摹仿的对象。就其对于悲剧艺术的重要性而言，摹仿的对象最高，媒介次之，方式则与诗艺的关系最疏。情节被视为悲剧的目的、

---

① 〔古希腊〕亚里士多德：《诗学》，陈中梅译，北京：商务印书馆，1996 年，第 149 页。

② 〔古希腊〕亚里士多德：《诗学》，陈中梅译，北京：商务印书馆，1996 年，第 140 页。

③ 〔古希腊〕亚里士多德：《修辞术》，颜一译，苗力田主编：《亚里士多德全集》（第九卷），北京：中国人民大学出版社，1990 年，第 498 页。

④ Paul Ricoeur. *La métaphore vive*. Paris: Seuil, 1975, p.18.

⑤ Monroe C. Beardsley. *Aesthetics*. Hackett Publishing Company, 1981, p.134.

根本和灵魂，第一性的存在，性格第二，思想次之，言语则是第四成分，指用词表达思想。隐喻是言语的一种，它的诗学功能就在于成为悲剧情节的外在形式，即对象的媒介。情节本身具有的顺序性、结构性和逻辑性将反映在其他成分中，言语作为情节的外在表现和说明，始终追寻情节的目的，并构成对情节悲剧效果（即思想）的补充和加强。"若是不通过话语亦能取得意想中的效果，还要说话者干什么？"①于是第一位的情节与第四位的言语构成了利科所谓的内在形式与外在形式的关系，隐喻作为言语的一部分，通过与情节的关联性而成为悲剧的一部分。接下来，必须透过情节的本质（对行动的摹仿）来理解隐喻功能。在亚里士多德严格的悲剧定义中，悲剧是对行动的摹仿，它之所以摹仿行动中的人物，是出于摹仿行动的需要，悲剧的六种成分都是摹仿的中介和结果，可以说摹仿贯穿了悲剧艺术的全部过程，甚至悲剧引起的激情和净化也可视为摹仿的成果，换句话说，摹仿行动就是悲剧的诗艺所在，是一种独一无二的"制作"。"正如在其它摹仿艺术里一部作品只摹仿一个事物，在诗里，情节既然是对行动的摹仿，就必须摹仿一个单一而完整的行动。"②对这一行动本身顺序性的摹仿才能构成悲剧的有机整体。行动是现实的人的行为，而作诗本身的创造性源于虚构的力量，对行动（开端、过程、结尾）进行的编织与人的行动的现实性之间的张力在摹仿中显现出来。悲剧摹仿的是现实世界中具有必然性和普遍性的事情，即根据可然或必然的原则可能发生的事情，悲剧正是以其对普遍性事件的摹仿比历史更具哲学性，具体事件在摹仿活动的理想化中上升为普遍性事件，出人意料的事件如果能显现其因果关系，让它看起来受到某种动机驱使，反而更能激起恐惧和怜悯。鲍桑葵进而将亚里士多德引申摹仿说的方法归纳为"美的艺术在摹仿给定事物时要把它理想化"③，诗人是情节的编制者就在于他将形式（完整的情节）赋予了质料（具体事件），完成这一创造性制作。可见，亚里士多德的 mimêsis 不能与机械的"复制"（如镜子说）意义上的摹仿混为一谈，利科认为 mimêsis 所包含的对现实的参照只不过表示自然对所有制作活动的支配，他更强调的是这种参照活动与创造性的关系，"摹仿即创作（la mimêsis est poiêsis），反之亦然"④。

此外，利科指出亚里士多德对摹仿的另一规定更具启示意义，即相对

---

① 〔古希腊〕亚里士多德：《诗学》，陈中梅译，北京：商务印书馆，1996年，第65页。
② 〔古希腊〕亚里士多德：《诗学》，陈中梅译，北京：商务印书馆，1996年，第78页。
③ 〔英〕鲍桑葵：《美学史》，张今译，北京：商务印书馆，1997年，第83页。
④ Paul Ricoeur. *La métaphore vive*. Paris: Seuil, 1975, p.56.

于喜剧摹仿比较坏的人，悲剧则表现较好、较高尚的人，因此情节不再仅是以连贯的形式对人的行动的重新编排，更是一种升华的创作，摹仿不仅恢复了人的本性，更恢复了人性中可能存在的更好的方面。从这两个层面来看，诗的摹仿成为包含恢复与升华的创造性活动。隶属于言语的隐喻由此在摹仿的基础上得到重新界定，它不能被简单地视为对日常语言的偏离之类的语言事实，它服务于言语和诗歌整体，以恰当的意义转换机制穷尽表意的可能性，并以恰当的新奇或典雅的面貌表达行为本身的惊奇和高尚，利科由此认为诗歌中隐喻的意谓功能就在于摹仿行为本身的张力，既从属于现实又进行虚构，既有恢复又有升华。这里就存在两种层级上的意义升华：在诗歌整体层级的情节引起的意义升华（行为的升华）与言语层级的隐喻引起的意义升华（语言的升华），它们的联系在于隐喻对日常语言的偏离构成意义升华的特殊工具，意义的升华造就了摹仿。再加上净化（katharsis）的情感升华，摹仿这一整体活动通过隐喻对语言的转用，提升情节，净化激情，三个层级的意义升华并行不悖地展开。

利科接着通过再度深入摹仿的本质将隐喻问题带入更深的层次。摹仿作为人的天性，总是对某物的摹仿，用现象学话语来说，摹仿是意向性行为，在亚里士多德那里，摹仿指向自然（phusis）。在早期著作《劝勉篇》（Protreptikos，残篇）中，亚里士多德指出："自然的东西总为着一个目的才生成，它带着一个比技术生成物更好的目的。不是自然摹仿技术，反之，是技术摹仿自然。技术是为帮助自然补充自然而存在。"①自然生成的东西是美好的、正确的、带有更高目的的，技术摹仿自然旨在如自然一样，制造近于自然生成物的产品，诗艺于是从属于自然。在《物理学》中，亚里士多德在技术摹仿自然的基础上，将技术规定为对形式的自然与质料的自然的认识，与此同时，"研究'为了什么'或者叫做'目的'和研究达到这个目的的手段应该是同一个学科的课题。自然就是目的或'为了什么'。因为，若有某一事物发生连续的运动，并且有一个终结的话，那么这个终结就是目的或'为了什么'"②。

这里对技术与自然在形式、质料的统一和目的论的规定中，为诗艺与自然的分离提供了前提，艺术从自然中获得目的同时得到了自主性，因为摹仿自然的结果不可能是成为自然，自然中可以摹仿的东西就是自然事物生成的过程（即达成其目的性的过程），诗歌以编织情节来摹仿并理解这

---

① 〔古希腊〕亚里士多德：《残篇•劝勉篇》，李秋零、苗力田译，苗力田主编：《亚里士多德全集》（第十卷），北京：中国人民大学出版社，1990年，第165页。
② 〔古希腊〕亚里士多德：《物理学》，张竹明译，北京：商务印书馆，2006年，第48页。

一过程。利科由此在诗歌话语的创造与自然的生成中看到了一致性，因为"摹仿自然"的命令本身已经将诗歌与自然区分开来，自然、现实作为参照物丝毫不会限制摹仿的创造空间，诗歌摹仿人的行动因而可以具备广泛的可能性，诗人可以摹仿"过去或当今的事，传说或设想中的事，应该是这样或那样的事"，"诗人通过言语表述上述内容，所用的词汇包括外来词、隐喻词和言语中其它许多不寻常的词语。我们同意诗人在这方面拥有'特权'"①。亚里士多德将"摹仿自然"纳入到已成体系的"诗学"范围加以考虑，与柏拉图本体论层面上的"摹仿"概念（那里自然本身已经是对永恒理念的摹仿）区别开来，人的行为在情节中就是被摹仿的自然。

　　利科提醒我们，自然对于古希腊人而言并非被给定的存在，而是有生命的，由此摹仿才能脱离役使性，在自然的现实领域中进行创造才是可能的，创造仍是在表现自然和现实中的事物。隐喻要使事物活现在眼前，指的是对现实活动的表达，荷马常把无生命的事物描写成有生命的事物，却立足于现实活动，"那枪尖迫不及待地刺穿了他的胸膛""那无情的石头又滚下平原""长枪栽进了土地，依然想要吃肉"等，亚里士多德认为："这些事物由于有了生命，就显出了现实性……他使所有事物都活起来，运动起来，而现实性就是一种运动。"②情节摹仿的同样是现实中的人，利科由此指出话语本身无法排除我们对世界的归属性："我从亚里士多德的摹仿论中看到的便是想象物的真实，诗的本体论意义上的发现能力。陈述（lexis）扎根于摹仿，摹仿隐喻对一般陈述的偏离属于表达存在事物的伟业……将人呈现为'在行动中'，将所有事物呈现为如'在行动着'，这些很可能构成了隐喻话语的本体论功能。其中存在的所有静态的可能性显现为绽放的东西，行为的所有潜在可能性表现为被实现的东西。"③"活的隐喻"成为道出活生生的存在的东西。

　　活的隐喻意味着一种绝对的语境化，它作为新的意义的发生是某种特定语境行为的独特的、瞬间性的结果。根据 I.A.理查兹、比尔利兹、布莱克等为代表的现代隐喻理论，一个词语是在特定的语境中接受其隐喻意义的，该词的字面意义在特定语境中相互排斥，为新的意义的产生提供了可能性，新的意义与这一语境相伴而生，使句子有意义。利科同意上述界定，认为新的隐喻是当下的东西，语言的瞬间创造（即语义创新），它所依赖的

　　①〔古希腊〕亚里士多德：《诗学》，陈中梅译，北京：商务印书馆，1996年，第177页。

　　②〔古希腊〕亚里士多德：《修辞术》，颜一译，苗力田主编：《亚里士多德全集》（第九卷），北京：中国人民大学出版社，1990年，第521—522页。

　　③ Paul Ricoeur. *La métaphore vive*. Paris: Seuil, 1975, p.61.

是一种现实的独一无二的语境，该语境创造了新的意义，这种意义同时具有事件的地位，因为它仅仅存在于此时的语境中，于是隐喻成为事件与意义的统一体，即意谓事件和由语义创新带来的突然显现的意义。当隐喻被语言共同体接受，它带来的新意义就成为日常和字面意义，隐喻就不再是活生生的："只有真正的、活的隐喻才是'事件'和'意义'。"①那么，诗歌用活的隐喻来提出事件性的新意义，一种仅存在于言语中的新意义，究竟对于摹仿和诗歌整体而言意味着什么？利科指出："如果说，诗歌创造了一个世界，这是真的话，那么它就要求某种语言，该语言在特定语境中保留和表达诗歌的创造性力量。通过这一方式，即把诗歌的创作与作为事件的意义的隐喻放在一起，我们将同时赋予两者，即诗歌和隐喻以意义。"②我们对隐喻的解释和对诗歌整体的解释构成了有益的解释循环：隐喻意谓世界的力量产生于诗歌整体的力量，但同时为诗歌整体力量的实现奠定了基础。隐喻成为了一种话语策略，在其中语言放弃了直接的描述功能，达到了事件—意义层面上的本体论功能，在洞察事物的近似（proximity）中产生了一种新的实在观，诗歌语言由此跨越日常语言的第一级意谓，进入第二级意谓（意谓世界），隐喻也因此最终与真理相关联。

利科以对话语事件的论述为基础，切入为文学的事件性发生问题，其命意在于从根本上确证文学话语的意义更新功能，隐喻成为关键所在。通过"活的隐喻"，隐喻在语义创新层面确保了文学话语的意义和意谓维度：活的隐喻以词项的转移和互换的张力，确保了意义的转换和新意义的开放。通过对话语的事件性本质和运作方式的细致描述，利科全面推进了本维尼斯特的话语事件理论，并在对具体语义创新形式的意义—意谓功能的分析中切近了文学（一种特殊的话语形式）发生的事件性，话语的事件性发生在文学这种复杂的话语机制中，经过严格的论证，文学本身作为话语事件的功能和价值同时得到说明。

第四节 "叙述"对事件的编织与反思

隐喻发生在词语和句子层面，句子的序列组成了语篇和文本，在这个

---

① 〔法〕保罗·利科：《诠释学与人文科学——语言、行为、解释文集》，孔明安、张剑、李西祥译，北京：中国人民大学出版社，2012 年，第 133 页。

② 〔法〕保罗·利科：《诠释学与人文科学——语言、行为、解释文集》，孔明安、张剑、李西祥译，北京：中国人民大学出版社，2012 年，第 142 页。

层级上，被纳入某种特定秩序的句子序列的话语构成叙述话语，即利科所谓最大的一类话语。叙述作为话语实践的特殊形式，是在词语、句子、语篇的基础上形成的，具备一般话语的隐喻、象征功能，更以其"叙述性结构"成为话语实践中最基本、最重要的形式。这是因为，主体的各种解释活动中，语言如果想要起到中介的作用，发挥隐喻、象征等再现"意义"的功能，都是以"叙述"的形式体现出来的。没有叙述，文本与解释者之间的历史距离将使理解、反思活动无法进行。在利科那里，语言是在叙述中完成其中介功能的。

对"叙述"的思考在利科后期哲学中占据核心地位，三卷本巨著《时间与叙述》（Temps et récit，1983—1985）将叙述视为一种"语义创新"（l'innovation sémantique），一种人类保存时间经验、理解自身和他人的中介。"叙述"一词在不同的语境中具备名词（récit；narrative）、形容词（narratif；narrative）和动词（raconter；narrate，tell，recount）三种含义。在利科的用法中，也存在这种多义性。而中文的对应翻译也有所不同，出现过"叙述""叙事""讲述""记述"等译法，这里统一为"叙述"，在利科的使用中即对事件加以编排、整合的话语。利科也曾指出："名词叙述、形容词叙述和动词叙述除语法不同外，完全可以互换。"①叙述作为人类把握世界的方式，是一种智性的精神活动，一种意向性活动，它所处理的对象即"事件"。将经验世界中纷繁复杂的事件编织为情节（中介化后的事件），形成具体可感的"故事"，这是叙述活动的一般过程。关于事件、情节、故事的区分，现代叙述学给出了理性的分析。赵毅衡的区分值得借鉴，他认为情节介于故事与事件之间，是故事的基本材料和叙述的最基本条件，故事则是有头有尾、有起承转合结构的情节，经验事件的媒介化构成情节的单元。于是，"事件具有可述性，就能进入情节，而叙述者对情节的处理，使文本具有'叙述性'。也就是说，情节使事件的'可述性'转化为文本的'叙述性'。"②本属于经验世界的事件被筛选、重组，转化为符号世界中的具体可感的情节或故事，叙述文本于是成为累积、深化人类认识能力的重要中介。发生在经验世界中的事件本身并不能全为叙述所容，因为事件本身的复杂性是不可名状的，如特洛伊的陷落这一历史事件所涉及的人、事、物绝非叙述的中介可以穷尽，荷马的叙述只是以其一己之力呈现他个人视域中的事件原貌，他对事件的选择和排列事件的方式，如以阿喀琉斯的愤怒开始，

① Paul Ricoeur: *Temps et récitII*, Paris: Seuil, 1984, p.226.

② 赵毅衡：《广义叙述学》，成都：四川大学出版社，2013年，第167页。

以其愤怒的平息（死亡）为终，实际上带有鲜明的个人化风格，希腊人的血气和悲剧意识在史诗的结构中凸显。将事件（生活事件、历史事件或神话事件）在声音、形象和语言等中介形式中符号化，进而编织为情节（plot, action），构成"故事"，叙述才能完成。

但在古典诗学中，情节、事件、行动等概念的区分并不明显。在亚里士多德《形而上学》所区分人类活动（实践、制作、理论）中，叙述属于制作，是一种技艺，叙述文本说到底是技艺人（homo faber）生产的人工制品（human artifice），它是一定时空背景下的产物，在《诗学》的描述中遵从严格的因果逻辑。但值得注意的是，在《诗学》中的某些地方，情节、事件和行动甚至可以换用。在将悲剧分为六个成分之后，亚里士多德如此强调情节的优先地位："事件（pragmata）的组合是成分中最重要的，因为悲剧摹仿的不是人，而是行动和生活[人的幸福与不幸均体现在行动之中；生活的目的是某种行动，而不是品质；人的性格决定他们的品质，但他们的幸福与否却取决于自己的行动]所以，人物不是为了表现性格才行动，而是为了行动才需要性格的配合。由此可见，事件，即情节是悲剧的目的。"①从摹仿的对象是人的行动这一根本观点来看，诗人即事件的编制者，悲剧应该去摹仿的是能引发怜悯和恐惧的事件组成的整一的行动。叙述话语在做的就是在连接分散的事件，将其纳入某种编年体例，但与此同时，分散的事件通过叙述的运作被整合为一个完整的事件（情节），就是在分散的事件中建构了意义的总体性，用摹仿行动的构型对事件的意义进行把握。在这个意义上，叙述作为语义创新和话语事件才能在人类认知-行动领域中具有重要的认识论价值。柏拉图、亚里士多德曾试图区分"叙述"（diegesis）与"摹仿"（minesis）；故事、虚构、情节的"迷所思"（muthos）与逻各斯（logos）。亚里士多德认为悲剧对行动的摹仿，即情节的编排甚至因其超越已知事件，提供一种认识事件的或然性，比历史更具哲学意味。

可见，亚里士多德的"情节"或"情节编排"（muthos；emplotment）概念仍是理解叙述及其效应的关键。明克曾认为，在对叙述的构型行为中的事件进行总体把握时，叙述的运作具有一种康德意义上的反思判断的特征："叙述和跟随故事已然就是带着某种目的对事件进行'反思'，这一目的把事件融入了序列的总体中。"②汉娜·阿伦特则强调历史学家与小说家作为讲故事的人，将给定的、纯粹偶发事件的原材料转化为一个故事，其

---

① 〔古希腊〕亚里士多德：《诗学》，陈中梅译，北京：商务印书馆，1996 年，第 64 页。
② Louis O. Mink. *History and Fiction as Modes of Comprehension, in New Directions in Literary History.* edited by Ralph Cohen. Baltimore: Johns Hopkins University Press, 1974, p.117.

政治职能在于"教我按照事情的本来面目接受它们。从这种接受而来的忠于真理，带来了判断的能力"[1]。而在利科看来，叙述是通过情节编排给时间塑形（configuration），而支配情节编排的塑形行为是一个综合判断行为，即一种康德式的反思判断：情节编排本身作为带有目的论性质的、经过选择的判断，是对所叙述事件的"反思"，这样，"叙述艺术，以及相对应的看故事的艺术，都要求我们从连续中看到整体"，"叙述艺术反映在读者企图全面理解连续事件的过程中"[2]。

仅就叙述作为话语事件而言，话语中意义与意谓的区分仍是利科理解叙述话语事件性的关键。利科的《时间与叙述》三大卷试图完整描述叙述摹仿事件的塑形过程，依据亚里士多德的摹仿概念，他将叙述进程分为"预塑形""塑形"和"再塑形"三个层次，即摹仿Ⅰ、摹仿Ⅱ和摹仿Ⅲ。预塑形是摹仿的第一阶段，叙述者对有意义的行动的语义结构、象征系统和时间性预先有所了解，并以之为叙述的资源；塑形发生于文本层面，即以情节整合人物、思想，将零星事件整合为有意义的故事整体，试图以新的方式呈现可能世界的真实；再塑形的主体是读者，读者与文本相互作用，参与构筑情节的活动，文本世界向读者的真实世界开放[3]。在利科的使用中，"叙述话语既包含'叙述塑形'层面，又包含'叙述再塑形'的层面。前者对应于叙述的意义问题，而后者对应叙述的意谓问题"[4]。上文已经提及，这里所谓的意义是话语中蕴含的一种共有的、客观的、独立的思想内容，意谓指该话语具体指向的对象，叙述的"塑形"即文本内部对事件的整合，这一意向过程为新意义的发生提供了可能性；"再塑形"牵涉到现实世界的实践领域，叙述话语作为事件最终指向生活世界，参与世界的存在。

利科反思解释学的触角触碰到叙述这一文本、作品层面上的复杂话语时，显现出现象学方法追寻事物本质和具体发生过程的客观性，叙述作为话语事件发生，通过摹仿的塑形活动对事件进行编织、整合，为读者和世界增添新的意义和存在方式。这里我们可以看到"事件"概念在利科的使用中不再囿于话语层面上，仅仅将话语事件视为文学话语的发生方式，由于叙述领域的核心概念"情节"与"事件"直接相关，作为文学对象或内

---

① 〔美〕汉娜·阿伦特：《过去与未来之间》，王寅丽、张立立译，南京：译林出版社，2011年，第245页。

② 〔法〕保罗·利科：《诠释学与人文科学——语言、行为、解释文集》，孔明安、张剑、李西祥译，北京：中国人民大学出版社，2012年，第290页。

③ Paul Ricocur. *Temps et récitI*, Paris: Seuil, 1983, p.87,101,109.

④ 刘惠明：《作为中介的叙事——保罗·利科叙事理论研究》，广州：世界图书出版公司，2013年，第67页。

容的"事件"被利科纳入现象学式的描述中。我们将在下一章聚焦利科对叙述动力的还原，对编织事件过程及意义的分析，以及对事件—情节本体论维度的探索。

第二章　回到文学事件本身

人类行为事件的总体（历史事件、虚构事件）是文学的意向性活动的对象，文学因其"关于"事件成为可能。事件"叙述化"的方式在结构主义诗学和经典叙述学中得到了"科学"式的考察，经典叙述学的贡献即其穷究事件结构可能性（叙述逻辑、叙述语法）的尝试。与经典叙述学侧重逻辑、符号分析，忽视叙述动力不同，保罗·利科选择回到亚里士多德的《诗学》：叙述首先被界定为人的实践活动，是一种实践智慧即"叙述智力"的体现；叙述智力具体化为"情节编排"，即将纷杂的事件与细节编织为一个可理解的故事，这一过程贯穿创作与阅读，构成叙述活动的核心动力。

第一节　铭刻"事件的印记"

相对于言谈和直接对话引发的原初性理解，叙述话语是对事件的铭刻，它使事件在一定的记号和意义形式（一种反思形式）中固定下来，并支配隔着文本的对话者。由此，以事件为对象的叙述活动在利科的解释学中成为关键，他在伽达默尔的解释学和语言哲学的基础上，将叙述话语与日常言谈、对话放在天平上细加考量。

一、言谈的原初性

在利科看来，伽达默尔以对普遍"语言性"（Sprachlichkeit）的认识奠定了解释活动的基础，文字性就是语言本身的一种自我陌生性（Selbstentfremdung），对这种陌生性的克服，即对文本的阅读，被视为解释学的最高任务。"我"对一种或多种传统的参与是发生于对记号、作品和文本的解释中的，文化遗产铭存于它们之中待人解读，也正是通过这种解释的中介（语言符号），不同情境、视界、文化传统的主体之间才能产生"视域融合"（Horizontverschmelzung）。《真理与方法》第三部分试图为支持我们生存的原初性理解进行辩护。伽达默尔认为真正的谈话不是那种由谈话者引导的，在双方意志控制之下的"合作"（如书籍、杂志中被津津乐道的"访谈录"），而是谈话者被卷入的一种活动，其中谈话者是被引导者，谁都不知道在谈话中会产生什么结果，谈话是否能达成理解对于我们而言是不确定的，如同一件不受我意愿支配而降临我们的事件。真正的谈话具备了一种准主体式的独立精神，语言在其中言及存在本身："在谈话中所运用的语言也在自身中具有其自己的真理，这也就是说，语言能让某种东西'显露出来'（entbirgen）和涌现出来，而这种东西自此才有存在"[①]。与施莱尔马赫一样，伽达默尔也深信语言是解释的前提，理解过程就是一种语言过程，语言是谈话双方进行相互了解并达成一致的核心所在。语言的传承物，即由文字固定的文本于是走向解释学的中心。语言在文字中与作者、读者分离开来，以文字形式固定下来的东西构成了一种意义域，每个能阅读它的人都可参与其中。但在伽达默尔看来，语言的书写形式（文本）并不优于谈话中的语言（被说出的话语）："语言之所以能被书写，其根据就在于讲话本身加入了讲话中所传达的纯粹的意义理想性，而在文字中被讲出的这种意义却是纯粹自为的、完全脱离了一切表达和传告的感情因素。我们将不把某一文本理解为生命的表达，而是对它所说的内容进行理解。"[②]这里伽达默尔回到了柏拉图对文字这种语言的书写形式的责难。

柏拉图继承了苏格拉底的辩证法，即以对话引出真理的艺术，并在其对话体写作中将其发展到艺术的程度。对此，梯利的评价较为中肯："他以罕见的程度把逻辑分析和抽象思维的巨大力量，同令人惊奇的诗意想象和深邃的神秘情感结合起来。"[③]柏拉图对对话体书写的有限信任同时显出柏拉图对语言可能达到真理的程度的认识。在《裴德若》中，柏拉图借苏格拉底之口指出书写的文章是活思想的死影子，只能滋生思维的惰性。相比而言，口传的文章较好，是活思想的活影子，最佳者是心灵中孕育的思想。这样语言表达就形成了三个逐步上升的等级：书写的文章—口传的文章—心灵中的思想。这样看来，对话体写作作为口传与书写的折中，是柏拉图不得已而为之的结果。文字一旦被固定下来，不仅不再具备说明自身的能力，更可能不受控制，因为它既会传播到能看懂它的人那里，同样也会传到看不懂它的人及与它无关的人手里，受到不可避免的曲解。对话中活生

---

① 〔德〕伽达默尔：《诠释学 I：真理与方法》，洪汉鼎译，北京：商务印书馆，2007 年，第 517 页。
② 〔德〕伽达默尔：《诠释学 I：真理与方法》，洪汉鼎译，北京：商务印书馆，2007 年，第 529 页。
③ 〔美〕梯利：《西方哲学史》，葛力译，北京：商务印书馆，1995 年，第 57 页。

生的语言却能为自己辩护，知道对什么样的人说什么样的话，或保持沉默。那么既然板起面孔写文章达不到教人真理的效果，柏拉图只能找到一种高尚的消遣式写作，即以辩证法严肃地讨论高尚话题的对话体书写："找到一个相契合的心灵，运用辩证术来在那心灵中种下文章的种子，这种文章后面有真知识，既可以辩护自己，也可以辩护种植人，不是华而不实的，而是可以结果传种，在旁的心灵中生出许多文章，生生不息，使原来那种子永垂不朽，也使种子的主人享受到凡人所能享受的最高幸福。"①语言原初的对话形式被柏拉图赋予了高于书写形式的地位，因为它更切近于人的思想和灵魂，对城邦政治更有助益。这一区分在叔本华那里又具备了现代形式："一个人若希望自己的思想具有真理性并富有生命力，那么，首先，这些思想本质上必须是他本人的；因为，只有他本人的思想，他才能真正完全地理解它们。读知别人的思想，如同残汤剩菜或穿别人扔弃的旧衣一样。"②当思想固化为文章或专著的时候，它的力量就所剩无几了。伽达默尔更进一步，将文字性的东西视为一种异化了的话语，所以解释的任务就是把符号转换成话语和意义。因为对文字的解释只能以文字本身为依据，完全取决于书写的艺术，被说出的话语却能从自身出发，通过说话方式、声音、语速、语境来解释自身，这就是话语之于文字的优势所在。伽达默尔的全部语言思想都反对把符号世界当成可供我们任意使用的工具，谈话中活生生的语言才是第一性的："存在于讲话之中的活生生的语言，这种包括一切理解、甚至包括了文本解释者的理解的语言完全参与到思维或解释的过程之中，以致如果我们撇开语言传给我们的内容，而只想把语言作为形式来思考，那么我们手中可思考的东西就所剩无几了。"③

二、书写对于言谈的超越

　　针对伽达默尔对语言原初经验的重视，利科认为语言经验只能起到媒介的作用，因为对话是由谈论的对象，即所谈事物来引导的，而对话双方都势必在所谈论的事物面前隐去痕迹，事物对对话者的支配在文本媒介中将更加明显："事物对对话者的支配，在声音语音变为书写文字性时，或者

---

　　① 〔古希腊〕柏拉图：《柏拉图文艺对话集》，朱光潜译，北京：人民文学出版社，2008 年，第 172 页。

　　② 〔德〕叔本华：《叔本华论说文集》，范进、柯锦华、秦典华、孟应时译，北京：商务印书馆，1999 年，第 346—347 页。

　　③ 〔德〕伽达默尔：《诠释学 I：真理与方法》，洪汉鼎译，北京：商务印书馆，2007 年，第 545—546 页。

换言之，当通过语言媒介变为通过'文本'媒介时，就会更为明显了。于是使我们进入超距交流的东西就成为'文本'的'效果'，这种效果既不属于作者也不再属于读者了。"①也就是说，言谈、对话中语言的原初经验还得在体现书写文字性的文本中发挥功能，理解不是直接面对"活生生的语言"，而是面对由其书写形式构成的文本、作品和文学。我们只有对这些语言遗留物敞开自己，死的文字符号才会向我们讲述它自身；与此同时，我们也面临着柏拉图所警告的危险，即文字符号对真理的歪曲，使主体盲从虚假的权威。这在利科看来构成了解释活动的双重性："解释学就是由这种双重动机触发的：愿意怀疑，愿意聆听：严苛的誓言，服从的誓言。在我们的时代，我们还没有消灭偶像，我们还几乎没有开始聆听符号。"②解释学为了达成理解，必须从话语转向书写，从对话转向文本。书写及其文本在利科看来是对对话过程及内容的客观呈现，它不仅没有限制作用，甚至被赋予超越言谈、对话的意义："虽然从历史学、心理学的角度看，书写开始于对话符号的图象化副本，但注入书写中的是作为言说意向（intention-to-say）的话语，这样书写就成为对此意向的直接印刻。书写的解放确定了对话位置上的话语，文本随之诞生。"③"言说意向"的话语被客观化的同时间距化了，相对于作者意向，书写使文本获得了自主性，文本客体的意义不同于作者的主观意图，正是这种间距化促成了"视域融合"：文学文本超越了自身的心理—社会环境，将自身向几乎无限的、处于不同社会文化环境中的阅读视域开放，文本在对自身的"去语境化"之后，通过阅读行为在新的环境中重构语境。

活生生的言谈在利科看来就如同转瞬即逝的事件，它极度依赖发生的背景环境，言谈中的话语被说出后就行将消失，被对话者双方遗忘。于是就出现了书写的铭刻功能，即对消失的东西的固定，也即回忆。利科正是以此来理解柏拉图的《斐多》之于苏格拉底之死的意义，苏格拉底在临刑前讲述了一个关于大地和亡灵的神话，说明被判定为过着虔诚生活的亡灵将获得解放，重新居住于大地表面的纯洁居所中。讲完这些后，苏格拉底承认有理性的人不会相信他所说的就是事实，但这不会动摇讲述神话故事（在书写中被固定）的意义："我的描述或其他类似的描述真的解释了我们

---

① 〔法〕保罗·利科：《诠释学的任务》(1973)，洪汉鼎主编：《理解与解释——诠释学经典文选》，洪汉鼎译，北京：东方出版社，2006年，第432页。

② Paul Ricoeur. *Freud and Philosophy: An Essay on Interpretation.* trans by Denis Savage. New Haven and London, Yale University Press, 1970, p.27.

③ Paul Ricoeur. *Du texte a l'action. Essais d'hermeneutiqueII*, Seuil, 1986, p.139.

的灵魂及其将来的居所。因为我们有清楚的证据表明灵魂是不朽的，我想这既是合理的意向，又是一种值得冒险的信仰，因为这种冒险是高尚的。我们应当使用这些解释来激励我们自己的信心，这就是我为什么要花那么长时间来讲这个故事的原因。"①苏格拉底以临终前的宝贵时间来讲述一个貌似荒诞的神话故事，是为了给在世的学生以信心，即尽力获得善和智慧，过一种哲学式的生活的信心。而在利科看来，这正凸显了书写的意义，因为在这个例子中，是书写（对苏格拉底话语的刻写）拯救了话语的虚弱无力（说出即被遗忘）。书写所固定的，就是已说出的"内容"（said），是言谈自身，说话（sagen-saying）想要说出自身的意向的外在化就是话语的目的地："简言之，我们所写、所印刻的就是言说的意向对象（noema）。它是言语事件的意义，而非作为事件的事件。"②作为事件的事件就是发生后即消逝的事件，言谈中的话语如果没有以外在形式被固定下来，就类似于发生在日常生活中的琐碎事件，不会第二次被人回忆起来。在这种简单事件维度上的话语的意义是无法捕捉的，因为它不具备一定的形式，面对它的解释活动也无法进行。这就是书写形式试图超越的东西，说话的意向必须外在化，在书写中再次对象化，这样的话语刻写是意义与事件的统一体："事件在意义中超越了自身，并使自己成为物质的确定化。"③在这种物质的确定化，即书写的刻写中，作者的意向与文本的意义不再重叠。这并不是说"作者已死"，可以完全无视作者来解释文本，而是指在话语刻写中，精神意向与词语意义之间分离了。虽然根据《裴德若》，书写是一种冒险，但文本的优势就在于对作者有限视域的克服，当话语刻写为文本之后，文本所说重于作者想说。文本在解释、阅读活动中成为意义的来源和依据，这样话语的软弱无力（作为简单事件）就被书写的刻写形式"拯救"了，也就是说，为了获得理解，言谈中活生生的话语势必外在化为书写中的刻写话语，"显现为与话语相异的'外在标记'中的刻写，标志着话语的真正精神性"④。

　　书写之于言谈的超越性还体现在话语的意谓层面。根据利科的话语事

———————

①〔古希腊〕柏拉图：《柏拉图全集》（第一卷），王晓朝译，北京：人民出版社，2003 年，第 128 页。

② Paul Ricoeur. *Hermeneutics and the Human Sciences*. Trans. John Thompson. New York: Cambridge University Press, 2016, p.161.

③ Paul Ricoeur. *Hermeneutics and the Human Sciences*. Trans. John Thompson. New York: Cambridge University Press, 2016, p.162.

④ Paul Ricoeur. *Hermeneutics and the Human Sciences*. Trans. John Thompson. New York: Cambridge University Press, 2016, p.162.

件理论，被说出的话总是以某种方式指向世界，成为世界的一部分。但言谈中的话语与书写的刻写话语指向世界的方式和程度是不同的。言谈、对话指向对话者共有的场景，话语自身以其固定的指示方式与动作、表情等元素一起，完成意指过程。这就是说言谈中话语只能在场景中发挥明确的意谓功能，话语言及的对象不会超出场景的范围。但书写的刻写话语（以文本、作品、文学为结果）因其脱离了对话的具体场景和情境，将自己的意义从精神意向的束缚中解放出来，从明确所指的有限性中解放出来，世界本身就是由它打开的意谓整体，即由所有我们已阅读、理解的文本的非明确意谓所展现的世界，文本就以此创造了我们的情境世界，并扩大到世界："话语通过书写确证自身的精神性，它通过打开一个世界，一个我们在世存在维度上的世界，让我们从境况的可见性和局限中解放出来。"[①]这就是文本意谓世界的方式，人在书写中解放自己，不仅是将自己从作者中解放出来，也把自己从对话场景的局限中解放出来，书写以这种方式在展现一个世界的同时，揭示了话语的目的地：成为新的存在。这里利科从海德格尔的《存在与时间》中找到了理论支撑。海德格尔将人定义为"会说话的动物"和"有所言谈的说话者"，logos 将世界和事物的意义（存在者）通过"把什么作为什么"（etwas als etwas）的方式展现给我们（此在），构成了对人的存在的规定，即人的在世存在的基础，这"意味着这种存在者以揭示着世界和揭示着存在本身的方式存在着"[②]。人一切的行动、操劳、筹划（Entwurf）都把世界带入语言中，遵从 logos。从此在的生存维度看，语言属于操劳，操劳自身就是语言和描述，人的生存与语言互为彼此。人通过 logos 与他人、事物的交往活动于是都具有了被言说的特征，在语言中我们首先理解的并不是另一个人，而是一个筹划（世界），也即一个新的在世存在的轮廓。在利科那里，书写的刻写话语与言谈的话语相比，更具有意谓世界，即显现（delon）世界的潜能。

书写形式具体到文学，作为对象的事件又成为问题的核心。

三、对行为事件的印刻

言语行为与人的一般行为的关系已经在 J. L. 奥斯汀的《如何以言行事》中得到了充分的说明。言语行为自身的命题内容意谓一个行为事件，

---

① Paul Ricoeur. *Hermeneutics and the Human Sciences*. Trans. John Thompson. New York: Cambridge University Press, 2016, p.164.

② 〔德〕海德格尔：《存在与时间》，陈映嘉、王庆节译，北京：生活·读书·新知三联书店，1999年，第193页。

同时根据其以言行事的力量来认同某一个行为，暂时性的行为事件在书写的刻写话语中获得了物质形态。利科进一步的提问是：在何种程度上，我们可以说所做的被刻写下来了？利科引入了一个"隐喻"：印记（empreinte）。行为事件在发生的时间中留下了印记，书写所铭刻的就是"事件的印记"（l'empreintes de l'événement）。

首先利科对作者—文本及代理人（agent）—行为之间进行平行比较。作者与文本是分离的，同样，行为与其代理人也是分离的：行为一旦被施行，就成为社会现象，产生出自己的结果，其效果是我们无法预料的。上文已经说明，说话者的意向与文本的字面意义之间的距离使书写成为可能，这里代理与其行为之间的距离提供了书写的可能性。书写的话语所记录的就是行为事件及其过程："所谓事件过程，当被书写时就在'拯救'消逝着的话语，发挥着物质性事物的功能。"[1]行为事件在时间中打上烙印，只有被铭刻之后才能克服简单事件的暂时性，克服代理人的经历限制，以及明确意谓的局限。行为事件被书写后进入社会历史时间的领域，而社会历史时间是具有持续效果的场所，这样书写的话语就成为人类行为的文献，文本、作品、文学于是成为行为事件的"踪迹"和"印记"。进而言之，这"印记"的总和即历史本身：历史就是人类行为的记录，即人类行为事件在时间上留下的踪迹，打上印记的准"物"（thing），我们铭刻的东西就成了对人类行为持续性过程的记录，由记忆意向性地书写下来的"档案"。这就是说，人类通过对自身行为事件的书写来认识自身的历史，甚至建构自身的历史。历史被这些"印记"标出之后，就同文本一样，脱离了单个行为者（作者）的控制，成为独立的实体，人类反而成为历史这场不知情节、结局的游戏的参与者。

其次，我们说书写超越了言谈就在于文本中断了话语与其直接意谓的链接，意谓"世界"。与之相对，对有意义的行为事件的刻写同样超越了事件发生的原初场景。这种刻写使某个重要事件的意义克服、超越了其产生的环境，并且在新的社会语境下可以被重新理解和界定。这一洞见很好地解释了文化现象及其社会环境的关系。针对行为事件的刻写，利科指出："这难道不是克服了特定社会生产条件的伟大文化作品的基本特征吗？这正与文本发展出新的意谓，构成新'世界'如出一辙。"[2]利科将文本打

---

[1] Paul Ricoeur. *Hermeneutics and the Human Sciences*. Trans. John Thompson. New York: Cambridge University Press, 2016, p.168.

[2] Paul Ricoeur. *Hermeneutics and the Human Sciences*. Trans. John Thompson. New York: Cambridge University Press, 2016, p.170.

开的新世界与黑格尔的"实现了的自由的王国"相提并论。从《法哲学原理》序言的第四节开始，黑格尔开始论及自由意志问题。他认为法的作为精神的东西以意志为出发点，意志是自由的，所以自由就构成法的实体和规定性："至于法的体系是实现了的自由的王国，是从精神自身产生出来的、作为第二天性的那精神的世界。"①自由是意志的根本规定，它只有作为意志才是现实的。自由的王国要成为现实的东西依靠的是人的精神实践，即思维的对象化（理论的态度）以及自我的行动（实践的态度）的辩证统一。利科指出正是人的行为及其作品（对行为事件的刻写）在新的历史环境中建构了"实现了的自由的王国"，他同样以文本的意谓功能来理解马克思主义关于上层建筑的独立性问题。在1845—1846年的《德意志意识形态》中，马克思和恩格斯以对精神生产和物质生产的区分涉及了语言、法律、道德、宗教等上层建筑的独立性。《〈政治经济学批判〉序言》（1859）则认为与物质生产力发展的一定阶段相适应的"生产关系的总和构成社会的经济结构，即有法律的和政治的上层建筑竖立其上并有一定的社会意识形式与之相适应的现实基础"②。马克思、恩格斯都注意到上层建筑对经济基础的反作用在文学艺术活动中尤为明显，艺术发展不仅与物质、经济发展不平衡（《〈政治经济学批判〉导言》），还能以其实践性对经济基础发生作用。恩格斯在致瓦·博尔吉乌斯的信中指出："政治、法、哲学、宗教、文学、艺术等等的发展是以经济发展为基础的。但是，它们又都相互作用并对经济基础发生作用。并非只有经济状况才是原因，才是积极的，其余一切都不过是消极的结果。"③上层建筑的积极效应就是其实践性。在利科看来，上层建筑的独立性就体现在文本的非明显意谓中，某个作品不仅反映了它的时代，而且也打开了一个自身所拥有的世界，在成为历史文化遗留物的同时，也在读者的无限视域中超越了时代的局限。

最终，与文本的开放性相似，人类的行为实践也是开放的。文本是在与读者的对话交流中保存了意义的开放性，人类行为则在书写的话语中成为可以让"读者"理解的东西。作为"作品"的人类行为打开了新的意谓空间，像文本一样等待着确定意义的新解释，向一切可以阅读的人开放："一切有意义的事件及其行为，通过当前的实践而向这种实践解释开放。"

---

① 〔德〕黑格尔：《法哲学原理》，范扬、张企泰译，北京：商务印书馆，1979年，第10页。

② 〔德〕马克思：《〈政治经济学批判〉序言》，《马克思恩格斯选集》（第二卷），北京：人民出版社，1995年，第32页。

③ 〔德〕恩格斯：《1894年恩格斯致瓦·博尔吉乌斯》，《马克思恩格斯选集》（第四卷），北京：人民出版社，1995年，第732页。

所以行动事件的意义就成为在未来的解释中不断生成的意义，裁决其意义的法官是黑格尔的世界历史本身，世界历史就是末日审判（weltgeschichte ist Weltgericht），当代的解释并无特权。书写的文本对言谈—话语意义局限的超越不仅体现在文学话语的意谓功能上，人类的行为事件同样在其中得到了意义的开放效应，书写的话语在记录人类行为事件的同时，为理解人类自身的精神实践提供了中介，更为在新的社会历史环境中做出有意义的行动事件奠定了基础。

叙述以其对事件的铭刻最终让个体得以在书写形式的中介下超出自我经验的限制，抽身反观事件的意义，事件无论属于哪个时间维度，都以新的形式被重塑。这让一种具有实践性的反思成为可能：叙述不仅能创造性地表现事件的真实，更能与事件拉开一段距离。在利科看来，西方创世神话表明叙述可以铭刻原罪，亦可启迪生活。

西方创世神话往往是一种关于罪恶和堕落的神话，在巴比伦史诗、希腊神话中，人类的行为完全受制于神的爱好和设计，神在本质上并无所谓善恶，甚至更接近恶。从荷马史诗中欲望化的众神之王到《被缚的普罗米修斯》中极度暴虐的统治者，宙斯成为恐怖的象征。此类神话将人的罪恶归因于神的意志，而非人本身的选择。在圣经的原罪神话中，人们才开始思考自身恶的起源。亚当的堕落并非来自神的安排或他人（夏娃或蛇）的引诱，而是源自他内在的僭越欲望，旧约叙述者的语气倾向于对堕落者的谴责，人开始将人的恶归罪于自身，于是忏悔意识开始萌发。原罪神话乃至圣经神话的整体告诉我们的是人将为自己选择作恶得到应有的惩罚，同时虔诚地与恶做斗争的人将最终获得拯救，从"创世纪"到"启示录"，勾勒的正是人类从堕落到救赎的整个历史："通过展现开端与终结之间的历史，给予这历史一个动力、一个趋向、一个方向；从创始和启示的双重视域出发，它们为人类经验引入一种历史的张力。"[①]这样，原罪神话以象征的形式凝聚了历史的真实，原罪神话不仅仅是亚当的悲剧，还是以色列人乃至人类的命运悲剧，于是一个人的编年史揭示出所有人的历史意义。以现代的眼光质疑原罪神话的真伪并无意义，因为在"创世纪"中它是以历史事件的方式讲述了人之堕落的根源，人之异化的普遍状况。这意味着每当我们作恶，都是在重复、摹仿亚当，亚当成为现实中恶的原型，象征着恶作为支配性的力量，在历史中存在的连贯性。但利科并非意在强调暴力的历史合理性，而是以对恶之神话原型的反思达到理解，理解恶的根源在于浅薄的自由，即自由地选择暴力，而不去行使自由作为行动力量、存在

---

① Paul Ricoeur. *The Conflict of Interpretations*. Edited by Don Ihde. New York: Continuum, 2004, p.289.

力量的能力，创建更好的生活图景。这样，利科确证文学叙述对贯穿历史之恶的呈现提供的恰恰是一种希望的契机，正如伊波利特将堕落视为人类绝对自身的一个构成："堕落是全部真理的一个契机，绝对自身的表达不可缺少否定性事物。"①所以相对于屈从历史的暴力，我们仍然可以事件为中介，重新思考这一暴力的历史，实践对更好生活的构想。事件在利科的哲学中成为存在的生成，在其中历史暴力的悲剧既能被看到，又兼具被克服的可能性。那么文学和历史叙述这种书写的文本是如何刻写事件的？文学叙述能发挥实践的功能吗？利科带着这些问题开始了对"叙述"的解释。

第二节　编织事件的动力
——基于《时间与叙述》卷二

在三卷本巨著《时间与叙述》（1983—1985）中，利科将叙述的语义创新如何给时间塑形这一问题作为核心论题。他在卷二《虚构叙事的时间塑形》（1984）中，复活亚里士多德的"情节编排"（muthos）概念，试图弥合奥古斯丁的时间思辨带来的裂缝，将叙述界定为在语义创新基础上构成的实践活动。然而叙事学界对此没有引起高度重视，而是将目光集中在利科对历史叙事与虚构叙事的区分上。在利科对叙述活动的完整描述中，我们关注的是利科对叙述事件的特殊理解，即一种情节与事件之间的辩证法。而这种分析是以批判经典叙述学的"事件观"开始的。

一、经典叙述学的事件观

自 1969 年托多洛夫（Todorov）抛出 Narratologie（叙述学）的学科设想以来，基于结构主义方法的叙述学及其蕴含的理性主义、科学主义的意识形态，一直主导着叙述研究及叙述批评。经典叙述学家念兹在兹的是穷尽叙述作品的深层结构或普遍语法，注重的是分析一个系统内部如何从某一深层结构转化生成出众多的表层结构，以及用什么方式解释这种转化过程，这体现为对叙述中故事的语法及普遍结构的探索。普罗普的《民间故事形态学》（1928）向我们显示，角色的功能是故事构成的基本要素，故事的功能由角色和角色的行动构成。这样在叙述研究中，就可以区分出两个

---

① Jean Hyppolite. *Genesis and Structure of Hegel's Phenomenology of Spirit*. Trans. Samuel Cherniak and John Heckman. Evanston: Northwestern University Press, 1974, p.527.

层面：具体内容层面和抽象结构层面，后者即叙述结构，它可以从文本中分离出来，叙述功能是叙述结构的基本要素，叙述功能之间的相互关系构成了基本的结构类型。罗兰·巴尔特将叙述作品分为三个描写层次，第一层即功能层，旨在研究基本的叙述单位及其相互关系。此后叙述学家试图探索叙述作品的深层结构，克洛德·布雷蒙、A.J.格雷马斯、托多罗夫分别从不同的角度试图把握叙述的"逻辑"和"语法"。布雷蒙从逻辑学角度入手，在《叙述可能之逻辑》一文中，他指出对叙述起支配作用的规律本身分属两个组织层次，一是逻辑层次，"任何事件系列构成故事形式都必须服从一定的逻辑制约"[①]，二是指各类特殊事件系列受一定文化、时代、体裁、风格甚或作品本身所规定的特征。他将功能与功能间的逻辑关系称为叙述序列，基本序列遵循情况形成—采取行动—达到目的的逻辑，每一功能项下，又都存在改善或恶化、成功或失败两种可能，基本序列相互结合产生复合序列。布雷蒙认为支撑其叙述逻辑研究的是人类行为的普遍形式，叙述作品的符号学分析只有植根于人类学中才是可能的。格雷马斯则以语言学为模式力求首先找出故事内部的二元对立关系，再以此推演出整个叙述模式。在普罗普的基础上，他区分了角色和行动元，将角色视为故事行动的一个要素，根据叙述中主要事件的不同功能关系，归纳出叙述作品的六种角色：主角和对象，支使者与承受者，助手与对头。在《结构语义学》中，他又提出"语义方阵"研究叙述作品意义的产生方式，在他看来故事的展开是从一特定因素向其相反或矛盾的方向转化，叙述功能被简化为三种组合形态：契约型组合、完成型组合、离合型组合。茨维坦·托多罗夫认为语言是文学的模式，语言与文学异质同构，在他看来一篇叙述文本的结构不过就是一个放大了的句子结构，他的叙述结构研究即叙述句法研究。专有名词代表人物的身份地位，动词代表人物行动，形容词显示名词的属性（状态、品质、身份等），动词谓语的转化即"叙述转化"，"转化"和"连续"是叙述的两个基本原则。托多罗夫承认叙述结构的逻辑一般体现为因果关系原则，但他指出："今天，文学正在向着时间和空间结构的叙述文发展，而因果关系则越来越不被重视了。"[②]

　　转向解构主义的罗兰·巴尔特在《S/Z》中不无讥讽地将经典叙述学的上述工作比作在芥子中见须弥："他们盘算着，我们应从每个故事中，抽离出它特有的模型，然后经由众模型，引导出一个包纳万有的大叙述结构，

[①] 张寅德编选：《叙述学研究》，北京：中国社会科学出版社，1989年，第153页。
[②] 张寅德编选：《叙述学研究》，北京：中国社会科学出版社，1989年，第81页。

（为了检核），再反转来，把这大结构施用于随便哪个叙述。"①而他本人1966 年在《交流》杂志上发表的《叙述作品结构分析导论》也在此列。他将事件分为核心事件与卫星事件，前者属于功能性事件，在故事发展的不同可能性中做出某种选择，引发下一事件；后者则为非功能性事件。两者联系为故事整体。巴尔特只是在事件发挥叙述功能的大小上做出了这样的区分，不论是核心事件还是卫星事件，都隶属于故事情节的因果逻辑，也就是说不存在意外的事件，只有被因果律触发的事件②。

可见在经典叙述学那里，对事件之间联系的一般规律即情节结构的探索成为主导方向。情节结构作为抽象法则在封闭的叙述文本中获得一种本体性的存在，叙述似乎自我生成、自我推动，整个叙述活动缺乏一种动力学的支持，事件被锁闭在结构中，这实际上是一种玄学式文本观的体现。

二、连接事件的原初动力

情节结构不证自明的合理性在利科看来是不可思议的，他求助于亚里士多德，复活并开放古老的"情节编排"概念，试图以"叙述智力"主导下的情节编排来克服奥古斯丁时间思辨的疑难，情节编排作为一种摹仿活动，成为对时间的一种"异质综合"。

奥古斯丁在对永恒的思考中将注意力集中于时间问题。时间是相对的，常识将时间分为过去、现在和将来在他看来经不起推敲，因为时间不能伸展延留，过去被将来驱除，将来随过去而过去，一切过去和将来又出自永远的现在。于是我们对时间的感觉只能是主观的："过去的事物的现在便是记忆，现在事物的现在便是直接感觉（'注意'），将来事物的现在便是期望。"③但期望的东西通过直接感觉进入记忆，注意持续下去，将来则通过注意走向过去，这样人的时间经验就成了完全主观的印象。在与时间问题似乎无关的《诗学》中，亚里士多德用情节编排来综合一系列不协调的因素。情节即对事件的编排，悲剧作为情节的完成模式，被亚里士多德定位为对一个严肃、完整、有一定长度的行动的模范，它以整一的形式综合了不同的情节、性格、言语、思想、情感，其中情节编排又包含了各种异

---

① 〔法〕罗兰·巴尔特：《S/Z》，屠友祥译，上海：上海人民出版社，2000 年，第 55 页。

② 叙述中事件的连接一般有两种：时间顺序和因果顺序。E.M.福斯特在《小说面面观》中认为"故事"是按时间顺序排列的事件的叙述，"情节"则是对遵循因果关系的事件的叙述。里蒙-凯南在巴尔特的基础上也将事件分为两类：以提供一个新的选择的方法推动情节发展的事件，即核心事件；扩展、详述、维持或延缓原有情节的事件，即催化事件。两者的事件概念都仅是情节结构的原件。

③ 〔古罗马〕奥古斯丁：《忏悔录》，周士良译，北京：商务印书馆，1963 年，第 247 页。

质性因素。从情节发展过程看，要有完成的事件和行动，事情要有头有身有尾；从情节的整体布局看，每一出悲剧都应有"结"（故事的开头至情势转入顺境或逆境之前的最后一景之间的部分）和"解"（转变的开头至剧尾之间的部分）；从情节自身特点看，要有突转、发现、苦难。在利科看来，奥古斯丁强调了时间的不协调性，亚里士多德却能在情节编排中将异质的成分整合为一个时间统一体中，于是利科将情节编排视为人类给时间塑形，即理解时间经验的一种方式，一种化不协调为协调的活动。

对于利科来说，经典叙述学的症结并非认识论上的阐释循环，也不在于试图整合一切叙述现象的野心，而在于忽视了"叙述智力"之于叙述分析的优先性："我无意冒犯叙述学，只是认为叙述学是一种二级话语，源于创造性想象的叙述智力总是具有优先性。"[1]可见利科的思路是将叙述视为一种创造性活动，并将其纳入人类实践活动的总体中进行考察。利科跟随亚里士多德，将叙述作品界定为一种发展中的实践智慧[2]（phronesis，汉语界一般译为"明智"）即叙述智力[3]的结果。情节编排则是叙述智力这一实践智慧的具体化。对于利科来说，理解叙述活动及其后果的关键就在于理解情节编排，因为情节编排作为主体弥合事件与意义的方法使叙述文本成为具备可理解性的客体。

亚里士多德的"情节"或"情节编排"（muthos; emplotment）概念对理解叙述活动及其后果来说仍然具有活力。《时间与叙述》第二卷的任务即检验以摹仿的第一阶段（"塑形"，以情节综合思想和人物，把零星的事件整合为有意义的故事）为标记的叙述模式，该书的四篇分别是对"情节编排"概念的扩展、深化、充实和开放。他首先拓展了亚里士多德的"情节编排"概念，认为行动摹仿的概念可以扩大到狭义的"行为小说"之外，因为"叙述通过孕育一个个能产生'特有乐趣'的总体的叙述策略，通过读者的推论、期待和情感回应等手法'描绘'其对象的能力有多大，被行动摹仿概念限定的范围就有多大"[4]。从这个意义上来看，"情节编排"概念远未过

---

① Paul Ricoeur, *Life in Quest of Narrative. On Paul Ricoeur: Narrative and Interpretation.* Edited by David Wood. London and New York: Routledge, 1991, p.24.

② 亚里士多德将实践智慧（phronesis，汉语界一般译为"明智"）视为一种以实践为目的的，能够指导实践行动的理性能力。实践智慧是理智德性的核心，它面向生活实践，在生活的具体境遇中为我们的伦理判断做出指导："明智是一种同善恶相关的、合乎逻各斯的、求真的实践品格。"见〔古希腊〕亚里士多德：《尼各马可伦理学》，廖申白译注，北京：商务印书馆，2009年，第173页。

③ Paul Ricoeur. *Temps et récit I*, Paris: Seuil, 1983, p.33.

④〔法〕保罗·利科：《虚构叙事中时间的塑形——时间与叙事》，王文融译，北京：生活·读书·新知三联书店，2003年，第7页。

时，同样适用于现代叙述。在"深化"的部分"叙述学的符号学约束"中，利科旨在比照"因不断熟悉历史上的情节编排形式而产生的叙述理解与叙述符号学所要求的合理性"①，重新评价普罗普、布雷蒙和格雷马斯的对情节结构的共时性或无时性研究。在他看来，普罗普的功能形态学无法取代叙述理解，因为任何把功能组成系列的操作都依赖于对后者的把握；布雷蒙的角色逻辑适用于行为理论而非叙述理论，"叙述可能之逻辑"是一种行为逻辑，"要变成叙述的逻辑，它必须转向文化上公认的塑形，转向在承袭于传统情节中使用的叙述模式。只有通过该模式，行动才有被讲述的可能。让有实践可能的逻辑转向有叙述可能的逻辑，这正是情节的功能。"②也就是说，情节隶属于讲述的实践，是一种话语活动，它不能为语法、句法所统摄，所以叙述智力及对情节的理解先于叙述在句法逻辑基础上的重构。利科进而开放了情节编排概念，把情节编排视为一种"超越运动"，任何虚构叙述都通过这一运动将一个文本世界投向文本之外，与读者世界相遇，从而进入摹仿的第三阶段（"再塑形"，文本与其读者相互作用时成为作品，此时读者与作品展开对话，主动地参与构筑情节），文本世界于是同读者世界发生融合。在利科看来，叙述正是通过情节编排给时间塑形，而支配情节编排的塑形行为本身是一个综合判断行为，它是一种康德式的反思判断：情节编排本身作为带有目的论性质的、经过选择的判断，是对所叙述事件的"反思"，是对生活中叙述的摹仿。

　　利科的事件观与经典叙述学大异其趣：在利科眼中，情节编排作为以事件为对象的摹仿活动，是叙述智力的集中体现，它先于叙述学的合理性，是一定价值观念的体现，情节本身建构出叙述文本的价值世界，在阅读中它与读者世界发生融合，又产生出一个可供参照的价值空间。由此，情节编排成为叙述作品的动力来源，它是一种实践智慧即叙述智力的具体化，是主体的一种意向性活动，是人类具有的叙述智力催生了情节编排，使得事件之间的连接成为可能。利科的探索提醒我们，催动情节序列的动力绝不仅仅是简单的共时性或无时性语法、句法，情节不论作为一个名词（文本内部的具体故事）还是一个动词（情节编排），都是主体的叙述智力的体现，是其综合判断和选择的结果。正是情节编排的整合力使叙述成为能被人理解和解释的现象，情节编排在神话、悲剧、历史、小说各类叙述类型

---

①〔法〕保罗·利科：《虚构叙事中时间的塑形——时间与叙事》，王文融译，北京：生活·读书·新知三联书店，2003年，第46页。

②〔法〕保罗·利科：《虚构叙事中时间的塑形——时间与叙事》，王文融译，北京：生活·读书·新知三联书店，2003年，第72页。

中发挥着各异的"事件叙述性"功能，并产生不同的伦理效应。利科在"恶的象征性"神话研究中即指出一系列关于"恶"的神话的叙述性结构，并指出亚当神话在伦理上的优越性。神话、悲剧事件与历史、小说事件的情节编排共同指向人类理解时间经验的努力，通过情节编排构造一个新文本和新世界，人们通过叙述重新"理解"、"制作"现实世界的实践。利科这里将事件之间连接的动力来源从后设的叙述逻辑或语法还原到作为人类实践智慧的叙述智力，叙述成为主体指向事件的意向性活动。

利科同时指出了情节编排中的悖论。他认为，叙述的事件是根据它与塑形活动的关系来定义的，一方面它具有情节本身不一致的协调所特有的不稳定结构，是不一致的来源，因为它是突然出现的；一方面它又是协调的来源，因为它推进了历史。这就是情节编排的悖论："事件的插入使得偶然效应被中断，这意味着本来会发生或不会发生的事情被整合进塑形活动实施的必然或或然的效应之中。"①也就是说，简单的、出人意料的偶发事件被叙述的趋向终点的时间整体性改造后，在理解中变成了历史的组成部分，即叙述必然性。这样，叙述活动在同一性与多样性之间达成了和解，这就是在给时间塑形之外达成的一种"异质综合"，对纷繁复杂的事件的综合。

三、叙述的肯定性实践功能

经典叙述学作为科学有其自己的需求，即试图重建统摄叙述作品的逻辑、符号限制及转换法则。与之相对，利科将叙述（编织事件）理解为一种人类实践。这里我们必须引入马克思的相关论述，马克思作为保罗·利科诸多著作中一个隐含的对话者，对利科思考叙述的实践维度提供了强有力的理论资源②。

根据《关于费尔巴哈的提纲》，我们可以从主体方面把叙述视为人的一种对象性活动，即实践去理解："从前的一切唯物主义（包括费尔巴哈的唯物主义）的主要缺点是：对对象、现实、感性，只是从客观的或者直观的形式去理解，而不是把它们当作感性的人的活动，当作实践去理解，不是

---

① Paul Ricoeur. *Oneself as Another*, trans. Kathleen Blamey. Chicago: Chicago University Press, 1992, p.142.

② 利科并非马克思主义者，却明言马克思让他感到亲切和尊敬。（Paul Ricoeur. *Critique and Conviction*. New York: Columbia University Press, 1998, p.95）马克思对保罗·利科叙述理论（不同于叙述学中狭义的文本性概念，利科广义的"叙述"概念是将叙述视为一种人类实践活动）的影响被忽视了，论者多强调海德格尔对利科现象学方法的启示而将利科推向了马克思的反面。恰恰相反，利科在倾听马克思"叙述"的同时做出了自己的回应。

从主体方面去理解……但是他没有把人的活动本身理解为对象性的活动。"①所谓对象性（Vergegenständlichen）是作为社会的人存在的必要条件，在人改造对象世界的生产实践（即劳动）中，人才能真正成人，"劳动的对象是人的类生活的对象化：人不仅像在意识中那样在精神上使自己二重化，而且能动地、现实地使自己二重化，从而在他所创造的世界中直观自身。"②在青年马克思那里，人之所以高于动物就在于人把自身看作普遍和自由的类存在物，人能使自己的生命活动本身变成自己意志的和自己意识的对象。"通过实践创造对象世界，改造无机界，人证明自己是有意识的类存在物……人的生产是全面的；动物只是在直接的肉体需要的支配下生产，而人甚至不受肉体需要的影响也进行生产，并且只有不受这种需要的影响才进行真正的生产……人懂得按照任何一个种的尺度来进行生产，并且懂得处处都把内在的尺度运用于对象；因此，人也按照美的规律来构造。"③人的一切生产实践正是起源于这种对象性活动，人建立起一个对象性世界才能能动地进行生产实践，使人的本质力量对象化为物质——精神产品。虽然马克思并没有事无巨细地谈论人的叙述活动，但马克思的"对象性"概念对我们理解叙述活动至关重要。基于马克思对人的感觉和精神生产实践的重视，我们不应仅仅从物质生产实践方面去理解对象性的活动，如汉娜·阿伦特认为"通过对象化，一个新的东西产生出来了，但是从过程的角度看，被转换的对象只是物质材料，而不是物"④。这种观点无疑忽视了马克思对生产实践的总体把握：宗教、家庭、国家、法、道德、科学、艺术等精神生产实践都是生产的特殊方式，受生产的普遍规律的支配。叙述作为人的精神生产活动，它的对象是纷繁复杂的历史事件、人物（历史叙述）以及根源于社会历史现实的想象成分（虚构叙述），将这些对象进行编织、编排，使其"叙述化"，生产并传递某种历史意识，这本身就是一种创造性的语义实践，体现了主体对自身和历史的理解和判断，是人的本质力量的对象化，同时也是人实现其可能性的过程。

与西方马克思主义者将理论纳入实践范畴⑤，将其同一化的观点不同，保罗·利科在其主编的《哲学主要趋向》中主张理论和实践的统一不是直

① 〔德〕马克思：《关于费尔巴哈的提纲》，《马克思恩格斯选集》（第一卷），北京：人民出版社，1995年，第54页。

② 〔德〕马克思：《1844年经济学哲学手稿》，北京：人民出版社，2000年，第58页。

③ 〔德〕马克思：《1844年经济学哲学手稿》，北京：人民出版社，2000年，第57—58页。

④ 〔美〕汉娜·阿伦特：《人的境况》，王寅丽译，上海：上海人民出版社，2009年，第100页。

⑤ 〔法〕保罗·利科主编：《哲学主要趋向》，李幼蒸、徐奕春译，北京：商务印书馆，2004年，第458—459页。

接的同一："承认理论对于实践所起的指导作用，乃是马克思主义对于这两者结合的解释的主要特征之一……两者的统一具有一种中介性，马克思主义既不赞成功利主义、实用主义的实践观，也不赞成对于理论的美学化解释。"①这里利科倾向于强调理论（哲学）对于实践的超越性。正如黑格尔所说，理论（哲学）如同密涅瓦的猫头鹰，只在事实的黄昏之后出现，但理论虽然晚于上一轮实践而生，却通过人这个主体的中介，构成联系过去和未来（下一轮）实践的纽带。叙述哲学作为对人的叙述活动的沉思实际上也构成了对人的生活实践的介入，因此思考叙述具备的潜在的可能性（即实践之维）成为保罗·利科叙述哲学的中心。叙述在利科那里不仅是理论-实践的中介，更被他视为现代人获得全面发展和解放的必要条件，这与萨特以"主观性"填补马克思主义的历史理论的尝试颇有相似之处。萨特希望以人的存在的基本结构即"主观性"（意识的"意向性"和"超越性"，不断指向外界、超越外界，即"计划"）作为实践的出发点，他的"实践"就是总体化运动，即"计划"及其结果，个人作为实践的主体是自由的自我设计者和自我创造者，个人实践在萨特看来体现了最纯粹的辩证法，与之相对的社会实践则是反辩证法的"惰性实践"。自发的叙述活动正是萨特所谓个人实践的形式之一，叙述是主体的意向性活动，主体通过给予叙述对象（事件、情节）一定的形式，完成意义的生成过程，也就是说叙述活动是人自己创造历史及其意义的过程。通过叙述，人自己才能成为萨特笔下的"赋予意义者"，社会环境提供的只是意义的可能性领域，人可以选择一种意义或其他意义，通过"计划"自己规定自己，在利科看来，自发的叙述实践完美地体现了这种"计划"。

　　叙述活动可分为两种形式：历史叙述和虚构叙述。这种二元区分在利科看来是过于绝对的，掩盖了两者的共同之处，此外虚构叙述（以文学叙

---

　　① 理论与实践的统一，一般被理解为理论源于实践又服务于实践，但在葛兰西、卢卡奇、柯尔施、阿尔都塞、萨特、雷蒙德·威廉斯等西方马克思主义大将那里，指的是理论不仅反映了实践，它本身就是实践的一个部分。所谓追求总体性，就是追求理论与实践的统一，两者的统一构成一个最基本的活生生的总体，即现实。（陈学明、王凤才：《西方马克思主义前沿问题二十讲》，上海：复旦大学出版社，2008年，第118页）萨特指出，马克思主义的停滞不前在于这种哲学希望改变世界，即希望实践，于是产生一种分裂："把理论扔到一边，把实践扔到另一边……理论和实践分离的结果，是把实践变成一种无原则的经验论，把理论变成一种纯粹的、固定不变的知识。"（〔法〕让·保罗-萨特：《辩证理性批判》（上），林骧华、徐和瑾、陈伟丰译，合肥：安徽文艺出版社，1998年，第22页）阿尔都塞则认为理论是实践的一种特殊形式，属于一定的人类社会中"社会实践"的复杂统一体，包括意识形态的理论实践和科学的理论实践，在《列宁与哲学》中他更直接表明："马克思主义不是一种实践哲学，而是一种哲学实践。"（〔法〕阿尔都塞：《哲学与政治：阿尔都塞读本》（上），陈越编译，长春：吉林人民出版社，2011年，第142页）

述为主体）是否能起到连接理论-实践的中介作用，它在叙述活动中扮演何种角色，利科都给出了明确的观点，其中马克思的影响是显而易见的。

马克思指出："历史的全部运动，既是它的现实的产生活动——它的经验存在的诞生活动，——同时，对它的思维者的意识来说，又是它的被理解和被认识到的生成运动。"①历史在这里不仅是生产活动及其产品的发展史，更是能被人对象化的对象。人对某种历史必然性的理解构成了人的历史意识，而真正的历史意识就在于能够洞悉历史发展的趋势和根本动力，即以主体的人作为前提的现实历史②。人的实践活动都应体现出这种真正的历史意识，所以马克思强调历史叙述、虚构叙述都应表现出历史必然性，对历史必然性的强调并不是要求叙述去还原历史的绝对真实，用对历史的线性描述体现某种"历史哲学"，而是说应尽力去洞悉不以个体心理意识为方向的历史的真正动力。马克思对历史事件的重复现象的理解、对资产阶级革命动力的论述，以及对《济金根》《小拿破仑》《改变》《鲁滨孙漂流记》等作品的批评都反映了他对叙述中历史意识的重视。马克思 1859 年致裴·拉萨尔的信实际上是从历史意识的角度批评《济金根》的，马克思肯定了该作品的情节结构和美学效应，但指出拉萨尔对他自己的叙述对象，即历史事件、人物及其悲剧性的认识是有偏差的，济金根以骑士的身份发动叛乱失败的悲剧没有洞悉历史的必然趋势，却存在以贵族代表取代农民和城市革命分子力量的危险。马克思写道："革命中的这些贵族代表——在他们的统一和自由的口号后面一直还隐藏着旧日的皇权和强权的梦想——不应当像在你的剧本中那样占去全部注意力，农民和城市革命分子的代表（特别是农民的代表）倒是应当构成十分重要的积极的背景。这样，你就能够在更高得多的程度上用最朴素的形式恰恰把最现代的思想表现出来。"③要求戏剧作品把握"最现代的思想"就是要求虚构叙述作品能够把握人物在特定历史时期体现出的阶级意识（济金根的阶级意识无疑是虚假意识），洞悉革命阶级赢得主导权的必然趋势。

马克思以唯物史观对叙述文本的批判性分析引发了利科对历史叙述和虚构叙述关系的深入考察。利科将马克思视为洞悉历史叙述与虚构叙述共通性的先驱。在《记忆，历史，遗忘》一书中，利科指出马克思"以隐喻的修辞形式将'历史想象'（动词形式即情节编排、情节化）引入讨论，

① 〔德〕马克思：《1844 年经济学哲学手稿》，北京：人民出版社，2000 年，第 81 页。
② 〔德〕马克思：《1844 年经济学哲学手稿》，北京：人民出版社，2000 年，第 97 页。
③ 〔德〕马克思：《马克思致裴·拉萨尔》，《马克思恩格斯选集》（第四卷），北京：人民出版社，1995 年，第 554 页。

从而区分了历史编纂学和历史哲学，确定了历史再现的修辞属性。"①也就是说，利科认为马克思洞悉了历史叙述与虚构叙述的共同性，即它们都借助于同样的叙述结构在描述和重新描述我们自身的历史状况。利科认为历史扎根于我们看故事的能力，而叙述艺术正反映在读者企图全面理解连续事件的过程之中。也就是说，我们通过叙述艺术理解历史，从而理解我们自身："创造历史与叙述历史之间是你中有我，我中有你的关系。换言之，叙述文体所属的生活形式是我们的历史状况本身……历史性（人类的历史状况）是与叙述这一语言游戏相关系的生活形式。"②可见在利科看来，叙述虽然只是一种语义实践，却能积极参与到现实世界，甚至起到创造历史的功能。一方面，历史叙述必然包含虚构成分，使一个属于过去的真实具备新的形态；另一面，文学叙述虽然本身就是虚构，却以对潜在真实的摹仿为目标，并以作品的形式进入世界历史的进程，甚至可能在阅读中成为具备实践品格的力量，创造意义、行动和历史。这就是利科对马克思关于叙述的辩证法的深度阐释。

此外，利科对马克思的"历史唯物主义"和"历史必然性"也有自己的理解。他认为把历史必然性当作一种上级命令加在群众真实的历史活动上，这与马克思对历史的理解是风马牛不相及的，所谓的"历史必然性"就是主观与客观的统一："客观条件在社会生活中所起的决定作用只能达到这样一种程度，即它们在人类活动中显示出来，并卷入和自我实现于人类活动之中。反过来，当这种人类活动达到了客观化了的程度时，它又反过来创造客观条件，而且它本身在社会发展中也起一种决定作用。"③也就是说客观现实是人的实践活动的产物，它对历史的决定作用是有限的，真正体现历史必然性和推动历史发展的是作为主体的人："创造和发展生产力的是人，而不是神；在这个基础上形成的历史必然性是人的活生生的、客观化的和被客观化的活动的统一性。"④人本身的创造能力被他视为最重要的生产力，这种创造历史的力量依赖于个体对自身潜力的实现和发展。利科甚至将个体的自发性实践看作现代人获得自由、和谐生活的土壤，而叙述活动联系着叙述主体与阅读主体，他们对叙述活动的积极参与可以对

① Paul Ricoeur. *La Mémoire, L'Histoire, L'Oubli*. Paris: Seuil, 2000, p.251.

② 〔法〕保罗·利科：《诠释学与人文科学——语言、行为、解释文集》，孔明安、张剑、李西祥译，北京：中国人民大学出版社，2012年，第300—301页。

③ 〔法〕保罗·利科主编：《哲学主要趋向》，李幼蒸、徐奕春译，北京：商务印书馆，2004年，第286页。

④ 〔法〕保罗·利科主编：《哲学主要趋向》，李幼蒸、徐奕春译，北京：商务印书馆，2004年，第285页。

日常生活产生切实影响，从而具备释放主体可能性的潜能。不论是历史叙述还是文学叙述，都凸显了人类的叙述智力，编织事件、情节，赋予其稳定结构和意义，使叙述成为人类特有的理解—实践—生存能力。利科甚至认为叙述为深陷"铁笼"的现代人提供了希望。

利科给予了叙述极大的信任。在他看来，叙述的语义实践揭示了世界的可能性，以抵御现代世界的操控性，叙述体现了行为的具体可能性，体现了行动的可能方式，体现了可能的世界。通过叙述的历史和想象创造的意义和秩序，我们才能发现我们个人能做什么，集体能做什么，叙述创造并呈现所有活着的方式，成为必要的乌托邦。利科把叙述看成了现代人解放的赌注，深层原因在于他对叙述的价值生成功能的信任。利科并非没有在马克思的"虚假意识"（即意识形态）维度思考叙述鸦片式的影响机制，他在重释意识形态概念的基础上确证了叙述之于意识形态的优先性。

第三节　故事作为"诗之事件"

——基于《恶的象征》

与结构主义诗学和经典叙述学的事件观不同，在利科那里，叙述中故事本身的意义从结构的牢笼中突显出来，故事就是有意义的事件。他以《恶的象征》（La Symbolique du mal，1960）对神话故事的叙述结构及其意义的揭示，将故事本身的认识论和本体论意义揭示出来。汉娜·阿伦特曾在《人的境况》中指出人类将事件制作、编织成故事，并以此保存记忆、更新认知判断能力。而对利科来说，从认识论的角度谈论故事的功能是不够的，神话、悲剧、寓言作为人类原始体验的语言呈现，之所以能具有"原型"的永恒意义，就在于他们讲述的故事本身。

一、故事的本体论

《恶的象征》一书是《意志哲学》（Philosophie de la Volonté）第二卷《有限与有罪》（Finitude et culpabilité）的第二分册，第一分册为《易犯错的人类》（L'Homme Failible）。第一分册是以现象学方法描述人的存在本身的"易错性"特征，以及由此产生的意识结构的变化。这里对"易错性"的讨论是对"恶"的可能性的理论探究，尚未涉及"易错性"如何从理论走向实践成为"犯错"，即恶的现实性问题。利科认为此时现象学方法显出了明显的不足，主体的经验结构所能把握的意义缺乏真理的客观性基础，当对于恶的主观性体验要落实到现实中的罪恶时，意义的连贯性就发生了断裂。对此，利科仍选择从语言中介那里寻求对恶的现实性的理解，亵渎（souillure）、罪（péché）、有罪（culpabilité）等被体验的内容必须有一种特殊的象征语言作为中介才能被感知和理解。民族创世神话、希腊悲剧、《圣经》中神话故事就是这种特殊的中介。

　　神话与历史的分离在利科看来是一个近代事件，虽然神话既不能在时间上与历史事件相契合，也不能在空间上找到其发生的地理位置，但神话中的"非理性"故事作为对人之体验的解释，以特殊的方式揭示了人的本质存在与历史性存在的关系，这样强调神话与历史的绝对差异是无意义的。如当代意大利宗教、神话学家贝塔佐尼（Raffaele Pettazzoni）就认为神话与历史的距离并不是问题。他指出神话不是逻辑的真实，却是一种历史的真实："神话对于崇拜目的的效力，对于保存世界和生命的效力，存在于语言的魔力之中，存在于它所具有的感召力。就神话（mythos）最古老意义的力量来说，fabula（故事）不是作为'虚构'的传说而有力量，而是某种神秘的和有效的力量，正如其词源所显示的，它具有近似于 fatum（命运）的能力。"[①]神话在认识论和本体论的维度上左右着人的认知模式，就已经进入了世界历史的进程并成为历史本身。在利科看来，关于恶的神话首先以自己的方式把人类整体集中到一个虚构的历史中，用一段时期象征整个历史，用一个人的事件象征整个人类的命运（典型地体现在亚当神话中）。人的自身存在和历史性存在被高度集中在神话故事的"原型"中，一个人或神的特殊事件成为人类普遍命运的缩影。人的体验以故事的形式（书写的刻写话语）获得了具体性，就不再只是瞬时的体验，而是有始有终的结构整体[②]。如《圣经》从创世纪到启示录，人类经历了从堕落到拯救的历史。特殊的故事以文字记载的形式刻写了人类的罪恶经验，人的罪恶本身才能被普遍地理解，正如汉娜·阿伦特所言，当《圣经》传统和世俗

---

　　①〔美〕阿兰·邓迪斯编：《西方神话学论文选》，朝戈金、尹伊、金译、蒙梓译，上海：上海文艺出版社，1994年，第178页。

　　② 利科此处对故事超越具体体验的论述可能受到汉娜·阿伦特的影响。阿伦特在《过去与未来之间》中分析文化制品的特性时指出艺术品以其持存性而有别于消费品，因为消费品的存世时间不会超过生产它的时间。此外艺术品也不同于行动的产物，如事件、业绩和话语："所有属于后者（行动的产物）的东西都稍纵即逝，如果不是首先被人们用记忆保存下来，然后用他们的创制能力编织成故事，它们在世界上存在的时间恐怕就不会长于它乍现的一小时、一天。"（〔美〕汉娜·阿伦特：《过去与未来之间》，王寅丽、张立立译，南京：译林出版社，2011年，第193页）阿伦特由此认为艺术品是最具世界性的东西。利科将故事视为有意义的事件，事件本身的瞬时性在书写的刻写话语中被克服了。

传统中对暴力杀戮行为（该隐杀亚伯）第一次有文字记载时，"无论是被当作传说来流传，还是当作历史事实来信奉，都已经裹挟着一股力量穿越了时代的长河。人类的思想，只有化为贴切的比喻或广为流传的故事，才会具备这样的力量"①。罪恶神话于是成为人类集体的生存故事。

利科指出，仅从认识论的角度描述神话的功能是不够的，神话最重要的方面是对人的存在本身的探寻，即用故事来解释"在作为实质的、生物的、无罪状态的基本实在和作为被玷污的、邪恶的、有罪之人的现实形式之间的不一致"②。人从自发的原始状态滑向一种异化的历史状态（犯罪的人），故事以对这种体验的语言表达呈现了人的本质存在与历史存在间的张力。神话故事在近代以降被当作"非理性"的历史解释，一种说明原因的知识形式。利科强调的则是故事本身的象征功能，象征敞开自身，传递体验，它是先于说明原因的逻辑意识而存在的。柏拉图明显在对话中区别对待神话与逻辑推理等知识话语。根据宗教现象学，在一切故事、寓言之前，首先需要神话意识的出场，即一种与事物、世界总体相关的意向，也就是说故事是从意义充沛的意识领域中被创造的，用宗教现象学家伊利亚德（Mircea Eliade）的话来说，"那种叙述上帝神圣显现的神话、对存在的丰富性的成功表达的神话，成为了人类所有的活动范式原型的原因：因为只有它揭示了现实，揭示了剩余，揭示了效用"③。神话的最高功能就在于为人类所有有意义的行为确定范式，神话故事本身也就成为意义的起源。宗教现象学的路径是从现存的故事追溯到不可还原的神话意识（故事之根，其结构主义版本即列维-斯特劳斯的"神话素"），而对于神话为何要以故事形式显现自身并未有深入的揭示，如伊利亚德就没有说明神话故事作为语言传承物的特殊性何在。利科想弄清楚的是神话意识如何、为何突然使用故事形式的语言表达自身。

既然提出一种原初的神话意识不能一劳永逸地解决故事本身的特殊性，利科于是从意识转向对象，即选择回到神话想要言说的对象那里，对象的性质决定着故事这种特殊语言符号的性质。神话的对象就是由神、人、动物参与的戏剧性事件，事件本身就具有一种戏剧形式（想象一下伊甸园的布景中上帝、亚当、夏娃与蛇上演的戏剧），于是它的语言对应物必然以故事的形式予以表现："正因为那最终由每个神话所表明的东西本身具有一种戏剧形式，由神话意识分裂而成的故事本身才是对偶然发生的事件和

---

① 〔美〕汉娜·阿伦特：《论革命》，陈周旺译，南京：译林出版社，2011 年，第 9 页。
② 〔法〕保罗·里克尔：《恶的象征》，公车译，上海：上海人民出版社，2005 年，第 143 页。
③ 〔罗马尼亚〕米尔恰·伊利亚德：《神圣与世俗》，王建光译，北京：华夏出版社，2002 年，第 51 页。

人物的编造；因为它以戏剧性形式为范例，神话本身才是连续的事件，并只见于故事的可塑形式之中。"①不是内在的神话意识，而是原始的戏剧性事件才是神话故事的根源，它构成了由神话故事加以重塑的形象与事件的"出处"。罪恶神话的三个基本特质（功能）恰好说明了事件的戏剧性结构：原型角色作为具体的普遍性让人对罪恶的体验具备符号形式；神话中的虚构历史令发生的事件具有时间性；人从自发的原始状态向有罪的历史状态的转变则构成了戏剧情节的"突转"。由此利科认为神话的故事形式不是由神话意识分裂出的枝蔓，不是偶然的、从属的"表现手法"，而是源自神话自身的必然性："神话以故事的特殊手段完成其象征功能，因为它要去表达的东西已经是一种戏剧性事件。正是这种原始的戏剧性事件，表现和揭示了人的体验中隐蔽的意义；所以描述这事件的神话显示了故事的不可替代的功能。"②

　　具体而言，原初事件的模式是如何在神话故事中被重塑的？神话如何在戏剧形式中展开事件？利科选择处于罪恶神话源头的亚当神话，继续探索故事本身的意义。

二、神话故事的事件模式

　　《创世纪》中的亚当神话是真正具有人类学意味的神话，亚当是人类的始祖，王（Roi），和人类本身。他的误入歧途象征着人类整体的易犯错性和易犯罪性，解释了人类存在中恶的来源。人是神照着自己的形象造出的，被任命管理一切活物，并被赐予一切菜蔬和果实。神赐福给人类，此时的人类是被神完美地制作成的创造物，"神看着一切所造的都甚好"（《创世纪》第 1 章第 31 节）③，始祖亚当更是"有灵的活人"（《创世纪》第 2 章第 7 节），他被安置在乐园（raradis）中却因同夏娃一道偷食智慧果实而犯罪，从此成为操劳的、终有一死的凡人，"你本是尘土，仍要归于尘土"（《创世纪》第 3 章第 19 节）。亚当神话描述了人被神完美地创造后却由于自身的缘故背叛神，倾向于恶的故事，恶的起源在故事中被归咎于人的自由意志，人主动自觉地被引诱，从清白无辜径直走向万劫不复，用利科的话来说即人的取消自身（se défair）的权利。人被设计为善却又倾向恶的状态，亚当神话由此规定了人之存在本身的罪恶性。这种揭示和体验是通过亚当神话中的偶发事件来传达的，一切都被凝聚在一个中心人物、一个

---

① 〔法〕保罗·里克尔：《恶的象征》，公车译，上海：上海人民出版社，2005 年，第 147 页。
② 〔法〕保罗·里克尔：《恶的象征》，公车译，上海：上海人民出版社，2005 年，第 148 页。
③ 本文所引圣经均来自《圣经》（和合本），南京：中国基督教协会，2007 年。

事件和一个故事中，也就是说亚当神话告诉我们因一人之故，罪恶成为人的本质和世界的一部分，所有历史的罪恶都集中到个人及其行为上，也就是集中到一个事件之上。利科将这种集中视为神话的本质结构和"第一模式"："'一个'人，'一种'行为——那就是这个神话的第一模式，我们称之为'事件'模式（le schème de '1 événement'）。"①

一个人：人类的始祖亚当。在《旧约》这部以色列民族史诗中，亚当和夏娃处在比民族始祖（以亚伯拉罕为中心）更远的人类始祖的位置，各民族所有部落的祖先都源自这对夫妇，他们与所有人类的关系与民族族长及其子民的关系是类似的，共同祖先建立的世界现在分裂为众多民族。这样亚当的始祖形象和故事提供了原始的象征，他作为人类的原型被逐出乐园就成为恶之起源的范型。他的命运也就成为整个以色列人乃至人类命运的缩影，即从召唤到背叛再到放逐，亚当与夏娃被赶出乐园一如以色列人被赶出迦南（Canaan），也是在这个意义上我们又读到了摩西（Moses）出埃及和亚伯拉罕（Abraham）前往迦南的故事。一个人又被集中到一个行为上，即他违背神的意志偷食了禁果。这一事件在本质上就是一种既成事件，它是人类由逻辑、知识促成的解释之外的一种存在：它就这样发生了，你可以阅读并转述它，但任何对它的理性分析都没有意义。你可以认为它是各种因素综合的结果，如蛇的引诱，女人的脆弱或男人的轻信，但它就是在这些偶然因素的作用下必然地发生了，"它碰巧发生了，从此遂有了罪恶。大约在那一时刻，作为一个句号，人们只能去表明它使什么终结以及它使什么开始。一方面，它使一个无罪时代终结；另一方面，它又开始了一个可诅咒的时代"②。这里利科与卡尔·雅斯贝斯的存在主义诗学走到了一起，后者同样认为神话故事讲述的东西超出了一切研究对象的领域，它所呈现的就是现实本身，而哲学思考只能间接触及现实："现实所具有的那种毫无疑问的如实存在，要依靠语言才可言说，而这种语言的形式必须是一种既思维而同时又停止思维的思维所具有的形式。这样一种形式也就是神话和童话。"③神话和童话故事的独特性体现在对它的讲述及接受方式上，一方面讲述这类故事时是把它当作毫无疑问的当然的事件来讲述的，根本不会去纠结逻辑合理性问题；相应的，听者完全不会去做他想，如去质疑神对人的惩罚是否过重、谁为人的堕落负责之类的问题，神话故事就是现实本身，因为现实本身就是作为不可理解的无限可能性而存在的。雅

---

① 〔法〕保罗·里克尔：《恶的象征》，公车译，上海：上海人民出版社，2005 年，第 214 页。
② 〔法〕保罗·里克尔：《恶的象征》，公车译，上海：上海人民出版社，2005 年，第 215 页。
③ 〔德〕卡尔·雅斯贝斯：《生存哲学》，王玖兴译，上海：上海译文出版社，2013 年，第 84 页。

斯贝斯在这个意义上将神话和童话视为与现实同一的想象语言，在故事中，存在成为待人谛听的密码，人只能在谛听中接近处于现实的必然与想象的可能之间的存在本身。神话或童话故事以此揭示了哲学的界限，现实本身通过故事来言说自身，而哲学在现实显现之处保持沉默，待现实隐退，意见、表象、需求浮出水面的时候，哲学才又重新开始思维。利科对神话故事的本质直观与他的"反思解释学"进路是一致的，回到故事本身就是要虚心聆听符号、象征的密码所讲述的一切，这些故事不是要说明什么合理的原因、结果、目的性，它不包含任何思维对象所具有的概念和普遍性，而是供人直观的一个对象，其中世界就是如它所是的那个世界本身。

利科所谓神话故事的事件模式在文本的互文中可以得到进一步说明。神话故事在文本内部或不同文本之间是可以重复再现的，这种可重复性可视为文本间互文性的体现。不是我们摹仿属于过去世界的神话故事，反而是神话故事以一种无法摆脱的诱惑力控制着我们，托马斯·曼将这种现象称之为"往昔之井"。米兰·昆德拉发挥道："我们以为在想，我们以为在做，而实际上只是另一个或另一些东西在替我们想与做：远古的习惯，变成了神话的原型，经过一代又一代的延续，获得一种巨大的引诱力，从'往昔之井'（如托马斯·曼所言）遥控着我们。"① 于是，对神话故事原型的运用或摹仿成为情节编排中几乎不可避免的规律，因为一个人不可能不摹仿已然存在之物，只不过这种"重复"有多寡、成败之分。这种"重复"既在单一文本内部有所体现，也出现在相继的文本之间。《圣经》综合了这两者：约瑟与其众兄弟的冲突，是先前文本中讲述的亚伯与该隐、雅各与以扫、犹大与他玛冲突的一种"重复"，是神的宠爱者与被忽视的嫉妒者之间古老斗争的一再复演。这首先可以视为一种文本内部的情节重复。但《圣经》特殊的"神述历史"的文本身份使它的情节重复又具有了第二种形式，即神话故事的再生。这些与神直接发生关系的"主人公"的行动似乎是对前辈们的直接摹仿，受到继承者之间斗争模式的控制，循环往复地因神的喜怒而动。在这些重复之中，人类的基本行动作为神之意志（宠爱与否）的体现，一再确证何为神之正义：不论是否为长，只有在神的眼中为义者才能获得胜利。故事的事件模式还以"反写"的形式重复发生，这体现在新旧约的一系列对应之中。耶稣被圣保罗视为第二亚当，第一亚当和妻子被赶出乐园，上帝设置基路伯和发火焰的剑把守去到生命树的道路，即乐园的入口，第二亚当则会用洗礼的水浇灭火焰，带领信徒重返乐园。比德

---

① 〔捷克〕米拉·昆德拉：《被背叛的遗嘱》，余中先译，上海：上海译文出版社，2003年，第12页。

（Saint Bede the Venerable，约 673—735）的注释显示出亚当事件被基督事件的"反写"："第一位亚当被赶出乐园后，基路伯就用这火焰挡住乐园的入口。那位被仇敌胜过，带他的妻子从哪里走出去，这位胜过仇敌的，就带他的配偶——也就是众圣徒的教会——回到那里。"[①]人与世界的历史就在这一人一事的前后联系中被解释为一个走向最终目的的过程。类似的，夏娃被堕落天使（以蛇的形象显现）的话引诱而悖逆上帝，玛利亚则驯服地听从传达上帝讯息的大天使加百利（Archangel Gabriel），怀胎生下上帝之子。于是，"正如人类因一位童贞女的行为受制于死亡，照样，人类得救也是借着一位童贞女，因此，一位童贞女的悖逆正好因另一位童贞女的驯服而扯平了"[②]。我们能做的就是思考事件对于我们此在生存的意义，而不是研究事件发生的科学依据。可见利科的神话解释学与德国神学家布尔特曼（Rudolf Bultmann，1884—1976）的"解神话"（Entmythologisierung）活动走到了一起，后者试图重新解释《圣经》神话，恢复福音启示事件作为发生史的真实意义。"十字架事件的意义并不在于其作为历史事件的发生，更重要的是它的发生对我的生存而言已经成为一个永久的现在（Gegenwart），我需以我的具体生命去领悟十字架上完成的意义。""解神话"在神话语言背后实际地指向现代人的生存理解，利科称之为从背面把握福音，神话解释学最终指向的是个体对自己的重新理解与超越。

事件模式不仅与人物、事件的独一性相关，还在于事件发生中时间的存在方式。神话故事是在一幕幕戏剧中展开事件的，戏剧性结构把时间引入连续的事件中，并使人物及其行动鲜活起来。寓言作为神话中的微型戏剧，被利科视为"诗之事件"。

三、神话中的寓言：诗之事件

《福音书》中包含着大量的比喻，耶稣常"以寓言为广"，用讲述寓言的方式对有福者宣讲圣言，甚至于"若不用比喻，就不对他们说什么"（《马太福音》第 13 章第 34 节）。门徒问耶稣对众人讲话为何用比喻，耶稣回答用比喻意在只让信徒知道天国的奥秘，"我要开口用比喻，把创世以来所隐藏的事发明出来。"（《马太福音》第 13 章第 35 节）如在播种的寓言中，撒好种子的是人子，田地就是世界，好种子为天国之子；稗子为恶者之子，

---

①〔英〕比德：《福音书讲道集》，〔美〕安德鲁·劳斯主编：《古代经注：公元 1—800 年》（卷 1），石敏敏译，上海：华东师范大学出版社，2014 年，第 116—117 页。

②〔法〕爱壬纽：《反驳异端》，〔美〕安德鲁·劳斯主编：《古代经注：公元 1—800 年》（卷 1），石敏敏译，上海：华东师范大学出版社，2014 年，第 90 页。

撒稗子的仇敌就是魔鬼，收割的时候，就是世界的末日，收割的人就是天使。以比喻为主体的寓言故事于是成为圣言的象征。

《马太福音》中有一条著名的宝藏寓言："天国好像宝贝藏在地里。人遇见了，就把它藏起来。欢欢喜喜地去变卖一切所有的买这块地。"(《马太福音》第13章第44节)人遇见宝贝是意外的发现，上帝之国即最优的生活像礼物一样被人接受，发现宝贝、藏起宝贝、变卖所有，买到宝贝，作为一系列事件的结果，人获得了单凭自己无法触及的未来，一个充满了不可预见的可能性的新世界。其中，"发现宝贝"这一原初事件催动了后续事件的发生，有"遇见"，才有"卖"和"买"。利科指出："这一系列行为充满了意义：上帝之国犹如将这三个行为连接起来的锁链，让事件开花，寻找新的方向，全力以赴地适应新的世界。"①神话故事及其中的寓言不仅仅在世俗时间的维度上将事件连接起来，使发生的事件拥有时间性，更重要的是它以故事的形式使在自然时间发生的无法测度的上帝事件（上帝之国的降临）成为我们可以理解之事，并进入我们生命中的事件。这体现了神话故事这种文学叙述的独特方式是如何重塑我们人类的时间经验的：宇宙、自然时间本身的深度是外在于人类生命的永恒的、非人的时间，在怀疑论者看来它甚至是先于上帝而存在的东西②。奥古斯丁以其对时间的沉思雄辩地将时间归于上帝的创造。柏拉图和亚里士多德论及创世时诉诸一种由上帝赋予形式的原始物质（质料、内容），这种原始物质是永恒的而非被创造的，只有形式才出于上帝的意志。与之相对，奥古斯丁主张世界从内容到形式都是上帝从无中创造的，如何创造呢？"你一言而万物资始，你是用你的'道'——言语——创造万有"，而且是"永远不寂的言语，常自表达一切，无始无讫，无先无后，永久而同时表达一切"。③包含时间在内的世界本身就是上帝之言。这种时间经验几乎是无限的，人根本无力把握，只有借助虚构的诗之叙述才能把这种充满敌意的宇宙时间转化为有限的自由时间，即人的世俗时间，这就是诗"人化"时间的方式，将时间人化意味着人对世界的肯定，以诗为中介，人才能把自己当作世界的一部分。海德格尔正是在这个意义上认为语言以诗的形式让上帝的事件开始言说，

---

① Paul Ricoeur. *The Philosophy of Paul Ricoeur: An Anthology of His Work*. Ed. Charles E. Reagan and David Stewart. Boston: Beacon Press, 1978, p.241.

② "思想肤浅"者会问："神在创造万物之前干嘛要虚度无量数的世纪而无所事事，为什么没有更早点创造世界呢？"这个提问在奥古斯丁看来毫无意义："你（上帝）既然是一切时间的创造者，在你未造时间之前，怎能有无量数个世纪过去？能有不经你建定的时间吗？既不存在，何谓过去？"(〔古罗马〕奥古斯丁：《忏悔录》，周士良译，北京：商务印书馆，2008年，第241页)

③〔古罗马〕奥古斯丁：《忏悔录》，周士良译，北京：商务印书馆，1963年，第236—237页。

并首度被人理解，上帝作为现实性与可能性的发生事件（Ereignis）对于人而言是无法应对的事件，只有依靠诗："凡艺术都是让存在者本身之真理到达而发生；一切艺术本身上都是诗（Dichtung）。"①利科赋予诗同样的本体地位，但他将作为一般语言形式的诗具体到神话、寓言故事中，寓言中的人在田地中发现宝贝一如我们在文本中发现故事的真意。故事连接事件也开启事件，在阅读中故事给予我们以新的可能性，这样对于读者而言，神话故事及寓言向我们显示自身的方式与上帝之国降临的方式是类似的："寓言的诗的力量就是上帝事件的力量……它在我们想象的核心，所以我们让这个事件发生……聆听耶稣的寓言，对我来说似乎意味着，让一个人的想象向新的可能性敞开，而这些可能性由这些夸张的、短小的戏剧揭示出来。"②

这样，神话故事及寓言以其象征功能超越了单纯、清晰的语言表述，成为赠予我们的秘密符号，只有通过对它的不断解释才能无限接近真理。亚当神话作为原始的象征，表达的不是人类堕落的原因，而是以创制故事的塑形活动确定人类经验的无根性，而这是直接的语言表述无法说明的。这个原初事件或"原型"在其自身的延续中持续发挥象征功能，开启相应的后续事件，如以色列人的被放逐，出走，找寻应许之地。亚当的命运就是以色列人的命运乃至整个人类的共同命运，甚至预示了第二亚当的命运，如圣保罗所言："因一次的过犯，众人都被定罪，照样，因一次的义行，众人也就被称义得生命了。"（《罗马书》第 5 章第 18 节）利科指出："与人类整体状况相系的启示性（révélant）力量构成了被启示的（révélé）的意义。一些东西被发现，揭露，而假如没有神话，它们可能仍然是被掩盖和隐藏的。"③如关于圣约的寓言在利科看来就大大超出了法律概念中对神人关系的规定。圣约的意义在《以赛亚书》及《何阿西书》中的婚姻寓言中得到了最大化地呈现。先知以赛亚受应而言，神的义仆人被比作神的妻子："不要惧怕，因你必不致蒙羞。也不要抱愧，因你必不致受辱。你必忘记幼年的羞愧，不再纪念你寡居的羞辱。因为造你的，是你的丈夫。万军之耶和华是他的名。救赎你的，是以色列的圣者。他必称为全地的神。耶和华召唤你，如召被离弃心中忧伤的妻，就是幼年所娶被弃的妻。这是你神所说的。我离弃你不过片时，却要施大恩将你收回。"（《以赛亚书》第 54 章第

---

① 〔德〕海德格尔：《林中路》，孙周兴译，上海：上海译文出版社，2004 年，第 59 页。

② Paul Ricoeur. *The Philosophy of Paul Ricoeur: An Anthology of His Work*. Ed. Charles E. Reagan and David Stewart. Boston: Beacon Press, 1978, p.245.

③ Paul Ricoeur. *The Conflict of Interpretations*. Edited by Don Ihde. New York: Continuum, 2004, p.279.

4 至 7 节）在利科看来，此处的婚姻寓言是用抒情诗的方式象征神的法典与人的关系，这种方式比任何法律的象征都更切近地把握到具体的忠诚关系，爱的约定和末日的救赎。意义在寓言中充沛流溢，此即任何法典都无法对象化的故事的赠予维度，人与神的隐秘关系在其中得到最大限度的揭示，寓言故事作为诗之事件的启示性力量由此发生。

利科的神话解释学没有选择描述人类神话意识的运作过程，而是回到神话故事本身，将其视为有意义的事件：人类整体的命运被集中在一个人、一个行为，一个事件之上，亚当形象作为人类经验的具体共相，成为原初的、意义充沛的象征符号。这一事件本身的戏剧结构又决定了神话只有以故事的形式才能讲述自身，发挥象征功能。对于我们而言，只有通过对神话、寓言故事的解释，虚心聆听符号本身的讲述，才能理解人从无罪走向有罪的历史及人类存在本身的缺陷："通过这第一个人的编年史，所有人的历史的意义被揭示出。"[1]善与恶只有在获得自身的文学形式中才能被区分和理解，彼得—安德雷·阿尔特在利科的基础上正确地指出了故事在从神话到戏剧直至小说的虚构形式中被重述的意义："直到由叙述和戏剧的形式承载的文学虚构，才允许把恶当作道德区分的起源和人类自我反思可能的形式加以注意。恶的可见性存在于它流传下来的故事的易懂性。"[2]神话、寓言作为诗之事件，以上帝之国降临的方式显现自身，并将自然时间人化，使世界成为我们可以居住的空间。神话故事就是上帝或他人赠予的礼物，透过它我们才可能去听上帝的真言，可见拥有故事的我们是被赐福的幸运儿。

---

① Paul Ricoeur. *The Conflict of Interpretations*. Edited by Don Ihde. New York: Continuum, 2004, p.291.

② 〔德〕彼得-安德雷·阿尔特：《恶的美学历程 一种浪漫主义解读》，宁瑛、王德峰、钟长盛译，北京：中央编译出版社，2014 年，第 59 页。

第三章　事件的伦理性

利科从话语事件、语义创新的角度将文学视为一种事件性的发生，并在叙述这种特殊的话语实践中思考事件的对象化过程和后果，这两种研究进路实际上都是在话语的发生、运作维度展开，尚未直接触及文本、作品之外的主体。作者与读者如何在文本的中介下事件性地相遇，又如何通过获得叙述身份，并在与伦理事件的遭遇中获得实践智慧，利科在后期以《作为一个他者的自身》做出了回答。

第一节　文学事件与伦理主体

在从语义学方面思考话语事件之后，利科认为有必要转向"语用学"上，即在一定的对话语境中思考话语的实际运作方式，确定这些表达的指称的各种情况，决定语言的实际使用的可能性。语用学方法不仅重视话语行为，话语的自反性（la réflexivité）随之确立，因为话语被视为说话者指示其对话者的方式，而话语在指向对话者的同时也返归己身，指向说话者。在利科看来，这种探究模式的好处在于："不是将陈述，而是将话语表达、话语言说行为本身这种指向说话者自反性的问题置入中心。语用学，于是将话语情境中的'我'与'你'推上前台。"①"我"与"你"，即话语的主体问题、"谁在说（听）"的问题被纳入到话语事件的领域。

一、非人称的事件概念可能吗

借助 J.L.奥斯汀和 J.R.塞尔的语言行为理论，利科开始确定话语事件背后隐藏的主体问题。在奥斯汀的三分法中（话语行为、话语施事行为和

① Paul Ricoeur. *Oneself as Another*. trans. Kathleen Blamey. Chicago: Chicago University Press, 1992, p.40.

话语施效行为），利科看到的是话语行为作为谓语表达活动的共同性，同样是对事物的言说活动，为什么只有施事话语具有"说即做"的效应？利科的假设是语言以某种方式处于同一个行动层面上，仅仅说出具有一定意义的语句的话语行为本身也是一种行动。达到这个观点必须引入话语主体：话语的陈述具有一定的意义，能够意谓某物的前提在于说话的人在说，同时接受者在倾听这个表达。从这个角度看，话语即一种述谓行动。说话者和接受者与话语事件的发生是同步的："在陈述的意义上，自反的话语活动径直成为双极现象：它同时包含一个说话的'我'和一个作为前者言说对象的'你'。'我断言'等同于'我向你宣称'；'我承诺'等同于'我向你保证'。简言之，话语等同于对话。"①站在主体的角度，利科反对弗朗索瓦·勒伽纳蒂认为话语在其陈述中反射自身的观点，这被利科视为语用学的一个悖论，因为把自反性建立在话语自身之上，行动就成了单纯的事实，一种发生在公共时空中的事件，而一个行动不可能等同于一个事物。利科认为可信赖的话语理论提供了两种洞见："（1）不是陈述或话语在指称，而是我们在前面提及的说话的主体在指称，他们利用陈述的意义和指称资源在对话情境中交流经验。（2）只有当说话者们被话语行为推上前台，作为有血有肉的、带有他们的世界经验和不可替代的世界观的说话者，对话情境才具有事件的价值。"②只有将目光转向作为世界事实的话语事件背后，去探寻话语主体的身份，即回答"谁在说？"的问题，才有可能将话语真正视为事件性存在。

　　早在反抗结构主义的时期，利科已经将话语主体当做话语最重要的特征，对话语的事件、选择、行动、更新、意谓等方面的讨论最终指向了话语主体，话语的本质在利科看来就是交往行动，即某人对某人说话。借助胡塞尔的交互主体性概念，利科称言谈行动的主体性即讲话行动的交互主体性（inter-subjectivité），话语作为事件就意味着在同一层次上具备主体与意谓、世界与听众，而这恰是结构主义的症结所在。针对列维-斯特劳斯为首的结构主义思想，利科的批评正中要害："他（列维-斯特劳斯）喜欢采用一种无主体的立场，将思想视为一套拥有自己法则的机制，主体性转而从属于结构，甚至可以在无须唤起我们的主体意识的情况下谈论结构，这

① Paul Ricoeur. *Oneself as Another*, trans. Kathleen Blamey. Chicago: Chicago University Press, 1992, p.43-44.

② Paul Ricoeur. *Oneself as Another*, trans. Kathleen Blamey. Chicago: Chicago University Press, 1992, p.48.

就是结构主义。"①随着主体概念的引入，话语事件成为主体意向的意义表达行为，这里利科似乎在主张"保卫作者"的观点。随着结构主义的兴起，文论中对作者的研究从实体性作者转向一种福柯式的功能性作者，话语的主体性成为一种形而上学式的观点被摒除在严肃的研究范式之外。E.D.赫施曾试图通过利用胡塞尔对意义（Sinn）与意谓（Bedeutung）的区分来捍卫作者概念。在他看来，文本的意谓处于变动不居的历史演变中，而意义是确定不变的，因为不同的意向性行为指向同一意向性客体，对文本意义的体验虽然具有个体性，但都指向共同的客体，即由作者确定的文本意义。无论文本的意谓如何改变，无论对意义的体验如何不可复制，确切的理解如何不可能，意义本身仍是确定的、不可复制的，唯一能够决定文本意义的只有创造该文本的作者，这是一切解释活动的前提："解释是为了揭示意义，批评是为了阐发意谓。"②解释于是成为对作者意向性活动的追溯。相对于 E.D.赫施以对文本意义的坚持来"保卫作者"，利科的着眼点却是话语—文本的意谓维度。根据经典叙述学，叙述者是由文本中叙述者的符号标记出来的，他与真实作者无关，但利科指出："主体的消失仍然是一个作家自我的想象性的变种。"③叙述者作为作者的想象性变种而成为叙述的一部分，并以叙述来伪装自己，所以叙述者说到底都是作者玩的一个游戏，根除作者显然是徒劳的。作者之所以不能被遗忘，在于他同时是话语游戏的发起者和参与者，理解一个文本不是在自己个体的有限视域中"自我理解"，而是超越自己生存场景的限制，与作者—文本的世界视域相遇、融合，去揭示隐藏在作者话语中的显现力量。所谓"世界"视域也就是利科所谓文学的意谓维度，作者的话语活动必然意谓某物，我们需要达到的是对这一绝对的意谓维度的理解，而话语的意义层面在利科看来具有更新的可能性，这与赫施的论证方式正相对立，却殊途同归。

所以唯有通过语用学的进路，在对话情境中将"我"与"你"的交互活动纳入话语事件的现象学，才能避免仅从话语的世界"事件"（作为事实行动发生的事件，利科称之为通俗的事件概念）的层面上规定话语的事件性。在利科看来，试图将行动视为对"发生的某事"的描述，只是在"什么"（陈述内容）和"为什么"（原因）的层面上解决话语问题，人称问题

---

① 杜小真编：《利科北大讲演录》，北京：北京大学出版社，2000 年，第 73 页。
② 〔美〕E.D.赫施：《解释的有效性》，王才勇译，北京：生活·读书·新知三联书店，1991 年，第16 页。翻译有改动。
③ 〔法〕保罗·利科：《诠释学与人文科学——语言、行为、解释文集》，孔明安、张剑、李西祥译，北京：中国人民大学出版社，2012 年，第 150 页。

（即"谁"的问题）在这种关注中被弱化。利科反对的正是这种事件概念，"对'谁'的问题的回答总是顽强地抵抗与强力的非人称事件概念结盟"①，因为一般意义上的事件属于将主体性排除在外的本体论范畴，而利科的话语理论中的"事件"概念与"主体间性"息息相关，非人称的事件概念在话语中是不可思议的。

二、"再塑形"：理解事件

当问题从话语层面深入到特殊的话语机制，即文学的维度，主体问题又呈现出独特的复杂性。利科通过描述叙述（尤其是文学的虚构叙述）中主体的交流，将主体纳入到文学的事件过程中，其中阅读问题成为重心。

在法国当代思想中，较早对阅读活动进行现象学考察的是萨特。著名论文《什么是文学？》（1947）指出："写作行动里包含着阅读行动，后者与前者辩证地相互依存，这两个相关联的行为需要两个不同的施动者。精神产品这个既是具体的又是想象出来的客体只有在作者和读者的联合努力之下才能出现。只有为了别人，才有艺术；只有通过别人，才有艺术。"②萨特认为文本、读者在文学活动中都占有主要地位，一方面文本作为客体，是将自身强加于读者，召唤读者做出反应；一方面读者作为主体，他在揭示客体的同时进行着创造，阅读就是一种作者引导下的创作。既然作者通过文本向读者发出召唤，那么作者和读者都是自由的，作者的选择或沉默是自由的体现，同样读者也是一种纯粹的创造力量，读者进入阅读后就解除了经验人格，"从而使自己进入自身自由的巅峰"③，作者所召唤的就是读者的自由。萨特从存在主义哲学出发，将文学看做对存在的整体的一种挽回，作者通过写作既揭示了世界，又将世界当作任务提供给了读者，作者和读者同时承担这个世界的责任，创造这个世界的历史，所以必须抛弃存在（相对于行动而言的静止的存在方式）的文学而开创实践的文学。

阅读的价值生成更体现在"审美喜悦"中。阅读在萨特那里是一种创造性的自由，阅读中的审美喜悦就与这种超越性的、绝对的自由的辨认融

---

① Paul Ricoeur. *Oneself as Another*, trans. Kathleen Blamey. Chicago: Chicago University Press, 1992, p.60.

② 〔法〕让-保罗·萨特：《萨特文学论文集》，施康强等译，合肥：安徽文艺出版社，1998 年，第98 页。

③ 〔法〕让-保罗·萨特：《萨特文学论文集》，施康强等译，合肥：安徽文艺出版社，1998 年，第260 页。

为一体，这自由就是一项价值；此外阅读作为创造本身也是一种价值形式，由于审美对象是通过想象达到的世界，所以审美喜悦伴随着一种位置意识：即意识到世界是一个价值，是向人的自由提出的一项任务。这时审美喜悦来自这样一种意识，即"我意识到自己在挽回并内化那个地地道道的非我的东西，既然我把与项变成命令，把事实变成价值"①。由于阅读一方面是对作者的自由的承认，另一方面审美喜悦本事作为一种价值形式被知觉，所以阅读就暗含了一项绝对要求：要求任何的自由的阅读主体在读同一部作品时产生同样的审美快感。于是，文本中的外在世界就成为作为人类自由的和谐整体的意象世界，它既是存在又是应当存在，既完全属于我们又完全是异己的。萨特就这样从文学阅读的审美喜悦的角度，回应了伦理学上的休谟问题②，弥合了实然与应然，事实与价值之间的鸿沟。

利科同样从阅读行为出发，达到了对文学的价值生成功能的深刻把握。他从言与行的关系的辨析中，试图突破伦理学上的休谟问题。在《时间与叙述》第二卷（1984）中，利科认为小说的虚构叙述有助于行动概念的充实。他将亚里士多德的摹仿论扩充至文学活动的三个阶段，第三阶段摹仿活动Ⅲ被称为"再塑形"，指在阅读过程中，读者与作品展开对话，积极主动地参与构筑情节的活动，是文本世界与读者世界的交叉。利科对这两个世界的界定相当清晰，《文本作为动态身份》一文指出："文本世界指虚构在其自身面前展现的世界——它可以被称为可能经验的领域，其中作品踢出了读者。读者世界指真实行动展露其中的现实世界。"③这里，虚构叙述拥有了发现和改造实际行动世界的能力，"再塑形"就是作者言说与读者行动的互动："说仍然是做，哪怕说躲进无言的思想未讲出的话语中，而

---

① 〔法〕让-保罗·萨特：《萨特文学论文集》，施康强等译，合肥：安徽文艺出版社，1998 年，第111 页。

② 休谟在《人性论》（1739—1740）中提出："在我所遇到的每一个道德学体系中，我一向注意到，作者在一个时期中是照平常的推理方式进行的，确定了上帝的存在，或是对人事作了一番议论；可是突然之间，我却大吃一惊地发现，我所遇到的不再是命题中通常的'是'与'不是'等连系词，而是没有一个命题不是由一个'应该'或一个'不应该'联系起来的。这个变化虽是不知不觉的，却是有极其重大的关系。因为这个应该与不应该既然表示一种新的关系或肯定，所以就必须加以论述和说明；同时对于这种似乎完全不可思议的事情，即这个新关系如何能由完全不同的另外一些关系推出来的，也应该举出理由加以说明。"（〔英〕休谟：《人性论》（下册），关文运译，北京：商务印书馆，1996 年，第509—510 页）这就是说在以"是"或"不是"为系词的事实命题和以"应该"或"不应该"为系词的伦理命题之间，不存在过渡的逻辑依据。"是这样"不意味着"应当这样"。

③ Paul Ricoeur. *The Text as Dynamic Identity*. in Valdés M J, Miller Q ed. *Identity of the Literary Text*. Toronto: University of Toronto Press, 1985, p.183.

小说家却毫不迟疑地讲述这个思想。"①这种阅读理论使得虚构叙述有了真实性，"依照艺术作品具有的侦查和改变人类行为的能力，彻底重新表述真实问题"②。这样，文本虚构世界和读者生活世界得以连接，读者通过阅读使读者世界与文本世界发生"视域融合"③。

利科《生活追寻叙述》（1991）一文认为，过去几十年间的叙述理论（主要指经典叙述学）总是人为地割裂叙述与生活经验的联系，并将叙述限制在虚构的领域。利科拈出亚里士多德的"情节编排"是为了克服叙述与生活世界之间的人为屏障，而关键就在于读者之维。情节编排在利科看来并非作者、文本的专利，从阅读现象学的角度看，读者同样在进行情节编排："作品创构、塑形的进程不是在文本中，而是在读者那里才得到完成。由此，叙述对生活世界的重塑成为可能。说得更精确些：叙述的意义源于文本世界与读者世界的交互影响，阅读行为于是成为全部分析的核心，其中承载着的是叙述作品重塑读者经验的能力。"④这就是说，文本无法禁锢叙述的张力，情节编排并不止于文本内部，只有在阅读行为中情节编排才能最终完成并实现其意义，即重塑读者经验及价值体系。具体的阅读行为包含着大量不确定的领域和潜在的阐释，以及在不同历史语境中被不同方法重新阐释的可能，所以说阅读及叙述活动是一个持续性的过程，从作者到文本再到读者，情节编排贯穿其中并使叙述中意义的传递成为可能，读者

---

① 〔法〕保罗·利科：《虚构叙事中时间的塑形——时间与叙事》，王文融译，北京：生活·读书·新知三联书店，2003年，第289页。

② 〔法〕保罗·利科：《虚构叙事中时间的塑形——时间与叙事》，王文融译，北京：生活·读书·新知三联书店，2003年，第295页。

③ 利科这里的读者理论明显不同于德国康斯坦茨学派的伊瑟尔。伊瑟尔于1972年、1976年分别发表《隐含作者》和《阅读活动——审美反映理论》，读者被视为具有本体身份的阐释中心。他认为古典阐释规范要求一种作为结果的确定意义，这使批评成为对作品核心意义的抽取。但是文本的意义不是一个可以解释的实在，而是一种动态的意义生成，所以阐释者应该更加关注意义的生成过程而非结果。伊瑟尔如此界定阅读在文学交流活动中的作用："文学阅读的核心是作品结构与接受者的相互作用……作品是功能性的，作品的动力就存在于这种功能性中。读者经验了本文提出的不同观点，将不同观点相互联系成特定模式，这样不仅发动了作品，也发动了读者自身。"（〔德〕伊瑟尔：《阅读活动——审美反应理论》，金元浦、周宁译，北京：中国社会科学出版社，1991年，第29页）读者的能动性被显著加强了，文本召唤读者参与意义生成，读者的"反馈"更成为交流的主导，"在读者的阅读中，进行着他接受的'信息'的不断'反馈'，因此，他不得不将自己的思想投入交流过程……读者不得不修正他自己创造的所指。因此，读者与文本的交流是个自我矫正的过程，他不断地表达所指，又不断地修正所指"。（同上，第82页）这就是说整个阅读活动都一直贯彻着读者反应的连续不断的修正，伊瑟尔称之为读者的"综合能力"。利科没有滑向读者中心主义，坚持以作者—文本意谓的恒定性要求读者敞开自身。

④ Paul Ricoeur, *Life in Quest of Narrative*. On Paul Ricoeur: *Narrative and Interpretation*. Edited by David Wood. London and New York: Routledge, 1991, p.26.

的生活世界在与文本世界的融合中得以不断重塑。这样，整个叙述活动将不同位置的主体联系起来，在接触、交流中产生或隐或显的相互影响，摹仿活动进入第三部分即塑形读者的生活世界，叙述同其他人类实践活动一起，将确立或改变读者的自我认知与身份认同，于是叙述向生活世界全面开放。值得注意的是，利科的"情节编排"作为叙述活动的动力来源没有受到文本的禁锢，而是通过阅读行为进入读者的生活世界，使读者直面文本，重新对文本中的事件、细节等进行编排。这一洞见直接影响了纽顿对叙述接受的理解，在《叙述伦理》中纽顿指出："叙述虚构作品将其读者推入被告席，要求他们重塑作品中业已成型的一切：去亲身证实，用利科的话来说，让文本'当场产生'。"①阅读中的情节编排同样也是主体的一种实践智慧及叙述智力的具体化。

读者世界与文本世界的"视域融合"为现实中的主体提供了理解的可能性，阅读触发的理解事件成为人们理解自我及世界的重要方式，正如利科所言："当按照人们叙述的他们自己的故事来解释其生活，难道我们不认为这些生活更易理解吗？当我们把从历史或虚构（戏剧或小说）中借来的各种叙述模式——情节——应用到生活上，难道这些生活故事不是变得更好理解吗？"②读者的情节编排本身就是对叙述事件的重新理解，是在阅读中对该事件的实现，由此促成的理解事件进而成为认识自我、世界，以及采取实践行动的源泉。通过在阅读现象学中将读者与文本相互交融，主体被纳入文学叙述的话语事件整体之中，而主体究竟何以真正通过参与叙述、更新身份还没有得到细致的描述，利科于是转向由理解事件引发的身份认同问题。

三、叙述身份重建伦理主体

在《时间与叙述》第三卷的结尾部分，利科提出"叙述身份"（Narrative Identity）概念，即人类通过叙述功能的中介取得的身份，追问主体参与叙述活动带来的切身影响。利科承认他的"叙述身份"概念受到了汉娜·阿伦特的启发。阿伦特在《人的境况》（1958）中认为有三种根本性的人类活动：劳动（labor）、工作（work）和行动（action）。劳动与人身体的生物过程直接相关，劳动保证了人的生物性生命体征；工作与人的存在的非自然

---

① Adam Zachary Newton. *Narrative Ethics*. Cambridge: Harvard University Press,1997, p55-56.

② Paul Ricoeur. *Oneself as Another*, Trans. Kathleen Blamey. Chicago: Chicago University Press, 1992, p.114.

性相关，它提供的是一个"人造"事物世界；行动不需要以事物为中介，而是直接在人们之间进行的活动。阿伦特将行动概念与劳动、工作对立起来，劳动完全外在于所制作的东西，工作通过具体化在文件、文物、制度中，具体化在政治所展开的空间来改变文化；行动则致力于政治体的创建和维护，它为记忆即历史创造了条件。行动于是被视为人的创新的能力："我们能在世界上感触到诞生内在具有的新的开端，仅仅因为新来者有全新地开始某事的能力，也就是行动的能力。"①行动要求的是叙述成为一种人类作为（le faire humain），而叙述的作用就是确定"行动的施动者是谁"②。阿伦特是以行动理论为中介，追问"谁在叙述"的问题，利科尤其认同阿伦特的命题："叙述道出行动的主体即'是谁'"。根据阿伦特的基本观点，利科进而指出叙述身份即存在于叙述中的意向、原因和偶然间的整合作用。经过《时间与叙述》前两卷对历史叙述和虚构叙述的漫长考察，利科在第三卷中试图寻找能够整合这两种叙述类型的经验结构。他认为个人或共同体的叙述身份是历史与虚构之间的交叉部分，原因在于对自身的理解是一种解释，对自身的解释（确定身份）在叙述中，在其他各种符号和象征中，找到了一种特殊的中介，人们借助历史和虚构确认自己的身份，生活史成为虚构的历史或历史的虚构。理解叙述身份就参与到在个人或共同体的身份认同过程中起作用的理解中。"叙述身份"概念弥合了历史叙述与虚构叙述的裂痕，但身份问题在《时间与叙述》的问题意识中只能在人的存在的时间向度中被表达出来，从身份与人的时间构成的关系的视角出发进行讨论。利科意识到，个人或共同体作为行动的施动者，都有他们自己的历史。

之所以选择叙述理论，是因为叙述理论覆盖的实践领域各种行动命题的语义学和语用学的覆盖面更大，此外，被情节编排的行动呈现出伦理方面的复杂性，对伦理选择的预测和决定内容在叙述行动的结构之中，这样叙述真正成为描述与规范之间的中介。在叙述中，人既是遭受者，又完全是行动者，叙述身份既触及了针对行为的尊重，也深入到了行为者的自尊，这使叙述过程成为一个伦理历程，由此带来的秩序感和连续性成为现实世界的价值基础。并不存在在伦理上保持中立的叙述："文学是一个巨大的实验室，我们在其中用各种期望、评估、赞同与谴责的判断进行试验，由此

①〔美〕汉娜·阿伦特：《人的境况》，王寅丽译，上海：上海人民出版社，2009年，第2页。

② Paul Ricoeur. *Oneself as Another*, Trans. Kathleen Blamey. Chicago: Chicago University Press, 1992, p.58.

叙述性充当伦理的入门课程。"①在《时间与叙述》中，身份认同是在情节编排的层面上被理解的，身份自始至终在和谐（秩序原则）与不和谐（突转）的冲突中动态地发展，所谓叙述塑形即作为和谐与不和谐之中介的技艺。在叙述塑形活动中，事件的地位及其连接模式被利科视为有关身份问题的试金石。在唐纳德·戴维森（Donald Davidson）那里，一切心理事件都与物理事件具有因果性的关系，当我们把事件描述为知觉、记忆、决定和行动时，我们可以通过因果关系把它们纳入所发生的物理事件，也可以在严格的规律之外（难以解释的心理事件）用心理现象说明和预言物理现象。偶发的事件被赋予了一种秩序，它之所以发生是因为被当作目的来追求，事件于是在理由—行动或原因—结果的系统中获得与实体同等的本体论地位②。但在利科看来，戴维森的这种事件本体论掩盖了作为自己行动的所有者，即行动被"归因"（l'ascription）于施动者。事件在德里克·帕菲特（Derek Parfit）看来也是一种非人称描述的对象，他认为个人不是独立于身体、行动以及各种物理和精神事件的实体，"我们的存在仅仅涉及我们的大脑和躯体的存在，以及我们行动的实施、我们思想的思考和其他物理的和精神的事件的发生"③，是对这些事实的补充。关键的"归因"问题仍然没有得到解决，即人对其身体和一切体验的"所有权"被剥夺了。利科在将情节与人物连接起来的叙述活动中看到了另一种事件的存在方式，事件在其中失去了它的非人称的中立性。人物作为行动的主体、事件的发出者，其身份问题成为确定叙述身份的关键。根据亚里士多德的《诗学》，悲剧的六个组成部分中的情节优先于性格与思想，人物完全被动地隶属于情节："悲剧摹仿的不是人，而是行动和生活……人物不是为了表现性格才行动，而是为了行动才需要性格的配合……没有行动即没有悲剧，但没有性格，悲剧却可能依然成立。"④在经典叙述学那里，人物、情节被束缚在符号学的系统中，人物被化约为功能性的角色（普洛普）和行动元（格雷马斯），成为结构的组件。在利科看来，这种去主体化的科学式分析显示了叙述学的合理性（即理性主义），实际上与亚里士多德将情节编排（muthos）分解为六个子部分的做法并无本质区别，人物从属于情节（结构）的模式

---

① Paul Ricoeur. *Oneself as Another*, Trans. Kathleen Blamey. Chicago: Chicago University Press, 1992, p.115.

②〔美〕唐纳德·戴维森：《真理、意义与方法：戴维森哲学文选》，牟博选编，北京：商务印书馆，2008年，第458页。

③〔英〕德里克·帕菲特：《理与人》，王新生译，上海：上海译文出版社，2005年，第313页。

④〔古希腊〕亚里士多德：《诗学》，陈中梅译，北京：商务印书馆，1996年，第64页。

一仍其旧①。

利科认为在叙述的故事中，人物与情节辩证地统一于叙述事件之中。一方面，人物是引发行动事件的原初事件，人物通过触发、开启事件获得其身份属性；另一方面，叙述者从总体上控制着事件、行动的进程，"合理"地将事件纳入遵循因果律的故事整体。这样，文学叙述就以其独特的诗性形式融合了康德的第三个二律背反。康德在《纯粹理性批判》（1787）中提出先验理性的四重二律背反，其中第三组涉及事件的发生问题，其正题为："按照自然规律的因果性，并不是世界的显象全都能够由之派生出来的惟一因果性。为了解释这些显象，还有必要假定一种通过自由的因果性。"反题为："没有任何自由，相反，世界上的一切都仅仅按照自然规律发生。"②正题假设宇宙中有自由，即认为有超越于因果以外的自由因，因为假如宇宙中只有因果变化，有果必有因，这样就可以推至于无穷，所以必须假设有自由因作为变化的起点。反题认为宇宙中根本无自由，一切事情都按照自然的因果律而发生，因为假如自然界作为一个完整的统一体，有自由，就有一个超越于因果性的自由因，那等于说这个自由因本身不是为其他原因所产生，但是不可能有这样的东西，因为自然中的一切不可能是没有原因的，或者说产生这个自由因这件事本身就是由因果决定的。利科认为叙述以其特有的方式解决了归因问题的二律背反："一方面，通过赋予人物的首创性——开创一系列事件的能力，没有这种能力开端就成为绝对的开端，即时间的开端——另一方面，赋予叙述者一种决定行动之开端、中间与终结的能力。这样通过把人物的首创性与行动的开端统一起来，叙述在没有破坏反题的情况下满足了正题。它从多方面构成了叙述身份概念带给归因疑难的诗意答复。"③于是，人物与情节编排所赋予的统一性、连贯性与完备性一起，在整个故事中保存、建构叙述身份，叙述活动在构建故事、情

---

① 经典叙述学家里蒙—凯南是一个例外，她提出"叙述"即交流。叙述就是把叙述内容作为信息由发话人传递给受话人的交流过程，叙事虚构作品分为三个基本方面——故事、文本和叙述，"故事和叙述实际上可以被看作是本文的两个转喻，前者是就其叙述内容而言，后者则是就其创造行为而言"。（见〔以色列〕S. 里蒙—凯南：《叙事虚构作品：当代诗学》，姚锦清译，北京：生活·读书·新知三联书店，1989年，第 7 页），叙述在这里既指信息发出—接受的交流过程，也指用来传递信息的媒介。她受罗兰·巴尔特"阅读即命名"的影响，提到了读者对故事中人物的能动反应，她认为读者会根据自己的阅读注意力的焦点变化，会在不同的时刻把可以获得的信息归于不同的主次等级之下，进而"拼凑""命名"一个具有统一性的人物形象。这可与利科提出的人物的叙述身份问题相互阐发。

② 〔德〕康德：《纯粹理性批判》，《康德著作全集》（第三卷），李秋零译，北京：中国人民大学出版社，2013 年，第 300 页。

③ Paul Ricoeur. *Oneself as Another*, Trans. Kathleen Blamey. Chicago: Chicago University Press, 1992, p.147.

节的叙述身份的同时，产生了人物的叙述身份。在文学叙述的巨大实验室中，人物叙述身份的种种想象的变更形式得到释放和探寻，人物在不同的文学变体中可以维持相同性身份的模式，如传奇故事中的定型人物；也可以颠覆自身性认同，如意识流小说中人物身份的模糊化。而如罗伯特·穆西尔的《没有个性的人》（Ohne Eigenschaften）等小说，在没有人的特性的世界中身份认同是不可能的，人物的叙述身份接近消失。利科认为在此类叙述中，情节、故事及人物的叙述身份处于丧失的状态，叙述形式也随之瓦解，文学叙述进入评论（l'essai）的范畴。可见在文学叙述中身份模式的确定、变更存在极大的可能性空间。

　　这种建构叙述身份的双重体制在读者的阅读中成为身份认同的来源。叙述身份是由叙述作品提供的身份，同时也是经阅读被识别出的身份，它是主体间性的体现。利科指出："自我认知是一种解释，在叙述这种较为特殊的中介中，人们寻得自我解释，这种中介依赖于历史和虚构，将生活的故事变为虚构故事或历史小说。"①这就是说，人类的一切叙述活动都指向主体的身份认同：自我、群体的身份是叙述出的身份，借助叙述，主体才能形成自我理解，建构起个体身份及群体身份，身份认同问题才能免于陷入相对主义与虚无主义的泥潭。这也正是叙述作品的价值所在："叙述作品是自我理解中不可化约的维度。如果说虚构在生活中才能完全，生活通过我们所讲述的故事才能理解，那么套用苏格拉底的名言，一种经过检验的生活即被叙述的生活。"②叙述身份是读者与文本对话的产物，是主体间性的凸显，它重塑读者经验及生活世界，更新其身份，同样可以视为一种实践智慧。然而利科所展现的这样一种文本、读者间的良性循环过程似乎带有乌托邦色彩，他本人也承认这一点，指出只有在自身性认同③中使伦理责任成为决定性因素，叙述身份才能真正起到类似于自身性认同的作用。也就是说读者必须被唤起，作为一个行动主体对叙述有所期待，正是在这个意义上利科将叙述划入了伦理的领域："阅读理论提醒我们，叙述者展开劝

---

① Paul Ricoeur. *Narrative Identity*. On Paul Ricoeur: *Narrative and Interpretation*. Edited by David Wood. London and New York: Routledge, 1991, p188.

② Paul Ricoeur. *Life in Quest of Narrative*. On Paul Ricoeur: *Narrative and Interpretation*. Edited by David Wood. London and New York: Routledge, 1991, p.30-31.

③ 利科在两个层面上使用"身份"概念，"相同性身份"（idem-identity）和"自身性身份"（ipse-identity）。同一性身份是一种对数量上的同一认定，强调对问题"What"（什么内容）的回应；自我性身份是一种对质的认同，其认同属性包括时间的恒常性与连续性等，强调对问题"Who"（我是谁）的回应。见 Paul Ricoeur. *Temps et récitIII*, Paris: Seuil, 1985, p.246.

说意在对读者的世界观造成影响，这种影响在伦理上绝不是中立的，而是或隐或显地引出一种对世界和读者的价值重估。在这种意义上，叙述以其对伦理判断的要求而从属于伦理领域。"①这就是说，读者作为一个行动的主体，通过阅读面对关于伦理判断的多重建议，从而进行选择，叙述身份这一概念的极限正在于此：伦理判断的选择促成主体价值世界的重塑以及身份的更新，叙述身份在此与其他非叙述成分一起，形成生活世界中行动着的伦理主体。

第二节 叙述的伦理性如何可能

——基于《作为一个他者的自身》

经历过"五月风暴"中学生的暴力侵害，利科意识到个人或共同体作为行动的施动者，都有他们自己的历史。于是在《作为一个他者的自身》中，他专注于从个人身份对自身构成（la constitution du soi）之贡献的历史视角，扩展在《时间与叙述》卷三中被搁置的叙述身份概念。通过提出"叙述身份"概念，利科已经将文学叙述的虚构经验与现实世界中生活经验联系起来，在文学叙述这一话语事件中，本来如同隔世的主体间开启了经验交流的进程。那么这种交流活动如何可能？其中发生了什么？对我们自身的生活叙述而言又意味着什么？利科继续追问着这些棘手的问题。

一、为"生活叙述统一体"辩护

关于文学叙述中的经验交流问题，利科的主要参照是麦金太尔的"生活叙述统一体"概念。

麦金太尔对叙述形式意义的发掘可以看作他对叙述的美德教育功能的理解。在他看来，作者的文学叙述形式与其对人类生活的叙述形式的理解是对应的，而这些又和他们的美德观紧密相连。阅读索福克勒斯的悲剧让他明确了一个观念，即索氏之所以用戏剧的叙述形式来刻画人类生活，是因为他在人类现实世界已经看到了这种戏剧叙述形式，叙述形式捕捉到了人类生活与行动的核心特征，而"对美德采取一种姿态也就会对人类生活的叙述特征采取一种姿态"②。因为不论是虚构叙述中的故事还是我们个

① Paul Ricoeur. *Temps et récit III,* Paris: Seuil, 1985, p.249.
② 〔美〕A. 麦金太尔：《追寻美德：道德理论研究》，宋继杰译，南京：译林出版社，2008 年，第 162 页。

人生活的故事，都涉及如何去理解成功/失败、友善/危险等问题，这些问题最终指向对何为美德、何为邪恶的理解，所以相信美德与相信人类生活展现出某一叙述秩序是内在相关的。于是，作者的叙述形式就成为他对人类生活的把握，叙述形式带来的叙述秩序是作家对人类生活的重新塑形，它浸润着作家对何为美德、何为邪恶等伦理问题的理解，为我们的伦理判断提供了真实的或虚假的参照。麦金太尔就认为简·奥斯丁的道德观与她的叙述形式是吻合的。麦金太尔进而提出一个人的生活之所以能被视为在特定伦理目的统领下的统一体，而不是个别行为与事件的简单序列，是因为人的自我的生活形式遵循着一种叙述形式：自我概念的统一性存在于一种将出生、生活与死亡作为叙述的开端、终结与结尾连接起来的叙述统一性之中。日常生活中的一场对话在麦金太尔看来就是一部戏剧，对话的参与者不仅是演员，还是合作者，双方在认同与分歧中设计完成了戏剧作品。对话也如戏剧或小说一样有开端、中间和结尾，有沉默或激情，有离题或次要情节。从对话到一般的人类行为都以一种发生了的叙述形式呈现出来，也只有在这种叙述形式中，自身或他人的行为才是可以理解的："叙述形式对于理解他人的行为之所以是恰当的，是因为我们全都经历了我们生活中的叙述，而且我们就依据我们所经历的叙述来理解我们自己的生活。故事在被讲述之前就已被人们活生生地经历过了——虚构的除外。"①利科将麦金太尔的这一命题称为"生活叙述统一体"。

"生活叙述统一体"被麦金太尔置于实践概念与生活计划概念（巨大的实践单元，如职业生活、家庭生活、休闲生活等）之上，他用叙述形式来整合生活的观念，以其充当"善的"生活的支点，这被利科视为其伦理学的关键所在，这同样也是利科的伦理学的关键："如果一个行动主体的生活不是以某种方式被聚集起来，那么他或她怎能赋予其生活整体一种伦理特征呢？而且，如果不是以叙述形式的方式被聚集起来，那么这一切又如何可能？"②《时间与叙述》与《追寻美德》在此达成了一致。利科虽然为这种"所见略同"感到高兴，但指出他们在方法上有着深刻的差异。麦金太尔关注的是在日常生活中遇到的故事，他也并不认为文学虚构与现实故事之间的区别有什么重要性，利科却认真思考了在叙述的摹仿活动Ⅲ中，通过阅读让文学与生活相遇的种种障碍，由此引发的一系列困难是麦金太尔没有深思的："虚构是如何借助在实际生活中的自我检验触发思想经验

①〔美〕A.麦金太尔：《追寻美德：道德理论研究》，宋继杰译，南京：译林出版社，2008年，第268页。

② Paul Ricoeur. *Oneself as Another*, Trans. Kathleen Blamey. Chicago: Chicago University Press, 1992, p.158.

及下文涉及的所有伦理内涵的？如果鸿沟真如虚构与生活之间的那么大，那么在有关各实践层级的考察中，我们怎样才能把有关生活叙述统一体置于多种实践等级的顶端呢？"①这就是说麦金太尔没有看到把虚构叙述与生活叙述统一起来的困难。因此，利科认为必须要对生活叙述统一体概念进行深入的论证，以抵御各种困难。

其一，我是叙述者与人物，同时也是某个现实生活的叙述者与人物，与虚构的叙述者和人物不同，我不可能是生活的作者，这样从写作到生活，我就是不稳定的意义来源。其二，以叙述形式为例，文学叙述必有开端和终结，即使像《追忆似水年华》这样的作品，以"长久以来"这样无法还原的时间为起点，又以开启一个不确定的未来作结，同样在叙述形式层面具备开端与终结，但生活叙述统一体却没有开端和终结，因为我的开端处的记忆（婴幼儿阶段）不可考，我的孕育和出生属于他人即父母的故事，而不属于自己；我的终结即死亡也只会在比我活得更久的他人的叙述中达成，我不可能将我自己的死亡理解为生活叙述的终结。其三，除非在系列小说或原型性故事中，小说提供的文本世界往往是不重合的，但我的一生却是父母、伴侣、友人等他人的生活故事的一部分，也就是说生活故事是混杂的。其四，文学叙述是回顾性的，只能教会我们去沉思发生过的生活，而生活叙述与其生存规划和预期相关。

这些观点在利科看来虽然构成了对生活叙述统一体概念的质疑，却不能排斥虚构应用于生活的观点。作者的歧义性应该保留，因为"我"虽然不是生活的作者，却可以通过完成一段生活的叙述成为某种意义统一性的共同作者。就叙述形式的不对称而言，虚构与生活体验之间存在一种不稳定的混合，正是因为生活本身的含混性，我们才求助于虚构，以便用虚构叙述的经验修正自己的人生，是文学帮助我们确定了结束一个行动过程、一段人生的意味所在，而人物以各自不同的命运在虚构故事的内部相遇，与我们人生故事的混杂性也是对应的。文学叙述虽然是回顾性的，但在利科看来只是从叙述者的视角出发，所叙述的各种事件才是以前发生的，即使是在过去时叙述的事件中，也有规划、期待的位置。由此，利科维护了"生活叙述统一体"的概念：尽管文学叙述与人生故事相互对立，但它们不是相互排斥，而是相互实现。

---

① Paul Ricoeur. *Oneself as Another*, Trans. Kathleen Blamey. Chicago: Chicago University Press, 1992, p.159.

二、伦理事件及其冲突

在确立虚构叙述与生活叙述"相互实现"的观点后，利科从经验交换的层面再次深入到叙述的伦理维度。本雅明曾在著名论文《讲故事的人》（1936）中哀叹叙述艺术的衰落，并归咎于现代人"体验"（Erleben, expériences）能力的丧失，在经验贬值、匮乏之前，"口口相传的经验是所有讲故事者都从中汲取灵思的源泉"①。在利科看来，本雅明所谓的体验不是由科学观察得来，而是亚里士多德"实践智慧"（phronesis，汉语学界一般译为"明智"）的通俗用法。上文已经指出，利科将叙述的原点归于一种叙述智力，即内在于观察者、听众或讲演者的能力之中的实践智慧（讲故事、听故事、理解故事和反思故事的能力），这种实践智慧在亚氏的界定中是一种以实践为目的的，能够指导实践行动的理性能力，它在生活的具体境遇中为我们的伦理判断做出指导，本身就是一种同善恶相关的、合乎逻各斯的、求真的实践品格，指向一种更好的伦理的生活。利科强调的正是叙述所能传递的实践智慧，因为在叙述开展的经验交换中，行动一定会被赞同或不赞同，主体（人物）也一定会被赞扬或被谴责，叙述就是为各种经验展现一个想象的空间，在这空间中，我们跟随人物的行动和命运，得到审美快感，叙述只是以假设的方式做出道德判断，我们暂时悬置起实际的生活行动和道德判断。但是这并不意味着纯粹审美对伦理的绝对统治，利科指出："但在虚构的不现实的范围内，我们不停地探索各种新的评价行动与人物的方式。我们在巨大的想象实验室中进行的思想体验，也是在善与恶的王国中所进行的探索。改变价值，甚至贬值，这还是评价。道德判断没有被取消，它只是顺从于虚构自身的种种想象的变更。"②也就是说叙述的想象为伦理想象提供了认识来源，并直接介入我们生活的伦理判断。

文学中以虚拟的方式实现的伦理判断需要对象，即由这种事件引发的伦理冲突。黑格尔在《精神现象学》和《美学》中曾表明，文学中的伦理冲突源于人物自以为正义的狭隘性，古希腊悲剧是这样，近代小说也是如此。在黑格尔看来，激发近代小说想象的动机是冲突和斗争。论及"近代市民阶级的史诗"（即小说）时，黑格尔用了一个更明晰的表述："小说最常用的而且也适合于它的一种冲突就是心的诗和对立的外在情况和偶

---

① 〔美〕汉娜·阿伦特编：《启迪：本雅明文选》，张旭东、王斑译，北京：生活·读书·新知三联书店，2012年，第96页。

② Paul Ricoeur. *Oneself as Another*, Trans. Kathleen Blamey. Chicago: Chicago University Press, 1992, p.164.

然事故的散文之间的冲突。"①即心灵的诗歌和现状的非诗之间的遭遇，也就是说渴求感知、完善、理性的人的愿望与他所投身的日益沦丧的世界的遭遇。小说就是无神世界的史诗（卢卡奇语），而史诗所讲述的就是战争，是主人公与他必然要面对的现实的交锋。

基于黑格尔对小说的定义，这种遭遇只能以对立双方中的一方的灭亡告终：要么是他发现现实的非诗，投身其中，如《高老头》中开始堕落的拉斯蒂涅；要么是他坚持心灵的诗性，在坚硬的现实面前死无葬身之地，如同高贵而感性的少年维特。小说，根据黑格尔的定义，最本质的一点是关于主人公（黑格尔称其为"新骑士"）奋斗与受挫的叙述，小说应该叙述主人公的种种努力，无论最终走向胜利或失败，永不间断的斗争之路成为新骑士们的既定命运。主人公们将自己的欲望付诸行动，无论胜利还是失败。他们是永远在前进和斗争着的人。正如没有动荡、斗争，历史的存在无法想象，没有这种对立，近代小说也是无法想象的。各种主体在相遇中表现出的善与善的冲突、善与恶的对立不仅在虚构叙述中占有核心地位，即使在真实世界也构成了我们自身叙述的主题。叙述中的伦理冲突就成为我们伦理观念的重要来源，对我们的伦理实践产生切身的影响，虚构叙述于是和我们的生活叙述一起，构成我们的存在的一个方面。

利科认同黑格尔的上述观点，就文学叙述展现伦理生活（Sittlichkeit）中的复杂性而言，确实没有比黑格尔更清楚的论述。叙述中的伦理冲突被作者抛出，读者通过阅读进入特定的伦理情境，虚拟的伦理冲突于是成为读者切身的伦理事件，并敦促读者针对该事件做出伦理判断。希利斯·米勒指出，阅读行为中客观存在的"伦理时刻"包含四个维度：作者的写作时刻、叙述者的讲述时刻、角色的抉择时刻，以及读者、教师、批评的反应时刻。②其中接受主体的反应可谓关键所在，因为这一接受行为是一种伦理的"相遇"，读者的阅读不仅仅是对叙事文本美学意味的欣赏，更是伦理主体间性的体现，存在于叙述中的是不同伦理主体相遇后产生的经验和情感，是我们似曾相识的伦理体验，总之是我们可以理解的人类伦理情境。但面对文学呈现出的复杂的伦理事件，我们如何做出伦理判断呢？这种伦理判断的依据是什么？伦理判断本身是否具有律法主义道德法则的权威性？黑格尔或米勒并未深究这个问题。

---

① 〔德〕黑格尔：《美学》（第三卷下册），朱光潜译，北京：商务印书馆，2006 年，第 167 页。
② J.Hillis.Millen. *The Ethics of Reading*. New York: Columbia University Press.1987, p.8-9.

三、"道德境遇判断"的理想

在确立虚构叙述与生活叙述"相互实现"的观点后，利科从经验交换的层面再次深入到叙述伦理性的根本。面对文学呈现出的复杂的伦理事件，我们如何做出伦理判断呢？这种伦理判断的依据是什么？伦理判断本身是否具有律法主义道德法则的权威性？利科指出仅以行为的一般道德准则或伦理目标为判断标准是无力的，需要的是"道德境遇判断"。

根据约瑟夫·弗莱彻的《境遇伦理学》，人们在进行道德决断时，只有三种决断的方法，即律法主义方法、反律法主义方法和境遇方法。律法主义以先定的原则出发，反律法主义不涉及任何规则，而境遇方法则是指："境遇论者在其所在社会及其传统的道德准则的全副武装下，进入每个道德决断的境遇。他尊重这些准则，视之为解决难题的探照灯。他也随时准备在任何境遇中放弃这些准则，或者在某一境遇下把它们搁到一边，如果这样做看来能较好地实现爱的话"①。所谓"爱"这条境遇论者遵从的唯一一条普遍法则，对基督徒而言就是上帝之爱，对其他人而言则是理性、正当等。境遇论的核心思想就是境遇决定实情，在伦理判断的实际问题中，同等对待境遇的变量与规范的即一般的常量。不同境遇带来的变量应该被具体对待，律法、规则只是箴言而非定论，境遇论者的问题是：为了真正做到有道德，怎样才能"合适"，即一定背景下的适当，而非"善"或"正当"。在弗莱彻看来，任何伦理学中的道德判断即价值判断，是一种决定而非结论，它是一种"选择"，而非逻辑的结果，道德选择可以得到辩护，但不能得到证实。

利科接着弗莱彻指出，道德义务论仍然是我们必须严肃对待的伦理判断依据，因为是它让我们得以不断检查我们自身和他人的伦理事件，如果没有经历过那些动摇了以道德原则为指导的实践的冲突，就不可能抵御反律法主义的诱惑，做出灵活、适当的道德境遇判断，所以是道德规则的严格性保证了道德境遇判断的严肃性。那么从行动的一般准则到道德境遇判断的跨越如何可能，即伦理判断如何才能"合适"？

四、基于文学的"确信"

利科在后期重要著作《作为一个他者的自身》（1990）中，以神学意

---

① 〔美〕约瑟夫·弗莱彻：《境遇伦理学——新道德论》，程立显译，北京：中国社会科学出版社，1989年，第17页。

上的"确信"（la conviction）概念为人的伦理判断奠基。他从康德的《纯然理性界限内的宗教》（1794）出发，通过描述人的各种能力（如话语、行动、叙述、回忆、承诺和原谅等）来探索人的身份认同问题。

康德区分了两种伦理主体的状态：律法的-公民的（政治的）状态与伦理的-公民的状态，前者是指人们共同服从公共的强制性律法法则而形成的关系，后者是人们在无强制性的、纯粹的德性法则之下联合起来的关系。伦理的-公民的状态并不指公民为自身立法，不去依据某种公共的义务法则（康德称之为伦理的自然状态），这在康德看来仍然是一种非自由的状态，一种伦理的，同时是政治的共同体必须以共同的法律为基础，让伦理的公民自愿联合，而不是顺从政治权利的命令。处于伦理的自然状态的个人即使是善的，却会因为共同目的的缺失而成为恶的工具，所以作为个体的人应该走出伦理的自然状态（一种内在的无道德状态），成为伦理共同体的一个成员，这就是人对自己的族类而言所应履行的义务。康德指出，在伦理的共同体与律法的共同体中人的行动都要遵守一定的法则，但问题在于："在一个这样的共同体（指伦理的共同体）中，所有的法则本来都完全是旨在促进行动的道德性（这种道德性是某种内在的东西，因而不能从属于人类的公共法则），因为恰恰相反，人类的共同法则——这构成了一个律法的共同体——仅仅旨在于那些引起注意的行动的合法性。"①既然人不能为自己立法，这种义务论的提出必须有一个前提，即存在一个伦理共同体的最高立法者为行动的道德性奠基，以说出诫命的形式规定人的伦理生活，这在康德看来是人力所不能及的，只有确信一个道德上的世界统治者——上帝存在，一个伦理共同体只有作为遵循上帝诫命和德性法则的民族（上帝的子民），才可能存在。这样，宗教的使命即根据义务来恢复伦理主体自由行动的能力。利科在此基础上认为实践智慧在道德境遇判断问题上只能回到一种"原初的伦理直觉"，即"为了'善的生活'（la vie bonne）的目的，而在公正制度内与他人一起，并为了他人而生活"。②这里所谓的伦理直觉实际上就是康德笔下伦理共同体中人的行动的道德性，即如何与他人一起，在政治的、伦理的共同体中更好地生活的问题。而对可能过上这种更好的生活的"确信"，对存在一个更高的立法者的"确信"，保证了道德境遇判断的可能性。这种确信是人的自由意志的体现，也是人在面临

①〔德〕康德：《纯然理性界限内的宗教》，《康德著作全集》（第六卷），李秋零译，北京：中国人民大学出版社，2013年，第99页。

② Paul Ricoeur. *Oneself as Another*, Trans. Kathleen Blamey. Chicago: Chicago University Press, 1992, p.240.

伦理判断时唯一可以依托的东西，利科甚至认为这种确信是唯一可供选择的出路。

就文学为我们提供的伦理事件和伦理情境而论，其中的伦理冲突是不可避免的（不论希腊悲剧或小说），真正意义上的伦理判断尚未完成，因为诗歌本身只将复杂的伦理冲突及其后果展现出来，它以模糊的方式将伦理判断悬置起来，激情被净化之后问题就转向了读者那里，成为读者如何通过选择塑造自身，在伦理共同体中更好地与他人一起生活的切身问题。人在生活中遭遇悲剧性事件后如何继续生存，这是一个实践性课题，没有切身经历的人无法做出任何判断。利科的第四个儿子奥利维耶·利科在巴黎跳楼自杀，这令利科悲痛万分，他以《作为一个他人的自身》第九研究的一个"插入段"（行动的悲剧）献给亡子，试图通过聆听希腊悲剧的声音学会面对自身生活故事中的这段悲剧。利科确信，悲剧通过展示伦理冲突的不可避免性，并不顺从这种困境，也不会直接给出空洞的劝告（净化），在这两者之间，悲剧以"悲剧智慧"①为我们指明了方向。利科选择的范本仍是为黑格尔钟爱的《安提戈涅》，但黑格尔式的分析对达到道德境遇判断并无助益。首先，黑格尔认为伦理意识的背后潜藏着真正的正义，它始终不将自己暴露于行动的意识之前，只是自在地存在于行为者的决意和行为内含的过失之中。在《安提戈涅》中，作为伦理意识的安提戈涅的情况特殊："如果伦理意识事先就已认识到它所反对的、被它当成暴力和非正义、当成伦理上的偶然性的那种规律和势力，并象安提戈涅那样明知而故犯地作下罪行，那么，伦理意识就更为完全，它的过失也就更为纯粹。完成了的行为改变了伦理意识的看法；行为的完成本身就表明着凡合乎伦理的都一定是现实的；因为目的的实现乃是行为的目的。"②伦理意识必须承认其对立面是它自己的现实，承认它的过失。这样背后的正义获得最终的胜利，行为者在承认中否定了自己一方的伦理实体，回到一种伦理意境（Gesinnung，指一种消极的、不发生行动的伦理态度）中。这种规定对我们面对悲剧事件，做出道德境遇判断而言是无力的，因为做出判断已经是

---

① 利科借用了卡尔·雅斯贝斯（Karl Jaspers）的概念。后者认为悲剧能够惊人地透视所有实际存在和发生的人情事物，悲剧在其沉默中暗示并实现人类的最高可能性，"这些悲剧洞察和透视蕴涵着一个潜在的哲学，因为它们给本来毫无意义的毁灭赋予了意味"。（（德）卡尔·雅斯贝斯：《悲剧的超越》，亦春译，光子校，北京：工人出版社，1988 年，第 6 页）而悲剧知识（关于悲剧的一切历史话语）则为人们提供了理解历史、世界的可能性。利科与加布里埃尔·马塞尔（Gabriel Marcel，1889—973）关于戏剧本体论的对话见 Gabriel Marcel. *Tragic Wisdom and Beyond*. Trans. Stephen Jolin and Peter Mcgormick. Evanston: Northwestern University Press, 1973, p.230.

② 〔德〕黑格尔：《精神现象学》（下卷），贺麟、王玖兴译，北京：商务印书馆，2011 年，第 26 页。

带有伦理意识的行动本身。

在利科看来，悲剧的伦理功能并不在于回到这种伦理意境之中，这是亚里士多德式的"净化"观念。关键在于重新确立行动的方向，使作为行动者的我们（读者）继续更好地在伦理共同体中生存下去。利科偏爱的是安提戈涅，因为克瑞翁所固守的城邦法则并没有穷尽希腊"政治"（la polis）的丰富含义，他的一系列简单判断（对城邦有害即为恶，反之为善；好的公民才是公正的，正义只关乎治理和被治理的艺术）没有考虑到城邦使命的多样性和异质性。安提戈涅却攻击到这种律法主义伦理的本质，她在城邦法律和爱（philos）之间选择了后者，政治统治在生者与死者关系的问题前暴露出自身的无根基性："和冥间诸神同居地下的正义女神也没有为人间制订过这种法律。我不认为你的法令有这么大的效力，以致一个凡人可以践踏不成文的永不失效的天条神律。后者的有效期不限于今天或昨天，而是永恒的，也没有人知道它们是何时出现的。"①在利科看来，安提戈涅此处引出"神律"是为了给自己确定信心，并确定所有制度和人性特征的界限，所谓悲剧的伦理功能就来自对这个界限的承认。悲剧是在悲剧智慧与实践智慧之间制造差距来实现这一伦理功能的："因为拒绝给虚构作品认为是不可解决的冲突一个'解答'，所以悲剧在使人迷失了方向之后，迫使行动者在最好地回应了悲剧智慧的境遇实践智慧的指引下，重新确立行动的方向，权衡它的危险和代价。"②"净化"于是被"确信"所超越。

黑格尔模式下性格的单面性、片面的正义在悲剧中始终不可能得到调和。根据《精神现象学》，相互冲突的伦理实体最终将走上和解和相互承认的"综合"环节，这种和解必须以抛弃各自的偏见（没有得到承认的判断）为前提，宽恕意味着对自己的放弃："把当初曾是现实的行为的那一意识同它的非现实的本质等同起来，并把那曾被称为恶的东西——行为在思想中曾取得恶的东西这一规定——当作好的东西予以承认。"③但问题在于这一切只发生在绝对精神的运动之中，绝对精神在其最高点上进入实际存在，和解就是作为实际存在着的精神。这就是说只有在《精神现象学》的"高级"辩证法中才能达成真正的和解、宽恕和相互承认，这显然是《安提戈涅》力不能及的。也就是说悲剧中没有和解，作为各种精神力量（die geistige

---

① 〔古希腊〕索福克勒斯：《安提戈涅》，〔古希腊〕埃斯库罗斯等：《古希腊悲剧喜剧全集》（第2卷），张竹明、王焕生译，南京：译林出版社，2007年，第272页。

② Paul Ricoeur. *Oneself as Another*, Trans. Kathleen Blamey. Chicago: Chicago University Press, 1992, p.247.

③ 〔德〕黑格尔：《精神现象学》（下卷），贺麟、王玖兴译，北京：商务印书馆，2011年，第176页。

Mächte）的化身，坚守自身正义的个体必须在冲突中走向死亡，以身殉各自行动的道德性。于是唯一可能的解决办法就落到作为幸存者的我们身上，归结到我们的伦理判断（行动）之中。利科指出："在道德性引起的冲突中，唯有与道德分离的伦理诉求才能引发境遇判断的智慧。从'悲剧智慧'（phronein）到实践智慧（phronèsis）：这就是能够让道德确信避免做出单义性的或独断性的艰难抉择的准则。"①这里的伦理诉求就是利科一再强调的"伦理直觉"，一种继续生存的实践智慧。

从《安提戈涅》到奥利维耶·利科，悲剧事件在虚构叙述与生活叙述中异质同构，以生活叙述统一体的形式进入保罗·利科自身生命的叙述之中，更为重要的是，如果没有对伦理直觉的确信，伦理境遇判断是不可思议的，悲剧事件也就成为不可理解、缺乏伦理教育意味的他人事件，这样当我们与之遭遇时，还能否继续生存下去？答案是否定的。

《作为一个他人的自身》对叙述的现象学描述提供了这样一套理论叙述：主体以自身去面对文学虚构中不可避免的伦理事件，作者与读者之间分享交流的是一种伦理经验，这种伦理经验通过我们的道德境遇判断成为继续生存的实践智慧，一种"伦理直觉"，即如何与他人一起，在政治的、伦理的共同体中更好地生活的直觉则源自对可能过上这种更好的生活的"确信"，由此道德境遇判断成为可能。这样，虚构叙述中发生的交流（一种理解事件）同时成为我们生活叙述中的伦理事件。

上述观点将主体与文学艺术之关系的问题纳入存在论的视野，叙述活动中的伦理交流在其中得到一种乐观主义的处理。但基于接受叙述的伦理塑形而发生的"变化"最终能否在社会实践领域得到落实，在行动之前究竟要经历多少次伦理抉择，才能最终成为一种"适当"，一种直觉般的"确信"？这种"伦理直觉"的历史感在利科的叙述中始终处于一种模糊状态。而基于阅读叙述而生产的伦理判断能否最终达到境遇判断的"合适"尺度，恐怕也只有在少数"理想读者"那里才能达成。

对于这些疑难，利科并没有给出富有辩证性的深度解释。但在利科的理论叙述中，我们至少可以得到一个对叙述伦理性发生机制的描述，而这样一种描述所能提供的是一幅文学叙述与生活叙述交互影响的图景，其中叙述给一种更好的伦理生活的可能提供了必要的希望，文学对我们自身的道德、社会、政治生活的实际意义也由此得到奠定。J.希利斯·米勒曾以《阅

---

① Paul Ricoeur. *Oneself as Another*, Trans. Kathleen Blamey. Chicago: Chicago University Press, 1992, p.249.

读伦理》（1987）确认阅读行为中存在一个"必须的伦理时刻"（a necessary ethical moment），产生先于其他判断形式（审美的、政治的等）的伦理判断："故事并非因包含伦理情景、选择、判断的主题戏剧化而尤为切题（即"阅读伦理"），恰恰相反，伦理本身即与我们称之为叙述的语言形式有特殊的关联。"①伦理的阅读就是对叙述中的语言负责，并充分释放语言的潜在意义。而对于叙述为何具有伦理性的问题，米勒仅仅诉诸康德先验的道德律令来加以解释，认为在阅读中必须做出指令性的或被迫的伦理选择；利科则在康德"确信"观念的基础上，提出一种基于自由意志的伦理抉择的可能性，更合理地解释了文学作为操练、催生伦理直觉之实验场的潜能。

最终，叙述活动的总体被利科视为一种伦理的"事件"（événement），文学的发生事件与阅读事件都在真正的创造性事件的层面得到肯定。根据胡塞尔的生活世界现象学，生活世界的领域远非一个一致的、真理性存在，它包含着产生诸种分歧的意见（doxa），我们经验到的东西不是对存在的确信和证明，而常是对不一致的、否定的、无意义之假象的经验，但通过相互地、不断地进行经验，经验的一致性总是在被恢复："生活世界是这样地处于经常的运动之中，即它处于有效性的经常的相对性的运动之中，和处于对共同生活的人，共同拥有世界的人的指向之中；世界的有效性的承担者，世界的有效性的执行者，是进行意指的人，是共同地和相互地进行经验的人，但又是不同的总在重新进行校正的人和能够进行校正的人。"②向文学敞开自身，展开经验的交流，使叙述成为自身伦理事件之人，无疑就是能反思、能矫正自身经验匮乏之人，也即能从文本走向行动之人。就此而言，《作为一个他人的自身》虽然不能规避理论上作为主体哲学的人文主义趣味，却为我们思考一种激进的文学伦理—政治学提供了丰富的资源。

第三节 作为伦理事件的阅读

如萨特所言，阅读是一种"奇特的操作"，当我们走进书房，取下一本书开始阅读时，我们就开始与死者的交流。这是一种占有，阅读者将自己

---

① J.Hillis.Millen. *The Ethics of Reading*. New York: Columbia University Press.1987, p. 3.

② 〔德〕胡塞尔：《欧洲科学的危机与超越论的现象学》，王炳文译，北京：商务印书馆，2001 年，第 586 页。

的身躯借给死者；与此同时，我们开始了与另一个世界的接触。当我们不阅读时，书籍就不过是等待发霉的油墨渍，我们阅读时，油墨渍开始谈论外在于我们的经历、情感等。但通过阅读，这些外部世界经验就开始对我们的内在经验产生影响，甚至形成某种价值，这时"整整一个没有具体形式的世界环绕着他，在那个世界里人的情感因为不再触及实际，便升格为模范情感，说白了就是取得价值的地位。所以他相信自己在与一个可以理解的世界交流，那个世界好像是他日常烦恼的真相及其存在理由。"①在这种交流活动中究竟什么被分享了，萨特的论述显得有些模糊。

比较而言，J.希利斯·米勒的"阅读伦理"论最为彻底地将叙述视为主体触发伦理事件的前提。《阅读伦理》（1987）指出，阅读行为中存在一个"必须的伦理时刻"，这一时刻是正当且独立地伦理的，而非认知的、政治的、社会的、人际的。由此米勒认为伦理与叙述是不可分的。《解读叙事》（1998）又重申了这一观点，并用言语行为理论来阐释阅读的性质，在他看来，阅读不仅仅是单纯的认知行为，不是对信息的被动接受，更具有施为性质，它导致某件事情的发生，读者必须在一定程度上对自己强加于文本的理解负责。米勒并不相信叙述具有明确的解释功能，叙述仅仅是一个模糊的符号："或许，我们之所以需要讲故事，并不是为了把事情搞清楚，而是为了给出一个既未解释也未隐藏的符号。无法用理性来解释和理解的东西，可以用一种既不完全澄明也不完全遮蔽的叙述来表达。我们传统中伟大的故事之主要功能，也许就在于提供一个最终难以解释的符号。"②同样阅读也不能达到相应的理解。这样看来，米勒的所谓伦理阅读是对文本的一种干预和解构策略，旨在为生活中的行动事件提供非认识论意义上的认识基础。

从阅读的现象学出发，叙述不再被视为与伦理、价值无关的中立符号，叙述与审美快感，叙述与伦理实践，都有确实的内在联系，通过阅读和对话，叙述的伦理、价值生成功能将被激发和实现，构成我们自身叙述的有机成分。经典叙事学虽然承认叙事是交流活动，但他们对"叙述行为"的重视体现了他们关于叙事文本内部交流的观点。无论是布斯的"小说修辞学"还是费伦的"叙述伦理"，都是要让我们在面对叙述文本，细察其中的伦理标记的同时，用我们自己伦理主体的身份加入对话，达到伦理上的"净化"和"升华"，叙述活动本身成为触发伦理事件的意向事件。

---

① 〔法〕让-保罗·萨特：《萨特文学论文集》，施康强译，合肥：安徽文艺出版社，1998 年，第 86 页。
② 〔美〕J.希利斯·米勒：《解读叙事》，申丹译，北京：北京大学出版社，2002 年，第 14 页。

　　利科强调情节编排不仅是单纯的整合行为。情节编排作为一种主体行为，是实践智慧的体现，是文本与生活世界的中介，也是读者进行身份认同，理解自我及世界的重要方式。《生活追寻叙事》（1991）一文认为，过去几十年间的叙事理论（主要指经典叙事学）总是人为地割裂叙事与生活经验的联系，并将叙事限制在虚构的领域。他试图打破经典叙述学设置的叙事与生活世界的隔阂，回归亚里士多德的伦理学。在亚里士多德的伦理学中，实践智慧（明智）作为理智的一种德性是与伦理德性区别开来进行论述的，虽然它实际上与伦理德性不可分离，因为实践智慧所关涉的是个人生活，并以某种善为最终目的。利科将叙事理解确定为叙述领域中的实践智慧，它是一种创造性想象，是人类理智获得确定性的方式之一，不能与科学、技艺等量齐观。叙事理解作为叙事作品的动力来源，具体化为情节编排，是在叙事中将经验进行综合的过程，即将纷杂的事件、细节编织为一个故事，给时间塑形，这使得意义的传递和理解成为可能。叙述进而在阅读活动中向生活世界开放：读者在阅读中同样进行情节编排，并以这种方式获取叙事身份，更新个体身份，重塑自己的生活世界，在叙事的磨炼中学会承担伦理责任，不断修正伦理判断，恢复为伦理主体。利科的正是将整个叙述活动视为一种有内在驱动力的"行动"，叙事作品的来源、存在形态和接受方式都在利科的阐释中被赋予一种动力学支持。情节编排构成叙述活动的核心动力，在创造和阅读中凸显行动主体的理智与德性；读者在阅读中打通叙述与生活世界的隔膜，通过获取叙述身份达到更新经验，重构身份及价值世界的理想状态，由此叙述动力延伸至文本与生活世界的边界，推动文本世界与生活世界的视域融合，生发出不同主体间的交互影响。

　　可以发现，在利科诗学的思路中，话语事件的发出者与接收者，"我"与"你"，"谁在说（听）"等一系列问题被内化到话语事件中。一般意义上的事件（如戴维森）属于将主体性排除在外的本体论范畴，而利科这里提出的"事件"与"主体间性"息息相关，属于现象学的认识论—存在论范畴。通过对"再塑形"活动的解释，利科说明了读者的生活世界在与文本世界的"视域融合"，文学叙述同其他实践活动一起，确立或改变读者的自我认知与身份认同，向生活世界全面开放。这样，由阅读触发的理解事件（阅读作为解释活动即生活中的理解事件）成为人们理解自我及世界的重要方式："只有通过栖居于文化作品中的人文符号的漫长迂回，我们才能理解自己。如果爱、恨、道德感，以及一般而言，所有那些我们所谓的自我不曾被带进语言，并由文学表达出来，那么，我们能理解它们吗？"①主体究竟如何真正通过参与叙述并更新身份，仍未得到细致的描述，利科于是转向由理解事件引发的身份认同问题，事件在叙述塑形活动中再次被利科证明不可能是一种非人称的概念。

文学这种特殊的话语事件既然无法抹去主体的痕迹，那么在文学空间中"我"与"你"在分享、交流些什么？文学的表现事件如何构成了我生活的伦理事件？在《真理与方法》中，伽达默尔从"表现"（Darstellung）概念出发，将艺术作品设想为一种存在事件（Seinsvorgang）。表现概念包括游戏和绘画、共享（Kommunion）和再现（Repräsentation），就文学艺术作品而言，阅读作为一种纯粹的内在性事件使阅读的内容进入"表现"的事件。阅读过程中的审美体验（一种体验事件）并不是伽达默尔的重心，作为表现事件的艺术指的是其"存在达到了表现"（ein Zur-Darstellung-Kommen des Seins）②，艺术的独特存在方式即成为表现事件。就表现什么（内容）的问题而言，伽达默尔认为审美意识并不能一下子把握一部文学艺术作品的本质性真理，所以用审美形式表现审美经验的简单回应是无力的，关键在于文学是在用它的内容意义向我们述说的："我们的理解并不特别关注于作品作为艺术作品应具有的形式成就，而是关注于作品究竟向我们述说了些什么。"③利科在文学的"表现"中见到的是伦理事件，而在阅读中文学叙述的伦理、价值更新功能实现了最大化。文学叙述中无尽的伦理冲突事件被作者抛出，在阅读中通过激发读者的伦理判断成为读者切身的伦理事件。这种伦理判断如何才能"合适"，即形成道德境遇判断是利科论证的最终环节。在康德《纯然理性界限内的宗教》的基础上，利科诉诸一种"伦理直觉"，即如何与他人一起，在政治的、伦理的共同体中更好地生活的问题。对可能过上这种更好的生活的"确信"，对存在一个更高的立法者的"确信"，为道德境遇判断奠定了基础。

文学话语意谓世界、呈现世界虽是具有实践后果的事件，但归根结底，这种呈现方式是一种游戏的呈现，即伽达默尔意义上的游戏（Spiel）经验。在伽达默尔那里，游戏并不是一种主体的态度、情绪或自由精神（如康德趣味判断理论中的游戏概念和席勒人类学意义上的游戏概念），而是指艺术作品本身的存在方式。游戏者加入游戏、进行游戏的行为对于他自己而

①〔法〕保罗·利科：《诠释学与人文科学——语言、行为、解释文集》，孔明安、张剑、李西祥译，北京：中国人民大学出版社，2012年，第104页。

②〔德〕伽达默尔：《诠释学 I：真理与方法》，洪汉鼎译，北京：商务印书馆，2007年，第224页。

③〔德〕伽达默尔：《诠释学 I：真理与方法》，洪汉鼎译，北京：商务印书馆，2007年，第229页。

言并非什么严肃的事情，也并非实现了某种自由价值，只有当他抛开严肃的"游戏观"时才能真正地进行游戏。这并不是在否定游戏的严肃性，而是把游戏本身视为具有独特的、甚至是神圣的严肃性，伽达默尔这样描述游戏的发生："游戏者自己知道，游戏只是游戏，而且存在于某个由目的的严肃所规定的世界之中。但是在这种方式中他并不知道，他作为游戏者，同时还意味着这种与严肃本身的关联。只有当游戏者全神贯注于游戏时，游戏活动才会实现它所具有的目的。使得游戏完全成为游戏的，不是从游戏中生发出来的与严肃的关联，而只是在游戏时的严肃。"①在游戏中，游戏者的经验被改变，被游戏改变，游戏是独立于游戏者的意识而存在的，游戏的主体不是游戏者，而是游戏本身，这就意味着游戏相对于游戏者意识的优先性，游戏者在游戏中确实享有选择可能性的自由，但享有自由的同时需要承担风险，即对游戏规则的绝对认同，"一步错，满盘皆落索"。在这种自由与风险之间，游戏者从来都是不游戏的主体，他在游戏也在被游戏，被游戏本身游戏，用伽达默尔的话来说："一切游戏活动都是一种被游戏过程（alles Spielen ist ein Gespieltwerden）。"②而作为游戏的艺术作品必然遵循这一逻辑。在伽达默尔看来，真正构成文学艺术的意义主体的不是经验者的主体性，而是艺术作品本身，就文学艺术的本质而言，它的确是为某人而存在的，但这个人是观赏者而非游戏者，游戏为观赏者而表现，即使没有一个倾听或观看的人存在。利科承认文学艺术对于读者的优先性，在他看来，文学话语呈现世界不只意味着一种想象性、纯粹"游戏"性的呈现，更重要的是这种游戏揭示了某种真的东西，如此我们才能谈论文学作品意义的当下实现或完成，而这之所以可能，恰恰因为它是游戏，它召唤我们以将自身交付出去为代价而进入游戏，这就涉及了"转化"（Verwandlung）概念。转化是指某物完全变成他物，这一他物构成了该物的真正存在，原先的存在不再继续存在，艺术的游戏中发生的正是这种向构成物（Gebilde）的转化：游戏与游戏者的表现性相分离，参与游戏之人的身份同一性对任何人来说都不继续存在，他们本身的生存世界也不再存在，或者直接说游戏者、诗人都不再存在，存在的仅是被他们所游戏的东西。转化后的构成物作为现在存在的东西，艺术游戏的作品（Work）里表现的东西，是真实的东西，因为向构成物的转化让原物获得了完满的意义。转化就是向真实事物的转化，转向真实的存在。

---

① 〔德〕伽达默尔《诠释学 I：真理与方法》，洪汉鼎译，北京：商务印书馆，2007 年，第 144 页。
② 〔德〕伽达默尔《诠释学 I：真理与方法》，洪汉鼎译，北京：商务印书馆，2007 年，第 150 页。

　　作者和读者在对艺术作品的占有中同样被转化。在利科看来，在文学的游戏中，作者已经是一个入场者，他将自己的身份置于舞台之上，全知视角、限知视角、客观呈现、认同式评价等等都是作者出场、参与游戏的方式。作者是为了伪装自己而采取不同"声音"，难道这不是一种"游戏"？利科认同韦恩·布斯的论断："作者可以选择伪装自己，但他永远不能选择消失不见。"[1]隐含作者（imply author）即可视为作者变换身份进入游戏的一种策略，杰拉德·普林斯在他的经典界定中称其为"通过文本重塑的真实作者的第二自我、面具"[2]。结构主义将"心理学"作者与叙述者区分开来并不能根除作者的存在，主体的消失仍然是一个作家自我的想象性变种。全知叙述者与角色一样，都是作者创造的自主性形象，限知叙述者更是如此，存在的只是游戏角色的换位。所以不论用第几人称进行书写都没有本质的区别，叙述者虽然不等同于真实作者，但他却在虚构作者的身份中完成了对真实作者的"转化"，以至于"作者之死仍是作者玩的游戏"[3]。

　　相应的将读者视为一个虚构的或游戏的人物也是可能的，这里我们可以联想到的读者形象变种有姚斯的"历史读者"，瑞法代尔的"超级读者"，普林斯的"零度听众"，韦恩·布斯和伊瑟尔的"隐含读者"、乔纳森·卡勒的"理想读者"、艾柯的"模范读者"等，读者被作者—文本邀请去经历其自我的各种想象性变种。利科以《少年维特之烦恼》为例，指出前言中叙述者口中的"你，善良的心灵"并不是一个充满怀疑的批判者，而是一个相信维特存在的虚构的"我"。正如伽达默尔谈论游戏中的"转变"那样，我们可以谈论读者的"转变"，读者作为想象性的"我"，他由文学叙述创造，并参与到作者—文本的世界之中，作品自身建构了读者的角色。阅读让我们进入一个占有的过程，即进入到一个异在的作品中，如同在游戏中一样，遵循其法则，承认"虚构"的真实，于是"前我"被抛弃，以便接受一个由文学赋予的"自我"。理解一个作者和文本甚于理解自己，因为揭示隐藏在其话语中"转化"的显现力量，将超越读者自己生存场景的有限空间，与作者的世界视域融合，如此通过占有成为更好的自己的不是另一个主体的意向，而是另一可能世界的展现，某个在世存在模式的提出。占有就是这样的过程："读者通过接受一个自文本生出的新的存在方式，拓宽

　　① Wayne C. Booth. *The Rhetoric of Fiction*. Chicago & London: Chicago University Press, 1983, p. 20.

　　② Gerald Prince. *A Dictionary of Narratology*. Lincoln: University of Nebraska Press, 1987, p. 42.

　　③ Paul Ricoeur. *Hermeneutics and the Human Sciences*. Trans. John Thompson. New York: Cambridge University Press, 2016, p.151.

了自我规划的能力。"①利科根据叙述学的迂回发展出一种有能力的人的现象学，叙述文本中想象性的情节给读者提供的是不断重塑其欲望和期待的布局，其中读者得以宣称从情节的某处或某个人物身上认出了自己，这就是读者占有文学意义、转化自身的方式，这样的占有方式形式多样，从单纯摹仿（如包法利夫人摹仿浪漫小说的情节）的迷恋到怀疑甚至拒绝，读者得以找到在认同与诱惑之间保持适当的距离。用利科的话来说，是读者在叙述文本中生发出"自述"的能力："学会'自述'，可能就是这种批判性占有的好处。"②读者同样成为能够叙述且能叙述自己的人。

　　上述观点将主体与文学艺术之关系的问题纳入了本体论—存在论的视野。存在主义伦理学家马丁·布伯认为艺术的永恒源泉是人的"真性活动"，艺术形象不是人心的产物，而是一种呈现，它呈现于人心要求其奉献创造活力，人必得倾其全部生命来称述"你"，献身于此，无所保留。艺术形象于我是最真实的实在，"把我和她相沟通的乃是真切实在的关系：她影响我，恰如我作用于她"③。布伯从创作角度来描述创作主体与艺术品的关系，他对艺术品（客体）与我（主体）之关系的论述与这里所讲的文学话语事件的主体性是一致的。人与艺术品之间不是我—他/她/它式的疏离关系，而是我—你关系。当你与我相遇，我不再是原来的我，你也不再是原来的你，但这并非你"影响"了我或者我"改变"了你，而只是，你与我相依而共存。这正是利科一以贯之的观点：主体（作者、读者）与客体（叙述文本）伦理交流的最终目的就是达到我—你关系。也正是在这种经验的交流中，解释的冲突、怀疑、片面的正义、欲望等等才能得到克服。

---

① Paul Ricoeur. *Hermeneutics and the Human Sciences*. Trans. John Thompson. New York: Cambridge University Press, 2016. p.154.

② Paul Ricoeur. *The Course of Recognitio*n. Trans. David Pellauer. Cambridge: Harvard University Press, 2005. p. 101.

③〔德〕马丁·布伯：《我与你》，陈维纲译，北京：生活·读书·新知三联书店，1986 年，第 25 页。

第四章 事件的叙述化及其后果

正如卡尔·希姆斯（Karl Simms）所言，利科可能是当代涉猎最广的学者之一①，从宗教、圣经研究到历史、文学批评、精神分析、法学、政治学、社会学、心理学、语言学，他的著述总是试图在前人的基础上更进一步，用反思和辩证的姿态加入对话，积极创造达成共识的可能性。我们已经知道，对利科而言，叙述文学作为书写的刻写话语被赋予开启生活事件的实践功能，是人类必须虔诚以待的礼物，是过一种更好生活的希望所在。当然，叙述这种话语形式不可能一劳永逸地解决所有的生存问题，它具有诗性但也伴随着修辞性及意识形态性。

第一节 叙事：歪曲事件或理解事件

一、叙述对事件意义的改变

1796 年德斯蒂·德·特拉西（Destutt de Tracy）用 idélogie 指一种区别于古代形而上学的思想、观念的科学，这种用法同年进入英语，直译为 Ideology。此学派主张在人类学、心理学的基础上建立人文学科。现代意识形态观念的直接起源则是拿破仑，意识形态主义者被他当作空论家（ideologue）而加以谴责。自此，"意识形态"及其派生词（ideology，ideologist, idelological）都打上了贬义的烙印。卡尔·曼海姆（Karl Mannheim）指出这种贬义的用法一开始就是对论敌认识论和本体论上的否定："一切被标为'意识形态'的思想都被认为当其被付诸实践时是无效的，唯一可靠的接近现实的途径应在实践活动中去寻找……这个新词认可了政治家具有现实性的特殊经验，并支持实践的非理性，这种非理性几乎不看重作

---

① Karl Simms. *Paul Ricoeur*. London and NewYork: Routledge, 2003, p.1.

为把握现实的工具的思想。"①意识形态作为现实、真实（reality）、实践（praxis）的对立面早在 19 世纪初期就确立下来，并在马克思、恩格斯的著作中得以普及化、经典化。《德意志意识形态》（1845—1846）明确指出人与意识形态的关系是头足倒立的，"道德、宗教、形而上学和其他意识形态，以及与它们相适应的意识形式便不再保留独立性的外观了。它们没有历史，没有发展……"②意识形态在这里仅仅作为幻相和虚假意识受到批判。恩格斯虽然承认意识形态对经济基础和历史事实具有反作用（见 1890年致康·施密特的信），但在 1893 年致弗·梅林的信中仍称"意识形态是由所谓的思想家通过意识，但是通过虚假的意识完成的过程"③。马克思也在中性层面上使用意识形态概念，指与一定经济生产的条件、变化相适应的思想形式（如 1859 年《〈政治经济学批判〉导言》）；列宁在《致北方联盟的信》中用意识形态表示与一定阶级相适应的观念体系。但正如雷蒙·威廉斯所言，意识形态在马克思主义者的使用中一般作为与科学、实践相对立的虚假意识，在日常生活的用法中也明显偏向这一贬义维度④。

利科认为叙述开启了一种理解世界的可能方式及实践逻辑，但叙述在赋予事件逻辑结构的同时，成为一种将对象合理、合法化的过程，从而歪曲了现实的本来面貌，成为掩盖真实的"意识形态"。不管用于历史或虚构，叙述都是我们理解过去、现在及将来的认知模式，通过选择、遗忘和整合等手段，叙述可能成为意识形态（对现实的歪曲的贬义层面上，即 distortion）的最佳推手。也就是说，情节编排对事件的整合在赋予人们理解事件意义的认识论工具时存在着相应的危险：叙述对事件（尤其是神话事件、历史事件）的编织可能成为一种刻意的歪曲：叙述可能揭示现实，也可歪曲事实，叙述呈现的可能性图景和建构社会现实的力量可以鼓舞我们，也可以让我们远离真实，陷入空想，总之，"叙述改变已发生事件的意义"⑤。只要想想第三帝国时期的德国文学与我国新时期的"新历史主义"小说是如何叙述历史事件的，就可即刻理解叙述的极端危险性。

汉娜·阿伦特同样意识到故事对事件的歪曲："独立于意见和解释的事实，到底存在与否？难道历代的历史学家和历史哲学家不是证明了不

---

① 〔德〕卡尔·曼海姆：《意识形态与乌托邦》，黎鸣、李书崇译，上海三联书店，2011 年，第 72 页。
② 〔德〕马克思、恩格斯：《马克思恩格斯选集》（第一卷），人民出版社，1995 年，第 73 页。
③ 〔德〕马克思、恩格斯：《马克思恩格斯选集》（第四卷），人民出版社，1995 年，第 726 页。
④ Raymond Williams. *Keywords*. New York: Oxford University Press, 1985, p.157.
⑤ 〔法〕保罗·利科：《过去之谜》，綦甲福、李春秋译，济南：山东大学出版社，2009 年，第 31 页。

可能弄清楚不带解释的事实吗？因为事实必须首先从杂乱无章的一大堆纯粹事件中挑选出来（而挑选的原则肯定不是事实资料），然后被编织进一个只能从某个视角来讲述的故事当中，这个故事与原来发生的事情毫无关系。"①利科虽然将叙述视为理解事物的中介和前提，但他对叙述的意识形态性有着深刻的认识，叙述对事件的"歪曲"会造成扭曲、遮蔽真实的后果，但它实际上构成了人类理解事件的基本方式，同样借助马克思，利科明确了叙述活动对于理解事件的重要性。

二、理解事件：马克思的启示

"事件"是文学所编织的行动事件（及由事件构成的故事总体），我们要追问文学是如何对待人类（动物）的行动事件的，即文学的语言事件如何想象、沉思、表现由人类（动物）触发的事件。行动事件是文学的真实本体，文学正因其"关于"事件才成为可能。与马克思对实践基础性地位的重视相对，利科认为人类理解自身及其历史要依赖于更为高级的智力活动，即编织、重塑事件及其意义的能力，一种广义的"叙述"能力。他甚至认为叙述为人类理解自身的实践提供了中介，更为在新的社会历史环境中做出有意义的行动奠定了基础。如果从哲学的层面思考"叙述"问题，我们可以将叙述视为人类把握世界的方式，一种意向性活动，它的对象即"事件"。文学在这个意义上就是对行动事件的编织，它使事件在一定的记号和意义形式（一种反思形式）中固定下来。虽然在柏拉图、伽达默尔看来，生活中现场发生的言谈和对话要优于文本，但所谓语言提供的原初经验还得在物质性的文本中发挥作用，理解不是直接面对"活生生的语言"，而是面对由其书写形式构成的文本、文学，文学这种编织事件的能力实际上构成人类理解、反思、批判活动的重要方面。

事实上，在利科看来，马克思是思考人类行动事件的大师。《路易·波拿巴的雾月十八日》（1852）明确指出："在不同的占有形式上，在社会生存条件上，耸立着由各种不同的、表现独特的情感、幻想、思想方式和人生观构成的整个上层建筑。整个阶级在它的物质条件和相应的社会关系的基础上创造和构成这一切。"②某个文本不仅反映了它的时代，而且也打开了一个自身所拥有的世界，在成为历史存在物的同时，也在他者无限的视域中超越了时代的局限。所以人类的行动事件在叙述中开创出新的意义，

---

① 〔美〕汉娜·阿伦特：《过去与未来之间》，王寅丽、张立立译，南京：译林出版社，2012 年，第 222 页。

② 〔德〕马克思、恩格斯：《马克思恩格斯选集》（第一卷），北京：人民出版社，1995 年，第 611 页。

叙述在记录、编织人类行动事件的同时，为理解人类自身的一切实践提供了中介，更为在新的社会历史环境中做出有意义的行动奠定了基础。可见叙述的事件对于认识历史事件和当下事件的重要性，我们在对事件的叙述中认识过去和现在，选择行动的方向。

任何历史的、当下的事件只有在文学、理论等话语的叙述中才能被认识，被赋予价值、意义，才能真正存在。于是我们看到马克思、恩格斯对拉萨尔（Lassalle）《济金根》的责难，聚焦于该剧叙述德国1525年农民战争这一事件的方式。恩格斯同样正确地指出历史意识的模糊让拉萨尔不理解这场革命的悲剧性所在。针对德国1848年资产阶级革命的失败，不同的叙述文本给出自己的解释和应对策略。拉萨尔选择重新叙述1525年的农民战争来煽动由资产阶级民主派主导的普鲁士王朝战争；恩格斯用《德国农民战争》（1850）展露德国资产阶级的极端反动，唤起这场旧革命中体现的斗争精神。所以这部现代的历史悲剧归根结底仍是一部"现代悲剧"，正如马克思指出的，《济金根》表现的是使1848—1849年的革命政党必然灭亡的悲剧性的冲突，用拉萨尔本人的话来说，他关注的是"革命冲突中永久的现代性"①。很显然，直接面对现实中革命方向问题的《济金根》有着自觉的叙述策略，它对农民战争中行动事件的展现自然不能简单归为拉萨尔所谓的"审美幻象"，缺乏理解事件的历史—现实意义的叙述只能提供虚假意识的幻象。

在利科看来，由于文学对行动事件的叙述所产生的新的、仅在文学中存在的事件，实际上真正构成了对历史及当下状况的一种解释和裁判，它自身在源头处直接构成一个思想事件，一个作为人类认知的新中介，所以它具有极端的重要性。实际上，早在写作《卡尔·倍克"穷人之歌"，或"真正的社会主义"诗歌》（1846—1847）之时，恩格斯已经开始重视文学对行动事件的叙述问题。他指出卡尔·倍克只是在给德国小市民对大资本家的势力所抱的无知而浪漫的幻想和信赖披上诗歌的外衣，根本无法真正编织有效的行动事件，讲好一个完整的故事。而生活中有故事，有活生生的讲故事的人，有理解故事的人，文学才能生生不息，缺乏任何一方，历史和时间经验乃至人的生活都将不复存在。被故意忽视或歪曲的事件不能引发任何真正的故事，就此而论，文学超越了言谈的局限，以"物"的形式重塑了事件，让事件在文学中对象化，成为人类回忆自身行为事件的源泉，

---

① 〔苏〕里夫希茨编：《马克思恩格斯论艺术》（第1卷），曹葆华译，北京：中国社会科学出版社，1982年，第48页。

人类在文学的叙述中得以反思自身行为事件的意义，而它本身也构成了触发、引导人类实践的行动事件。

　　文学事件在利科诗学中成为一种存在的生成，历史暴力的悲剧既能被看到，又兼具被克服的可能性。利科的乐观必当会引发怀疑主义者的嘲讽，但必须指出的是，利科充满乌托邦色彩的希望哲学绝非盲目的乐观主义，而是一种在"劫后余生"之后继续存在的力量，怀疑进而消解任何文化形态的价值和意义是容易的，但确信一种文化形态具有与历史中不可祛除的暴力相抗争的潜能是困难的，因为坚定地祈向更好生活的信念需要坚忍的勇气。利科将自己的"恶的伦理学"归结为一种"尽管"（en dépit de...）的观念：尽管有恶，我们仍期待和解；尽管有恶，我们仍可在恶中见出事物之本善；尽管有恶，我们仍可将恶置于存在之光下，理解希望作为最高理性的价值。①

第二节　叙述的意识形态性及其超越
——基于《意识形态与乌托邦讲座》

　　利科的诗学建立在细读一系列经典文本（如亚里士多德的《诗学》、奥古斯丁的《忏悔录》、经典叙述学著作等）的基础上。其中马克思文本的深刻影响被普遍忽视，实际上利科在细读马克思经典文本（《黑格尔〈法哲学〉批判导言》《巴黎手稿》《德意志意识形态》）的基础上提出了自己的意识形态理论。《意识形态与乌托邦讲座》（1975 年于芝加哥大学讲学，1986 年出版）正是利科细读马克思著作的尝试。从他的意识形态观出发，我们才能理解为何叙述问题不是一个抽象命题（作为虚假意识的意识形态），而是与现实生活及身份认同相关的"实践"。叙述这种话语形式具有诗性但也伴随着修辞性及意识形态性，在利科采取语义迂回的"反思解释学"视域中，从来不缺乏对叙述文本这一话语形式的反思维度。

----

　　① Paul Ricoeur. *The Conflict of Interpretations*. Edited by Don Ihde. New York:Continuum, 2004, p.309. 从中可见马塞尔（Gabriel Marcel，利科的老师）"光之形而上学"对利科的影响，"希望"在马塞尔的哲学中处于绝对的中心位置，对他们师徒二人而言，哲学和文学的存在就是为了寻求存活下去的真理，绝望是希望的台阶。（马塞尔：《存有奥秘之立场和具体进路》，陆达诚译，陆达诚：《存有的光环——马塞尔思想研究》，上海：复旦大学出版社，2016 年，第 237 页；Gabriel Marcel. *Homo Viator*. Paris: Aubier, 1944, p.10.）

一、叙述的鸦片

先看利科叙述诗学中叙述与语言的关系问题。通常我们将语言视为叙述的媒介工具，而在利科看来，语言再现意义的功能都须以叙述的形式实现，否则语言本身是不可理解的，一切文本都是叙述出来的语言。叙述在利科那里成为语言本身，即人类思维的基本工具。利科认为语言中的"元叙述"无处不在："语言的传递或游戏属于叙述的秩序，从一开始就具有社会和公众的本质：当这种语言传授还没有被提升到文学叙述或者历史叙述的地位时，叙述首先出现在相互交往的日常谈话中；此外，这种叙述说使用的语言自始就是大家所通用的语言。最后，我们与叙述的关系首先是一种倾听的关系：别人给我们讲述故事之后，我们才能够获得讲述的能力，更不要说讲述自己的能力。这种语言及叙述的传授要求对个体记忆占优先地位的论点作出重要修正。"①语言和叙述能力的习得在利科看来具有了人类学的意味，成为人们理解他人、自身并采取行动的中介。最关键处在于叙述、语言具有改变意义的功能，不论是对过去事件的叙述，还是用叙述的形式预言未来，或虚构一个乌有之乡，都是对意义的重新解释，即创造新的意义。

利科坚持语言是唯一能自我批评的人类功能，但他同时承认其中的暴力是存在的。通过考察叙述在诉讼中的功能，利科明确指出语言的意识形态性。虽然诉讼中合法解释与叙述解释有效结合在一起，诉讼程序规则将暴力范围内的冲突转移到语言和话语的范围内，但其中仍然充斥着违背公正的暴力："话语在人与人之间的冲突和社会冲突中被赋予的这种首要地位，并非没有其他。暴力的残余依然存在。"②因为从作为政体的国家之建立到法官职位的设立，暴力贯穿了整个过程，反过来，正是暴力才能保证"公正"判决的执行力。通过法庭论辩和对事件的叙述解释走到最终判决，整个活动是在话语的限度内展开的，但在判决阶段，公正体现为强迫性话语，一种刑罚之外的新的痛苦，而这在利科看来是培育新的暴力和罪恶的开端。在具体的叙述活动中，各种叙述策略的选择就存在趋向意识形态的危险，如"遗忘"。与记忆相对，利科将遗忘视为一种叙述策略，一种叙述的组织方式，叙述中的"遗忘"成为"记忆"的方式，"记忆的工具化过程主要通过回忆的选择而进行"③，而选择的权利是危险的。

① 〔法〕保罗·利科：《过去之谜》，綦甲福、李春秋译，济南：山东大学出版社，2009 年，第 40 页。
② 杜小真编：《利科北大讲演录》，北京：北京大学出版社，2000 年，第 6 页。
③ 〔法〕保罗·利科：《过去之谜》，綦甲福、李春秋译，济南：山东大学出版社，2009 年，第 52 页。

　　此外，利科指出语言、叙述的意识形态性与其固有的修辞性息息相关。我们知道，柏拉图对技艺性的演讲者反感至极。在《高尔吉亚》中，柏拉图将当时负有盛名的辩士高吉亚斯描绘为一个虚有其表的夸夸其谈者，同时修辞术也被他视为心术不正、溜须拍马者专营的学问。《裴德若》指出，真正完美的修辞需要三个条件："第一是天生来就有语文的天才；其次是知识；第三是练习。"①柏拉图已经看到了不能将修辞学限定在技艺上，而应该把它当做哲人的一种能力，是天赋、知识（包括自然科学的知识和心理学的知识）、后天努力三者结合的结果。亚里士多德的修辞学同样旨在抵御语言艺术的诱惑性。《形而上学》中将人的活动归纳为三种主要形式：实践（πρᾶξις）、制作（ποίησις）和理论（θεωρία）。如果将修辞学仅仅当作以影响听众感情和心理为目的技艺性知识体系，那么修辞学只能是一种制作，亚里士多德的修辞学实际上是将修辞学从制作提上升到了实践，修辞学成为把握知识和真理的途径之一。修辞学"劝说"的力量是可怖的，运用成熟的修辞技艺，"劝说"可以成为"引诱"或者"威胁"。如何避免修辞学沦为巧妙的暴力形式，沦为雄辩家或智术师谋得权利的工具，即为其牟利的"意识形态"？亚里士多德的方法就是将修辞学诉诸哲学反思。修辞学如果是作为一套形式规则的理论，它并不具备任何伦理维度，常常被视为帝王术的一种，只有将修辞学视为有助于弘扬真理、抵制罪恶的方法，哲学反思的智性探索，才能免受话语暴力的支配。利科指出亚里士多德对修辞学界定是开放的："给强力的言语的合法使用划定界限，划定界线区分对它的使用和滥用，明智地在修辞学与哲学的合法性领域之间建立联系。"②正是由于意识到语言、叙述的潜在暴力，亚里士多德完成了哲学监督下的修辞学，其影响至今未衰③。虽然话语修辞可以在与伦理学、政治学的联姻中成为严肃的哲学活动，但语言本身的修辞性是根深蒂固的，正是话语本身的修辞性确保了严肃的伦理、政治目的的达成。在利科看来，没有任何

---

　　① 〔古希腊〕柏拉图：《柏拉图文艺对话集》，朱光潜译，北京：人民文学出版社，2008 年，第 127 页。

　　② Paul Ricoeur. *La métaphore vive.* Paris: Seuil, 1975, p.16.

　　③ 古罗马以降，演讲的修辞学与书写的修辞学逐渐分离，以演讲为核心对象的古典修辞学逐渐衰落，以提高写作为目的狭义修辞学成为主流，然而修辞学家多用文学批评的标准去衡量演讲。研究对象的萎缩和方法的不当几乎使修辞学濒临死亡，欧洲 19 世纪的多数大学甚至取消了修辞学课程。直到"新亚里士多德修学派"的兴起，修辞学又重新引起了学者的重视，自 20 世纪 50 年代起，修辞学在西方迎来了一个"爆发"（韦恩·布斯语）阶段，哲学、历史学、信息科学中都大量运用了修辞学的方法，将文学看作从作者到读者的交流模式的修辞学观点在文学研究领域内也得到了广泛认同，修辞学成为小说理论、叙事学及文学批评中重要的方法论工具。

东西比意识形态更接近修辞学，即一种"或然的艺术，说服性的艺术"①。《意识形态与乌托邦：两种社会想象的表达》（1976）一文对意识形态的异化、辩护、整合功能做了详细说明，其中辩护功能就是意识形态的修辞，"在有权利的地方，就有承认合法性的要求，而在要求合法性的地方，就有对公众话语的修辞应用以达到说服的目的"②。于是这种对语言的修辞运用成为意识形态的策略。

叙述、语言在提供新的文本和行动意志的同时裹挟着将恶与暴力合理合法化的潜力，从而将真实变为虚妄，生产异化的意识形态，成为人民群众的"鸦片"。意识形态化的叙述文本以权威和真理的面貌显现自身，正如J.希利斯·米勒在《论文学的权威性》一文中指出的：文学的权威性源于对语言的艺术性的述行使用（a performative use），即作者雕琢语言使之像语言行为一样，像使用语言做事一样运作起来，这种述行使用会令读者在阅读一部作品时对其营造的虚拟世界产生一种信赖感，于是文学作品自成权威。③当文本进入世界后，"世事性"（萨义德的术语）使其向所有的读者民主开放，而事实上所有的文本又都排斥其他文本，所以说文本与读者间的话语关系远不平等，文本正是在对他者主体性的侵蚀中顺利重塑一种意识形态，从中产生"自我确证的权力意志"④，确立并巩固自己的权威。利科的"肯定的哲学"⑤对此有着深刻的洞察，但在他看来，叙述、语言的意识形态性不简单意味着对事件的绝对"歪曲"（distortion），他对马克思的意识形态概念有着自己的理解。

二、在"极度歪曲"与"现实生活的语言"之间

利科在解读马克思、恩格斯的文本时策略性地避开对贬义意识形态概念的规定，将重心放在其建构性功能之上。《意识形态与乌托邦讲座》（1975年于芝加哥大学讲学，1986年出版）聚焦马克思文本的认识论结构，从中追踪"意识形态"概念的演进，并对其进行回应。在导入课程中，利科指出他并非要否定马克思意识形态概念的合法性，而是试图将意识形态作为

---

① Paul Ricoeur. *Du texte a l'action. Essais d'hermeneutique II*, Seuil, 1986, p.308.

② Paul Ricoeur. *Du texte a l'action. Essais d'hermeneutique II*, Seuil, 1986, p.384.

③〔美〕J.希利斯·米勒：《论文学的权威性》，国荣译，《文艺报》2001年8月28日。

④〔美〕爱德华·W.萨义德：《世界·文本·批评家》，李自修译，北京：生活·读书·新知三联书店，2009年，第81页。

⑤ 赫伯特·施皮格伯格在《现象学运动》中指出利科主张的实际上是一种肯定的哲学："中心主题是和谐，人与自己，与他的身体，与世界的和谐。"（〔美〕赫伯特·施皮格伯格：《现象学运动》，王炳文、张金言译，商务印书馆，2011年，第778页）利科诗学在某种程度上正是一种希望哲学。

"歪曲"的观念融入理解社会生活的象征性结构这一总框架中去。我们知道，在利科的意志哲学中，象征充当着极为重要的中介作用，一切象征都是意义的集合，它作为可转化的活的客体，既与现实关联，又有超越性。利科认为象征拓宽了人类想象力的边界，并以其隐喻性将人的活动从想象领域推向行动，"象征导致思想"①。社会生活的象征性结构是我们理解人类社会活动的前提，没有它，我们便无法生活、无法将观念付诸实践，也无法理解现实如何成为理念或产生幻象。象征性结构可能会被特定阶级所利用，但却存在于行动开始的地方，没有它我们甚至无法判断真实与虚妄的界限："（意识形态的）歪曲功能只覆盖社会想象的表面之一隅，正如幻象只占我们一般想象活动的一部分。"②在随后的课程中，利科指出马克思早期文本中的"意识形态"是与"真实"（real）相对的概念，而非后来的马克思主义者强调的与科学对立的虚假意识。这在《德意志意识形态》中达到顶点。青年黑格尔派和巴黎手稿时期的马克思仍将"意识"（consciousness）视为人类活动的中心，到了《德意志意识形态》，马克思批判了这种唯意志论并将"意识"换为"活生生的个体"（living individual），意识作为表象（Vorstellung），因其背离真实和实践成为纯粹的谬误。利科则认为表象与实践（praxis）之间并不是对立的关系，表象甚至会以其基础性成为实践领域的建构性力量。这一判断的依据是马克思、恩格斯的著名论断："思想、观念、意识的生产最初是直接与人们的物质活动，与人们的物质交往，与现实生活的语言交织在一起的。人们的想象、思维、精神交往在这里还是人们物质行动的直接产物。"③这表明当表象成为绝对的"歪曲"之前，本身就是现实生活中人的物质活动和语言活动的一部分，一种"现实生活的语言"（a language of real life），即活生生的个体的实践性话语，先于"歪曲"存在。马克思、恩格斯并未对"现实生活的语言"做出明确的界定，利科认为此处所指的就是实践的话语，行动的象征性结构。只有懂得并运用这种"语言"，我们才能理解意识形态或作为歪曲，或作为一般意识概念的涵义，也就是说作为"现实生活的语言"，意识形态构成了个体物质活动、语言活动、解释活动的前提条件。在他看来，马克思的意识形态概念跨越了从"极度歪曲"（radical distortion）到"现实生活的语言"的整个意义空间④。

---

① 〔法〕保罗·里克尔：《恶的象征》，公车译，上海人民出版社，2003 年，第 306 页。

② Paul Ricoeur. *Lectures on Ideology and Utopia*. New York: Columbia University Press, 1986, p.8.

③ 〔德〕马克思、恩格斯：《马克思恩格斯选集》（第一卷），人民出版社，1995 年，第 72 页。

④ Paul Ricoeur. *Lectures on Ideology and Utopia*. New York: Columbia University Press, 1986, p.77-79.

在利科诗学中，叙述在最广的意义上是人类的认识论工具，解释活动的前提和语言本身；对具体的叙述文本而言，叙述的对象是纷繁复杂的事件、人物（历史叙述）以及根源于社会历史现实的想象成分（虚构叙述），将这些对象进行编织、编排，使其"叙述化"，这构成了一种创造性的语义实践；现实生活中的语言以其固有的"元叙述"先于历史叙述和虚构叙述而存在，是"活生生的个体"实践中的叙述。于是，"所有的叙述艺术……都是对已经在日常话语交际中实践的叙述的摹仿"①。叙述文本成为联系历史和现时的纽带，历史叙述与虚构叙述交汇于人类当下历史状况这一点上：历史叙述是我们为了理解过去而对真实历史事件的编排，即使其成为连贯和有意义的整体；虚构叙述也是人类行为世界的肖像般的提炼，虚构事件相较于真实事件甚至可能更集中地体现出历史真实，"历史让我们看到了不同的事物，让我们看到潜在的事情，而虚构通过让我们看到不真实的事情而看到现实的实质"②。在利科的表述中，叙述文本显然无法跃出意识形态的领域，浮动于"极度歪曲"与"现实生活的语言"之间。

利科对意识形态的"中性"解释与他的文本阐释相互印证。神话在马克思的经典论述中是与贬义意识形态无涉的社会现实本身："希腊神话不只是希腊艺术的武库，而且是它的土壤。成为希腊人的幻想的基础，从而成为希腊〔神话〕的基础的那种对自然的观点和对社会关系的观点……任何神话都是用想象和借助想象以征服自然力，支配自然力，把自然力加以形象化；因而，随着这些自然力之实际上被支配，神话也就消失了。"③希腊神话之于希腊人，不仅是一种艺术形式，更是其思维方式及意识来源，"希腊艺术的前提是希腊神话，也就是已经通过人民的幻想用一种不自觉的艺术方式加工过的自然和社会形式本身"④。可以说，马克思将希腊神话视为希腊人"现实生活的语言"本身，也就是利科拟定的意识形态建构功能的最大实现。但随着其产生背景的抽离，神话在现代仅仅作为人类童年时代的艺术"显示出永久的魅力"，其实践功能已经消失。利科的《恶的象征》（1960）更进一步，神话被当作人的最初、最真的想象力的象征形式，人类一切事件和体验（如亚当神话、诺亚神话中的"创世""耻辱""犯罪"等）都以象征的形式隐含其中。人以其最初的想象力在神话的叙述性结构

---

① Paul Ricoeur. *Temps et récit II*, Paris: Seuil, 1984, p.230.

② 〔法〕保罗·利科：《诠释学与人文科学——语言、行为、解释文集》，孔明安、张剑、李西祥译，北京：中国人民大学出版社，2012年，第308页。

③ 〔德〕马克思、恩格斯：《马克思恩格斯选集》（第二卷），人民出版社，1995年，第28—29页。

④ 〔德〕马克思、恩格斯：《马克思恩格斯选集》（第二卷），人民出版社，1995年，第29页。

中表达情感和期望，这是人类把握彼岸世界的一种方式，人类精神的复杂性在超越现实的神话象征体系中得到了深刻体现。也就是说，神话中的事件以其叙述结构朴素地表达了人类思想行为的基本方式，通过语言的叙述形式揭示出人类思想行为结构的基本功能和变化的可能性，而神话以其象征功能决定先民意识及行动的同时，以其原初事件的基础性成为现代人"无意识"的一部分。可见在利科看来，神话远未终结，仍在发挥"现实生活的语言"的功能。

叙述在发挥意识形态功能（"现实生活的语言"）的同时趋向与现实保持批判性距离的"乌托邦"，这在利科诗学中成为可能。

第三节　文学与乌托邦事件

人类对可能事物的激情和想象力引发了从理论到实践的"乌托邦"。在利科的诗学中，乌托邦不绝对是有害的意识形态空想，它对事件发生过程的呈现有可能摆脱现实、秩序与权威的束缚，为我们的未来提供信心和希望。正是基于文学乌托邦的肯定性功能，对事件的编织才不至于完全在"歪曲"的意义上成为"精神鸦片"。

一、非意识形态的乌托邦

与卡尔·曼海姆一样，利科意识到意识形态与乌托邦是不可孤立考察的概念。虽然马克思、恩格斯承认空想社会主义的乌托邦思想的历史贡献，但在正统马克思主义者看来，几乎没有必要在意识形态与乌托邦之间做任何比较，乌托邦主义者及其实践因其脱离现实，并以失败告终，于是被斥为纯粹贬义的意识形态空想，这一判断仍占据主流位置。托马斯·莫尔1516年将乌托邦（Utopia）引入现代政治话语，对应的解释为 nowhere，即不存在的地方。在这个词的两个希腊语源中，eutopia 意为"福地乐土"，outopia 指"乌有之乡"，但正如莫里斯·迈斯纳所言，西方学者大都采用后一含义，忽视前一含义，乌托邦变得与希望无关，西方学界的主流思想判定："乌托邦主义者为达到'乌有之乡'所做的努力不仅是徒劳的，而且在政治上是危险的，在历史上是有害的。"①

---

① 〔美〕莫里斯·迈斯纳：《马克思主义、毛泽东主义与乌托邦主义》，张宁、陈铭康等译，中国人民大学出版社，2013年，第10页。

利科则认为乌托邦并非天然就是意识形态，这两个概念属于两种不同的语义类型。在利科看来，莫尔对他的书名及其中的叙述有着清晰的认识：乌托邦存在于现实本身无法安置的地方，这意味着乌托邦在明知其为乌托邦的基础上，召唤他自身的实现，所以存在自称为乌托邦的作品，却没有作者称其作品为意识形态。乌托邦叙述于是具备一种根本的自反性结构（structure of the reflexivity）①，为我们谋得一块飞地，从而重新审视我们在现存秩序中扮演的角色，乃至秩序本身。在这一点上，利科基本同意卡尔·曼海姆对乌托邦的界定，后者明确指出："我们称之为乌托邦的，只能是那样一些超越现实的取向：当它们转化为行动时，倾向于局部或全部地打破当时占据优势的事物的秩序。"②能否打破现存秩序的结合力，在曼海姆那里成为区分意识形态与乌托邦的界线。但利科同时指出，由于未能认识到意识形态与乌托邦作为社会的象征性结构的实践意义，曼海姆仍是在与现实异质的层面上理解这两个概念。对与利科而言，重要的不是乌托邦叙述所具体描绘的内容，如其中的日常生活、宗教、艺术、研究情况等，而是这种虚构叙述的功能为何。从对莫尔的分析开始，利科就在强调乌托邦叙述提供了一种"跳出"的视角，从"无地"（no place）的外在维度审视现实，会让现存的一切显得奇异，不再有任何东西是铁板一块，现实中自然化的东西，即我们习以为常的生活模式得到了新的替换形式："在真实之外，可能的领地被打开了；这是一块为生活的可替换模式保留的领地。而这一新的观念界定了乌托邦最基本的功能。"③如果说意识形态是对过去的确认，乌托邦则是对未来的开启，对可能性的探索。乌托邦叙述设计并展现了新的意义、新的生活方式的可能性，是一种"积极的功能"，一切创造新的意义和价值的活动都有赖乌托邦的设计，乌托邦成为可能的推力。在这一点上，乌托邦与意识形态一样构成了人类想象力的重要形式，利科认为意识形态并未穷尽想象力的可能，想象力会投向现实之外的"无地"，他甚至认为想象力是通过发挥乌托邦功能完成康德"实践理性"的作用，因为乌托邦叙述所建构的空间能激发我们反思社会生活的本质，反思什么是家庭、消费、权利、宗教等。乌托邦为这一系列关乎我们生活方式的根本问题引入了一种想象性变体。利科的结论是乌托邦在这个意义上与我们自身的文化系统拉开一段距离，用虚构、想象的叙述提供了一种颠覆现实社会的方式，而这本身又为社会性或象征性行动的建构提供了可能性。相

① Paul Ricoeur. *Lectures on Ideology and Utopia*. New York: Columbia University Press, 1986, p.15.
② 〔德〕卡尔·曼海姆：《意识形态与乌托邦》，黎鸣、李书崇译，上海三联书店，2011年，第192页。
③ Paul Ricoeur. *Lectures on Ideology and Utopia*. New York: Columbia University Press, 1986, p.16.

对于意识形态对个人、集体身份的整合、加强和保存而言，乌托邦恰好成为其相应的补充概念。

与曼海姆不同，利科认为真正将乌托邦与意识形态区分开的是对权力问题的解决方式。从"极度歪曲"到"现实生活的语言"，意识形态在个人、集体身份的确认上始终起着决定性作用，它作为观念的集合有"统一思想"的功能，最终趋向现实中权力系统的合法化。与之相对，乌托邦则抓住权力问题本身："最终乌托邦的关键不是充斥其中的消费、家庭或宗教，而是在这些建制中权力的使用。难道不是因为所有合法性和权威的系统中存在可信性的裂缝，一个为乌托邦而存在的地方才能存在？"①这一切是通过乌托邦的叙述达成的。作为对彼岸世界的叙述，乌托邦展现了另一种生存的可能方式，它让人得以在与自身世界状况的对照中获得选择的自由，超越异化。乌托邦叙述以言说不存在事物的方式将现实中权力的合法性转变为思考的对象，让我们从对它的盲信中逃脱，如果说意识形态保留并维持现实，乌托邦则对之提出问题，"乌托邦是对一个受现存秩序压抑的集体的所有可能性的表达"②。但利科还是意识到，与贬义的意识形态类似，乌托邦思想同样存在走向异化的危险。当激进的乌托邦走向行动，"要求在此时此地实现想象集聚的所有梦想的要求"③时，乌托邦几乎成为非理性实践；另一方面，乌托邦叙述可能源于一种逃避的失败主义，即对现实中无法解决的冲突矛盾的一种自慰性解决。两种形式的"乌托邦"都只能发挥意识形态的遮蔽功能。利科并不认同对待乌托邦的这种非此即彼的判断，他倾向于强调其肯定性功能。

这里利科对乌托邦肯定性功能的信任与阿尔都塞对"真正的文学"的信任是相似的。在阿尔都塞看来，现代国家中"文科"（disciplines littéraire）的实践仅仅是意识形态国家机器（AIE）的一部分，因为文科安于同它们的对象保持一种非常特殊的关系：一种利用与鉴赏、趣味、消费的关系，致力于培养如何鉴赏、判断以及享受、消费、利用这个"文化"的对象，培养一种"恰当"。阿尔都塞认为这种消费性的实践关系不是科学认识的关系，只是统治意识形态的再生产，而真正的文学绝不是消费性的。《皮科罗剧团，贝尔多拉西和布莱希特（关于一部唯物主义戏剧的笔记）》指出，"唯物主义戏剧"的批判力"归根到底在于被自发意识形态所异化了的自我意

---

① Paul Ricoeur. *Lectures on Ideology and Utopia*. New York: Columbia University Press, 1986, p.17.

② Paul Ricoeur. *Du texte a l'action. Essais d'hermeneutique II*, Seuil, 1986, p.388.

③ Paul Ricoeur. *Du texte a l'action. Essais d'hermeneutique II*, Seuil, 1986, p.389.

识同这些人民所生活的真实环境之间存在的生动关系"①。这是作品潜在结构的实践性所在。典范性的真正的文学是布莱希特的戏剧，因为布莱希特的戏剧理论和戏剧创作是作为审美消费的反戏剧出现的。阿尔都塞首先确定自己谈论戏剧的视角和身份，指明自己跟戏剧的关系主要是哲学的和政治的关系，他是从外部，即作为哲学家和政治人，作为马克思主义哲学家来谈论戏剧的。布莱希特的《一次社会主义的谈话》（1953）"深刻地打动"了阿尔都塞，阿尔都塞读出布莱希特的戏剧革命与马克思的哲学革命之间的"平行关系"，与马克思的"哲学实践"相对，"布莱希特的戏剧不是一种实践的戏剧，在他那里存在的新东西，是一种新的戏剧实践"②。而布莱希特的戏剧之所以能达到这种高度，在于他深刻地理解戏剧与政治间的深刻联系：一方面，哲学和戏剧都被政治决定，归根结底总是政治在说话；另一方面，哲学和戏剧却竭力撇清与政治的深刻联系，装出超越或躲避政治的姿态。这就是哲学和戏剧意识形态化的根源，哲学对世界的思辨、解释和戏剧中的唯美主义、戏剧性（布莱希特以"夜间娱乐的戏剧"、"烹调术戏剧"名之）在阿尔都塞眼中都是可耻的，布莱希特的戏剧实践则建立在批判以上倾向的基础之上，通过间离效果（Verfremdungseffekt）（阿尔都塞译为 effet de déplacement）占据一个政治的位置，破除戏剧与政治之间联系的神秘化，使之有助于对世界的改造，成为实践本身。

在阿尔都塞这里，真正的文学以其超越性直接成为实践是通过将自身托付给哲学和政治实现的，正确的文学（实践）与错误的文学（意识形态）之间的界限被划清的，但危险在于文学作为一种特殊人类实践与一般性实践的区别被抹平了，文学与哲学、政治的联姻存在取消自身的危险，内含着文学走向终结的预设，正如黑格尔预言的"艺术的终结"，文学最终会让位于哲学。利科则试图在乌托邦叙述这种特殊的文学形式中论证其提供希望的可能性。

二、对未来事件的希望

如凯文杰·范胡泽（Kevin J.Vanhoozer）所言，在利科笔下，"创造性的语言，尤其是叙述，与乌托邦紧密联系在一起。乌托邦是诗的幻想的一种形式，像隐喻一样，它粉碎了现存事物的秩序"③。因为创造性的语言及

---

① 〔法〕阿尔都塞：《保卫马克思》，顾良译，北京：商务印书馆，2010 年，第 137 页。

② 〔法〕阿尔都塞：《阿尔都塞论艺术五篇》（上），陈越、王立秋译，《文艺理论与批评》2011 年第 6 期。

③ 〔美〕凯文杰·范胡泽：《保罗·利科哲学中的圣经叙事》，杨慧译，北京：中国人民大学出版社，2012 年，第 134 页。

其构成的文本以叙述的形式颠覆了自然化的现存事物，"论证"了一种"客观的真实的可能"。所以乌托邦绝非仅仅是美梦，而是力求成真的梦想和颠覆自然秩序的"语义创新"和实践。利科的《意识形态与乌托邦讲座》虽然没有对具体的文学乌托邦进行分析，却在最后一讲中谈到了文学乌托邦的意义。实践性的乌托邦思想（如圣西门和傅立叶）具有坚定的颠覆意志，它不仅是一种吁求，更曾由理想变成现实；文学乌托邦作为语义实践虽然能够提供颠覆现实的批判性工具，却同时有回避将乌托邦现实化的倾向。如莫尔虽然开启了乌托邦叙述的传统，却明言并不希望乌托邦成真，当主人公拉斐尔讲完乌托邦的故事后，"我"却觉得乌托邦中的风俗和法律似乎"十分荒谬"："我虽愿意我们的这些国家也具有，但毕竟难以希望看到这种特征能够实现。"①但文学乌托邦还是以书写（act of writing）的方式维持了反抗的维度，利科认为在这一点上他的乌托邦研究与虚构理论恰好是平行的。虚构叙述的有趣之处就是在现实之外塑形一个全新的现实，而乌托邦正具备"重塑生活的虚构力量"②。

利科在乌托邦叙述中看见了未来的真实的可能性。乌托邦叙述的合理性虽然无法证明（谁也无法保证一种对未来的设计是绝对正确的），但在解释学传统中保存的历史意识和现时意识是人们"预见"未来的前提。人们只能将赌注放在由其记忆、期待所决定的"信仰"之上，并试着与其保持一致，"证明也就成为我们毕生的问题。没人可以逃避。"③虽然不见得我们的选择优于他人，但我们却能穷尽一生，希望达成更好的生活和对事物的更好理解，这就是利科的"唯信主义"（fideist）答案。在此，信仰成为活生生的、有意义的行动，相信一种乌托邦就是选择与其保持一致，用自身生命的叙述去实践乌托邦的现实性。这里利科所谓的"信仰"和"希望"让我们联想起恩斯特·布洛赫的希望"意志"。布洛赫笔下的"具体的乌托邦"与单纯的幻想无关，而是尚未存在的现实本身，支持乌托邦的就是一种"应当如此，因此必须如此"的坚强意志，这就是希望的前提："'勇往直前'（Aufrechter Gang），一种不为任何业已形成的东西所否决的意志。如果我们想要正直地生活，我们就必须坚持一种不与现实妥协的意志。"④在信任乌托邦实践功能的同时，迫切地重新修复人的主体性（希望、意志、

---

① 〔英〕托马斯·莫尔：《乌托邦》，戴镏龄译，北京：商务印书馆，1982 年，第 119 页。

② Paul Ricoeur. *Lectures on Ideology and Utopia*. New York: Columbia University Press, 1986, p310.

③ Paul Ricoeur. *Lectures on Ideology and Utopia*. New York: Columbia University Press, 1986, p312.

④ 〔德〕恩斯特·布洛赫：《希望的原理》（第一卷），梦海译，上海：上海译文出版社，2012 年，第 163 页。

信仰、责任），利科与布洛赫的希望哲学在此处达成共识。因为没有乌托邦，人类活动就没有任何计划和既定目标，乌托邦之死即想象力之死，社会之死。曼海姆悲观地指出："乌托邦的消失带来事物的静态，在静态中，人本身变成了不过是物。"①利科对曼海姆这一稍显突兀的结论表示同情。摒弃乌托邦令人丧失了理解历史的能力，创造历史的意志也随之消弭。

　　还是在对《圣经》的解释中，利科令人信服地说明了文学乌托邦中事件作为未来之希望的显现方式。根据《圣经》解释学的传统，《旧约》与《新约》处于一种互为解释的关系之中：《旧约》暗示、预见《新约》中的基督事件，《新约》则被视为对《旧约》文本和历史的解释，并使其意义得到充实。《新约》中的圣保罗将耶稣理解为第二亚当，于是出现了新旧约之间一系列的对应：亚当和夏娃的悖逆对应基督和玛利亚的驯服，善恶树对应十字架。这些对应是新约加诸旧约的解释，成为理解基督事件的关键，基督信仰在新旧约的比对中形成。这也成为解释圣经的一条原则，即拉丁教父使用的以一物表示另一物的修辞法：寓意解经法（allegoria）。利科指出，《新约》对基督事件的叙述之于古老的犹太圣经《旧约》，是一种创新，与此同时，《旧约》中的事件又在《新约》的解释中达到了意义的"实现"和"完成"。如圣保罗对亚伯拉罕的妻子夏甲（Agar）和撒莱（Sarah）及其血统的著名解释。《新约》以这种方式将《旧约》中事件的意义呈现为悬而未决的状态，意义之完成要在《新约》中才能实现。也是以这种方式，事件获得了一种时间性的深度，被放置在漫长历史的网络中而不失其发生的意义，于是，"通过对古老经文的再解释这种迂回，福音传道进入可理解性之网中。事件成为降临：事件通过承载时间承载了意义。凭着从旧到新的转移来间接地理解自身，事件自身呈现为对其关系的一种理解"②。耶稣本人就他作为全部《圣经》事件的注解和注解者而言，显现为 logos。《新约》的创新之处还在于它是以解释人的生存活动和基础为目的来表现基督事件的，文本上体现在福音书对耶稣行神迹，宣讲天国的至福和末日审判的教义等，其背后则是使徒让听众在确信耶稣的受难与复活之后，重新认识自身的生命形态：老人死去、新的生命诞生都应在十字架上的受刑和复活之胜利的层面上被重新理解。基督事件发生、在未来某日重临是一种未来的尚未存在，它的必然性要求信徒的当下存在呈现为等待、准备迎接该事件的持续状态，并过一种与之呼应的道德生活。这样基督事件实现的过程

---

　　① 〔德〕卡尔·曼海姆：《意识形态与乌托邦》，黎鸣、李书崇译，上海：上海三联书店，2011 年，第 263 页。

　　② Paul Ricoeur. *The Conflict of Interpretations*. Edited by Don Ihde. New York: Continuum, 2004, p.380.

就与人的精神意义的实现过程被纳入了同一时间维度中，神子本身就成为上帝的福音，他的国度的降临即人类历史时间的终结，基督事件于是成为支撑未来生活的希望。对于无法亲眼见证奇迹和圣言的我们而言，只有通过他人对未来的见证，即一种乌托邦叙述，以故事和文本为中介，才能去聆听见证，用利科的话说，我们"因听而信（fides ex auditu）"，"福音书本身已变成一个文本、一封书信；作为文本，它表现了一种与它所要传达的事件之间的差异和距离，这个距离从一开始就被给出了：那就是聆听者与事件见证人之间最初的距离"①。然而正是这距离迫使我们去解读、理解使徒的见证，通过理解他们的见证，我们同样在其中获得召唤、教义和福音。

乌托邦叙述对事件在未来发生的见证，使这种文学形式成为未来事件在当下时间中留下的踪迹。踪迹在利科看来是一种悖论性存在："一方面，踪迹作为一种痕迹、标记，在此时此地是可见的。另一方面，踪迹存在是因为'早先'有人或动物经过此地。"②这样，踪迹一方面属于历史，一方面属于现在，同时在过去与现在的时间中存在。从时间的另一端即未来的维度看，也存在着踪迹的类似物，即乌托邦文学③。文学作为乌托邦事件让潜在的未来事物成为现实的力量，它打破一切"期待视野"或"定见"，颠覆一切固执己见。将卡普托（Caputo）的比喻用于文学是恰当的："有时它像一颗流星一样落到地上，把我们推出轨道，以革命性的量，迫使世界作根本修正、重新构想，这是事件的标志。"④这是现实中文学事件发生的方式，摒弃乌托邦的想象只会令人丧失了理解历史的能力，创造历史的意志也随之消弭。

正如列斐伏尔（Lefebvre）指出的，马克思实际上做出了如下区分："一方面是意识形态、假象和谎言，而另一方面则是意识形态、神话和乌托邦。意识形态可能包含阶级的假象，可能求助于政治斗争中彻底的谎言，但仍然可能与神话和乌托邦相关。"⑤这里神话与乌托邦虽然为意识形态包裹，

① Paul Ricoeur. *The Conflict of Interpretations*. Edited by Don Ihde. New York: Continuum, 2004, p.383.

② Paul Ricoeur. *Temps et récit* Ⅲ, Paris: Seuil, 1985, p.121.

③ 弗里德里克·詹姆逊在《未来考古学：乌托邦欲望及其他科幻小说》（*Archaeologies of the Future*，2005）中依据利科关于踪迹的论述，将乌托邦界定为一个存在和非存在的混合体，"将未来的尚未存在和当下的文本性存在结合为一体的乌托邦"（〔美〕弗里德里克·詹姆逊：《未来考古学：乌托邦欲望及其他科幻小说》，吴静译，南京：译林出版社，2014年，第9页）。其现代形式科幻小说中的事件成为他的反思对象，但他还是认为科幻小说的乌托邦叙述在当代仍可发挥乌托邦固有的政治效用，其中未来事件的他者性具有作为希望的世俗形式的潜能。利科没有涉及的乌托邦文学类型（科幻小说）在詹姆逊处得到补充。

④ 〔美〕约翰·D.卡普托：《真理》，贝小戎译，上海：上海文艺出版社，2016年，第105页。

⑤ 〔法〕亨利·列斐伏尔：《马克思的社会学》，谢永康、毛林林译，北京：北京师范大学出版社，2013年，第50页。

却决不能与谎言等同。在对叙述编织事件这一话语修辞和意识形态活动的反思中，利科诗学发展出一种深刻的"意识形态与乌托邦"的辩证思想，他认识到叙述在赋予事件逻辑结构的同时，成为一种将对象合理、合法化的过程，从而"歪曲"（distortion）了现实的本来面貌。乌托邦叙述具备一种"自反性结构"，我们以之重新审视在现存秩序中扮演的角色，乃至秩序本身。由此，利科通过考察这两个概念在理论—实践、文本—社会、虚构—现实维度间的运作模式，在充分的"漫长迂回"（le long détour）中完成了对意识形态、乌托邦及其叙述中介的深度诠释，并与其对想象、虚构、隐喻、象征的诠释一起，形成较为完整的诗性语义分析。

第五章　"事件解释学"及其限度

在完成《意志哲学》第二卷《有限性与罪感》（1960）之后，保罗·利科以《弗洛伊德的哲学：论解释》（1965）、《解释的冲突》（1969）开始转向一种基于现象学方法的解释学，因为他不再承认意志现象能够在意识中得到直接的观察，而必须通过意志活动所说出的东西来考察，话语问题、语义解释和诗学于是成为利科解释学的核心。利科不仅对结构主义排斥事件的方法做出了有力回应，甚至将其工作称为一种"事件解释学"①（l'herméneutique de l'événement）。从《时间与叙述》卷三（1985）出发，利科以对黑格尔历史哲学的批判，经过胡塞尔历史哲学的中介，确立了一种新的"事件"观。

第一节　文学事件的真理性

——基于《活的隐喻》

文学艺术作为人工制品，人的言说，虽然不能与圣言并论，但在海德格尔看来却是人唯一可以切近不可言说的上帝及事物本源的途径。在"无神"和"贫困"的时代，诗人的创作却被视为一种真理事件，这条从存在事件、真理事件的意义上思考诗之本质的路径由尼采与海德格尔开启，当代法国思想在此基础上探讨了现代社会中文学作为真理事件的可能性问题，其中利科在《活的隐喻》（1975）中对诗歌本体论的捍卫值得细究。

---

① Paul Ricoeur. *Du texte a l'action. Essais d'herméneutique II*, Seuil, 1986, p.184. 利科的思路在事件哲学得到推进，如马里诺（Claude Romano）在《事件与世界》（1998）中发展为一种强调事件优先于存在的事件解释学（herméneutique événementielle），将含有奇遇（aventure）意味的 advenant 确立为先于一切事物的发生，即此在（Dasein）的可能性或条件："发生的解释学优先于此在解释学。发生（advenant）意味着它先于此在而来，在某种意义上它正是此在得以可能的条件。"（Claude Romano. *Event and World*. Trans. Shane Mackinlay. New York：Fordham UP, 2009, p.20）文学的叙述与事件的关系得到进一步讨论。我们聚焦的是利科的事件解释学在诗学领域的具体实施。

一、Ereignis：文学的"发生事件"

回顾文学艺术作为真理事件这一问题的发生史，是我们理解利科相关论述的基础。

在马克思、恩格斯那里，文学具有趋近真理的可能性。文学的真理性不是宗教式的彼岸幻觉或绝对精神，而是历史本身对文学提出的任务。《〈黑格尔法哲学批判〉导言》（1843）将批判的历史任务从以宗教为中心的意识形态领域推进到法的批判和政治批判。在马克思看来，对宗教的批判使人作为有理智的人进行思考和行动，建立自己的现实，于是"真理的彼岸世界消逝以后，历史的任务就是确立此岸世界的真理。人的自我异化的神圣形象被揭穿后，揭露具有非神圣形象的自我异化，就成了为历史服务的哲学的迫切任务"①。这就是说批判的任务从天国转向尘世，从揭露历史地形成的宗教意识形态转向揭露当前现实中其他意识领域的异化本质，这种揭露和批判本身就是在确立现实的真理。马克思、恩格斯的批评理论表明文学必然属于这种确立现实真理的批判总体的一部分。文学作为思维意识与对象（现实）相符合才具有真理性，但文学是感性的人的实践活动，这一能动的对象性活动对现实的"符合"绝不是简单的重复或"反映"（Widerspiegelung），而是以表象（Vorstellung）的中介对现实的本质加以总体把握②。文学是在具体历史中"当场发生"的，它可以作为主体内在批判意识（自由、能动的）的对象化，作为一种社会存在物在社会、世界之中创造现实性或可能性的空间，以自身的强度对其所属的时代产生实践性的后果。这种真理性的发生在《关于费尔巴哈的提纲》（1845）的第二条中有清楚的说明："人的思维是否具有客观的真理性，这不是一个理论的问题，而是一个实践的问题。人应该在实践中证明自己思维的真理性，即自己思维的现实性和力量，自己思维的此岸性。"③文学的实践以其特殊的存在方式（事件本体）达到"思维"对象化的现实性（Wirklichkeit）、力量（Macht）和此岸性（Diesseitigkeit）。根据朱光潜先生的辨析，所谓力量就是这种思维可以产生现实后果的威力，此岸性即可知性、可理解性，思维

①〔德〕马克思：《〈黑格尔法哲学批判〉导言》，《马克思恩格斯全集》（第三卷），北京：人民出版社，2002年，第200页。

② Tom Bottomore, Laurence Harris(ed.). *A Dictionary of Marxist Thought*. Oxford: Blackwell Publishers Ltd, 1998, p.550.

③〔德〕马克思：《关于费尔巴哈的提纲》，《马克思恩格斯选集》（第一卷），北京：人民出版社，1995年，第55页。

达到真理的程度应有如下品格："一是有关思想的现实性，二是它的威力，三是它的可理解性。有了这三点，有关思想就是真实的。"①在真实地揭露、批判现代的总体异化上，文学的存在与哲学、政治经济学等精神生产一样，实在地可以达到真理。所以马克思在《哲学的贫困》（1847）中将用乔治·桑（George Sand）小说《扬·瑞日卡》（1843）中的话作为"社会科学的总结论"（不是战斗，就是死亡；不是血战，就是毁灭。问题的提法必然如此）②，可谓自然而然。

尼采和海德格尔开启了对诗之事件及其真理性的探讨。存在与真理通过文学艺术把自身呈现给历史的人，真理的存在方式就是"事件"，真理的显现是一种发生事件，即一种可以被不断解释、重写、重述的东西，再也不是永恒、高贵、稳定的客体，尼采与海德格尔以此来反对康德的先验理性式的形而上学真理。

在 1885—1889 年的遗稿中，尼采反复提及事件的非认识性和非逻辑性，认为在对原因与结果的信仰中，我们忘记了发生事件本身；1888 年春的手稿，尼采反观 26 岁时写就的《悲剧的诞生》，开启了对戏剧与事件间关系的思考："悲剧与喜剧的起源乃是对处于总体狂喜（GesammtVerzückung）状态中的神性类型的当下观看（Gegenwärtigsehen），是对地方传奇、访问、奇迹、捐赠行为、'戏剧性事件'的共同体验。"③这里戏剧源于对事件进行直接体验和观看的需要，而非满足人类摹仿天性的需要。戏剧不是在编织情节，以达到对严肃或诙谐的，具备一定长度的事件（行动）的摹仿，这类古典定义在尼采看来只是"半通不通的学者"的理解。作为杰出的古典学者，尼采从"戏剧"（Drama）一词的多立亚语（希腊南部的古希腊语方言）语源出发，指出必须对戏剧作出多立亚僧侣式的理解："它是事情、'事件'、神圣故事、奠基传说、对僧侣使命的'沉思'和回忆。"④与之相对，被尼采视为现代戏剧、艺术之终结的是瓦格纳："瓦格纳艺术的爆发：它始终是我们艺术中最后的伟大事件。"⑤瓦格纳的浪漫主义的、"太过人性"的卖弄在尼采看来是一种堕落。悲剧性如果是对恐惧和同情的净化或陶冶，只是对这两种病态情绪的发

---

① 朱光潜：《美学拾穗集·对〈关于费尔巴哈提纲〉译文的商榷》，《朱光潜全集》（第 5 卷），合肥：安徽教育出版社，1989 年，第 405 页。

② 〔德〕马克思：《哲学的贫困》，《马克思恩格斯选集》（第一卷），北京：人民出版社，1995 年，第 195 页。

③ 〔德〕尼采：《权力意志》（下卷），孙周兴译，北京：商务印书馆，2009 年，第 942 页。

④ 〔德〕尼采：《权力意志》（下卷），孙周兴译，北京：商务印书馆，2009 年，第 954 页。

⑤ 〔德〕尼采：《权力意志》（下卷），孙周兴译，北京：商务印书馆，2009 年，第 1146 页。

泄，那么悲剧就会是一种危害生命的艺术，而尼采的主张恰恰相反：艺术通常是生命的伟大兴奋剂，是一种对生命的陶醉，是一种求生命的意志。艺术是上升的路，却在瓦格纳式的现代形式中沦为下降的运动和"泻药"，没有思想，只有姿态。尼采在《瓦格纳事件》（1888）中针对 Actio（行动）一词解释道，"人们总是用'情节'（Handlung）来翻译'戏剧'（Drama）一词，这对于美学来说是一个真正的不幸……'戏剧'（Drama）一词源于多利亚语：而且根据多利亚人的语言用法，此词意味着'事件'（Ereignis）和'历史、故事'（Geschichte），两词均在僧侣语言的意义上。最古老的戏剧描绘地方传说，作为祭祀之根据的'神圣故事'，（——所以并不是一种行为，而是一种发生事件：在多利亚语中，spâv［行动、事务、表演、戏剧］根本不是指'行为'）。"①尼采在这里确立了古代悲剧艺术与事件的同一性。

文学艺术中真理事件的发生先于受形而上学原理统治的科学，它呈现为海德格尔所说的"澄明"（Lichtung），在其发生的光中隐约地照亮存在。尼采与海德格尔以对形而上学真理观的否定否定了现代中存在本身的稳定性，存在作为事件这种言说存在的方式意味着，本体论无非是对我们的现时处境的解释，正如意大利当代哲学家詹尼·瓦蒂莫表明的："存在不能与存在的'事件'相分离，只有当存在历史化自身和我们历史化我们自身之时，存在的事件才会发生。"②而文学艺术作为真理事件无非就是现代人言说这种微弱的存在与真理的尝试。

二、本体论维度的文学言说

利科关于"话语事件"及"语义创新"的思想已经触及文学言说真理的方式问题。文学的第二层意谓指向世界（Welt），小说与诗歌以潜在的模式意指存在本身，并在日常现实之中打开了一个新的在世存在的可能性。文学的意谓事件的发生依靠的是对语言的特殊使用，这被利科称为隐喻的真理。利科这里所谓的隐喻不是文学话语内部的修辞格，而是文学话语对语言特质（一词多义）的使用。字典中对词义的多重解释并不是利科所谓的"一词多义"，只有在话语，即对词语的选择和使用中一词多义才会发生现实效果。一次交谈就是从丰富的词义中选择与论题相关的意义范围，正确的使用词语就意味着规定词语采用一种现实的意谓，词语的潜在意义与

---

① 〔德〕尼采：《瓦格纳事件 尼采反瓦格纳》，孙周兴译，北京：商务印书馆，2011年，第37页。
② 〔意〕詹尼·瓦蒂莫：《现代性的终结》，李建盛译，北京：商务印书馆，2013年，第55—56页。

言谈中的现实意谓构成了语言本身的张力结构。"一词多义"虽然能让人们从词语有限意义的集合中获得几乎无限的现实意谓，但它同时也会导致歧义和理解上的困难，科学话语竭力避免的就是这种多义性，它试图以一个符号一个意义的方式消除歧义，诗歌话语恰恰相反，它"保留歧义性以使语言能表达罕见的、新颖的、独特的，因而也就是非公众的经验"①。语言的力量在诗歌对多义性的推崇中显现出来。那么诗歌话语是如何实现语言这种力量？利科借助雅各布森的诗学—语言学。雅各布森在《语言学基础》（1956）一书中区分了语言中的隐喻（Metaphoric）与转喻（Metonymic）。隐喻是以人们在实实在在的事物和它的比喻式的替换词之间发现的相似性为基础的，这种洞见后的选择产生了隐喻，这属于语言的选择轴，是在联想的共时性向度上对语言的垂直选择；转喻则以事物与他邻近的替换词之间的接近或相继为基础，类似于举隅法，属于语言的连接轴，是在历时性向度上对语言的横向组合。②这种区分被用来进一步描述诗歌与散文的差异性：诗歌的形式规则如韵律、节奏等基本以"相似性"为基础，是隐喻的，散文则善于呈现因果逻辑，在本质上趋向于连接，所以是转喻的。以相似性为基础的选择与以邻近为基础的组合，这两种语言使用方式在利科看来共同产生了诗歌对多义性的保持。与雅各布森认为诗歌、散文大致分属隐喻、转喻的领域不同，利科认为诗歌语言在以相似性为基础，对词语进行选择的同时，也以语音上的临近性对词语进行组合，诗歌传递的信息本身的结构也在这一过程中被复杂化了，词语以语音形式被说出，这一话语事件的发生影响了意义，词语之间产生了语义上的联系。如诗句中同时出现"孤寂"（solitude）和"抛弃"（désuéude），这两个词在形式及语音上的相似同时维持了一种语义上的交感，这就是诗之隐喻的发生，其中"意义已经'被置换'、'被转移'：词语在诗歌中意指的与它们在散文中所意指的完全不同。一种意义的光环萦绕在它们周围……只有在诗歌连续的词语中，由于其响亮的声音的再现而使人陶醉的词语才获得一种只存在于此时此地的新的语义向度"③。也就是说，借助于语音的再现功能，诗歌把相似性原则从选择的轴线投射到组合的轴线上，实现了意义的丰富性，诗歌话语由此被利科称为一种意在保护我们词语的"一词多义"的语言策略。诗

①〔法〕保罗·利科：《言语的力量：科学与诗歌》，朱国均译，胡经之、张首映主编：《西方二十世纪文论选》（第三卷），北京：中国社会科学出版社，1989年，第296页。

② Roman Jakobson. *Selected Writings II*. The Hague,·Paris: Mouton & Co, 1971, p.254.

③〔法〕保罗·利科：《言语的力量：科学与诗歌》，朱国均译，胡经之、张首映主编：《西方二十世纪文论选》（第三卷），北京：中国社会科学出版社，1989年，第299—300页。

歌话语在词语之间构筑起意义的网络，突显的隐喻在其中被纳入稳定的象征系统。利科进一步的提问是：这一切的意义何在？诗歌话语保存词语多义性的目的何在？借助于诗歌话语我们到底要说出何物？

利科一贯将语言视为一种中介，通过它，人与世界、人与人、自我与自身被有效地沟通起来，能言说的人才能成为主体。这些规定仅仅涉及语言的功能向度，尚未触及语言本身作为存在物的属性。在《活的隐喻》中，利科从语言自身的反思向度出发，将语言视为现实的被言说的存在物。所谓语言的反思是指思辨的话语在整体上与现存事物相关联，但同时又与他者即现存事物保持距离，也就是说语言同时表示了自身和自身的他者，这就涉及语言与其指涉对象的关系问题，即意谓问题。意谓总是与现实或潜在的存在物相关的对象："在语言本身由意义过渡到指称物的同时，它从存在物过渡到被言说的存在物。"①所以某物的存在是以它被言说出来为基础的，所有语言被视为现实的被言说的存在物。在利科看来，弗雷格的实证主义视角忽视的正是文学语言的意谓问题。在弗雷格那里，有真值的科学话语被赋予表述现实的功能，被打上虚构烙印的文学语言不能真实地表述现实，所以不存在文学的真理。利科坚决主张文学意谓现实，但此"现实"并非完成了的静态事实，而是运动着的现实的与潜能的存在。

根据亚里士多德的《形而上学》，现实的存在具有两种本体论上的存在方式：现实（ενεργεια）与潜能（δυναμιs）。按照麦加拉学派及智者的观点，现实指实际存在的现存事物，潜能指非现存的可能事物，两者是对立的，事物只有当它正在发挥功用的时候才具有"能"，也就是说事物成为现实了才能说它具备其"能"，于是"潜"能就成为了一个伪概念，等于"不可能"。亚里士多德的反诘相当有力：如果说不存在"潜"能，那么凡是未曾发生的事情将不可能发生，称现在有某事或将来有某事的命题在他们看来都必然是假的，于是站着的人永远站着，因为他不具备坐下的"潜"能，这明显是可笑的机械实证主义，事物的运动与人的创造被一笔勾销。在亚氏看来，现实与潜能虽然有别，但其观念无异："事物之未'是'者每可能成'是'，事物之现'是'者，以后亦可能成为'非是'，其他范畴亦相似……凡事物之'能'有所作为者，就当完全具有实现其作为的能力。"②所以非现存的事物不能完全归入想象或愿望的对象，运动中的事物（潜在的）虽未实际存在，却将在其运动的过程中逐步成为实际存在，最终完全实现，即达成

---

① Paul Ricoeur. *La métaphore vive*, Paris: Seuil, 1975, p.386.
② 〔古希腊〕亚里士多德：《形而上学》，吴寿彭译，北京：商务印书馆，1995年，第174—175页。

隐德莱希（εντελεχεια）的存在方式，潜能的存在就是现实中尚未展现的存在。亚氏虽然解救了潜能的存在的意义，但他仍倾向于肯定现实的存在的优先性。一方面，现实在概念、时间及本体上先于潜能。我们之所以能看出潜能，是因为它能实行，可见我们在意识到这种潜能之前已经具备了现实的存在的概念；潜在事物都是从现实事物中产生的，此后潜在事物又成为现实事物，如此循环不息；最后，事物获取潜能就是为了实现自身，即成为现实和隐德莱希，现实的存在是具备形式（ειδos）的存在，它是事物运动的原理及终极目的。另一方面，潜能的存在具有两极性，它总是善恶难辨的可能性，此时善的一极成为现实就比仅是潜在的善更善，现实的存在又在亚氏那里获得了伦理上的优越性。利科则试图以诗歌话语为突破口，克服亚氏的这种优劣之分。

关键就在于诗歌隐喻陈述中动词"是"（être）的力量："因为它那达到实在的要求与诗歌语言的再描述的能力是相联系的。当诗人吟道：'大自然是生灵栖息的圣殿……'其中动词'是'（is）并不限于将谓词'圣殿'与主词'大自然'联系起来。系词不仅仅是联系词，它意味着这一联系用某种方式再描述了'What is'（是什么或实在）。它认为：事实就是如此。"①在利科看来，说出表示等价关系的"是"就包含了信念的因素，"就是本体论承诺（l'ontological commitment），这种承诺为肯定提供了'非语言'力量。只有在诗的体验中最能发现这种强烈的肯定色彩"②。隐喻意谓存在的肯定功能使诗歌语言本身成为存在整体中活生生的一部分，用柯尔律治的话来说，隐喻实现了诗人与世界的交流，个体生命与普遍的生命共同生长，诗意的语言使我们通过这种公开的交流分享了事物的整体性，隐喻因而在词项的转移和互换的张力中确保了意义的转换和新意义的开放。这就是说隐喻陈述中"是"的判断在意谓现实事物的同时开启了对潜在事物的发现，现实的存在与潜能的存在在诗歌语言中找到了自己的形式。利科认为，"是"的本体论承诺背后是诗歌看待事物的方式，即在诗歌的隐喻陈述中将事物表现为活的事物，让无生命的事物活动起来，发出行动，达成目的。这在亚氏的悲剧定义中已经达到了极致：悲剧中只有行动着的走向命定结局的人。诗歌语言将行动当作意谓，用生动的表达讲出活生生的经验，就赋予了事物意义上的开放性，将其视为活动着的、有生命的事物，由此利科返回到亚氏《修辞学》中认为诗人使无生命的东西活起来、运动起来的

---

① 〔法〕保罗·利科：《语言的隐喻使用》，余碧华译，胡景锺、张庆熊主编：《西方宗教哲学文选》，上海：上海人民出版社，2002年，第294页。

② Paul Ricoeur. *La métaphore vive*, Paris: Seuil, 1975, p.313.

观点①，有生命的东西就是现实性，而现实性就是一种运动，也就是潜能："意谓现实不也是意谓潜能（在涉及运动或静止的完整意义上）吗？诗人就是把潜能看作现实并把现实看作潜能的人吗？是他将尚在筹划和尚未成形的东西看作已经实现和完成的东西吗？是他将所有获得的形式看作新的承诺吗？简言之，是他掌握了要么以潜能的方式要么以被希腊人称为phusis的隐德莱希的方式存在于自然存在物中的内在原则吗？"②利科的答案正是那个"是"。

phusis 即自然或本性，源于动词 phuein，phuein 的核心意义为生出（bring、forth）、生长（grow）、显现（appearance），在《形而上学》中被赋予了六种意涵。它是（一）生长着的东西的生成，（二）生长之物由之而生长的内在部分，（三）使自然物开始其最初运动的那个自身之中的东西，（四）自然物得以存在和生成的那个东西，（五）自然存在物的实体或本质，由此每一实体都是自然，于是 phusis 是（六）所有实体。亚里士多德对 phusis 意义的总结是："从以上所说，自然的原始和首要的意义是，在其自身之内有这样一种运动本原的事物的实体，质料由于能够接受这种东西而被称为自然，生成和生长由于其运动发轫于此而被称为自然。自然存在的运动的本原就是自然，它以某种方式内在于事物，或者是潜在地，或者是现实地。"③ 利科认为，只有在生成、发生和显现的层面，文学才能意谓现实（signifie l'acte）。文学把事物视为有生命的存在物就是在用生动的诗性词语道出活生生的经验，就是将事物视为"生长的东西的生成"，并显现其存在及生成的全部过程，由此，文学的言说触及到现实存在与潜能存在的本质、原初动力和最终目的，即自然。透过诗性的话语陈述，文学表达并保存了一种人的归属经验（l'expérience d'appartenance），"使人进入话语，并使话语进入存在"④。用海德格尔的语言来说，文学的词语道出了存在（即显现物）的绽放（Ek-sistenz），这就是文学言说真理、显现自然的方式，也即作为真理事件的资格。海氏的 Ereignis 在利科看来就是表达要思考的"事情本身"，与亚里士多德所谓现实/潜能的事物具有相同的目的，它标志着存在物的敞开和展现，存在物由此成为判断主体的对象。作为 Ereignis 的

① 〔古希腊〕亚里士多德：《修辞术》，颜一译，苗力田主编：《亚里士多德全集》（第九卷），北京：中国人民大学出版社，1990 年，第 522 页。

② Paul Ricoeur. *La métaphore vive*, Paris: Seuil, 1975, p.391-392.

③ 〔古希腊〕亚里士多德：《形而上学》，苗力田译，苗力田主编：《亚里士多德全集》（第七卷），北京：中国人民大学出版社，1990 年，第 116 页。

④ Paul Ricoeur. *La métaphore vive*, Paris: Seuil, 1975, p.398.

文学言说不是转瞬即逝的事件或过程，而是与德语中 es gibt（"有"）类似，在礼物意义上表明显现之绽放的存在，文学的言说就是事物向人们敞开自身的方式，同样人的存在在文学的言说中进入存在的整体，构成事物——世界生成、显现的一部分，文学就是在这个意义上悬置了日常意谓，进入第二层意谓即"世界"（Welt）之中，这个世界是仅凭文学打开的、我们能居住于其中的可能世界。

就悲剧、史诗、小说等叙述文学而论，表现的对象是人的行为、活动及事件，也就是将人看作活物、行动者，并以行动显现其作为人的整体性存在。人在整个叙述话语中就被视为活生生的、自然开放的存在物，被归属为作为可能世界的文本世界，这是叙述文学意谓现实的本体论维度，以之为中介我们获得归属经验，重构我们作为存在物的基础。如果说诗歌展开了一个世界，这个世界并不是一个虚构行动和事件的世界，而是一个情感的世界。就人类情感的共同性而言，诗歌话语表达的情感世界不可能是令人们陌生的情境，诸种欲望、希望或绝望的情感已在诗歌的言说中一再显现。所以利科指出诗歌话语带入语言的东西是我们已然居住其中的世界："我们生来就是置身于这个世界并在这个世界中构想着最本己的可能性……这是始终先于我们存在并被打上我们劳动印记的世界。"①那么还能说诗歌意谓现实，触及现实/潜能的存在并表达人的归属经验吗？

表象在胡塞尔现象学中被视为一种完全的、本身具有特殊行为性质和行为质料的意向经验（或只相当于被实行的行为质料），或任何一种使对象向我们呈现（客体化）的行为。叙述的意向性在指向人的行动、事件的同时令其生动、活跃起来，于是产生了被知觉到的对象，即叙述文学中的表象。早期胡塞尔将意向性意识中的意识行为区分为客体化行为与非客体化行为，前者是能使客体显现出来的意识行为，如表象；后者则是不具有构造对象能力的意识行为，如情感、评价、愿望等价值论、实践论的行为活动。非客体化行为需要以客体化行为为基础，情感行为或感受行为就是奠基于认知行为之中的。到了《观念 I》，胡塞尔才开始认为情感意向可以构造自己的对象，并同认知意向一道融入先验意识中："在每一活动的我思中，一种从纯粹自我放射出的目光指向该意识相关物的'对象'，指向物体，指向事态等等，而且实行着极其不同的对它的意识。"②日常生活中的情感行为作为意向性体验，是现实的、实显的，显现的意向体验就是一种"被

---

① Paul Ricoeur. *La métaphore vive*, Paris: Seuil, 1975, p.387.

② 〔德〕胡塞尔：《纯粹现象学通论》，李幼蒸译，北京：商务印书馆，1992 年，第 243 页。

实行的""我想"。但胡塞尔同时强调，"我想"的可以变为"未被实行的""我想"，但"我"已经"想"了，"我"在"我想"的意向性中体验到了情感的对象：我们在将某物体验为"可爱"之前已经通过先前的存在物知晓了何为"喜爱"。利科在对《观念I》的注解中总结道："因此意向性包含了理论的、感情的、意志的等等体验，以及实显的和非实显的体验。"①但利科与胡塞尔在涉及诗歌与情感的关系时，观点截然对立。在1907年致诗人霍夫曼斯塔尔的著名信件中，胡塞尔将哲学的现象学方法与诗人的纯粹审美直观相提并论。所谓的纯粹审美直观排除了任何存在性表态（自然的精神态度、现时生活的精神态度等）和感情、意愿的表态，是严格的现象学的本质直观。对存在性的世界利用得越多，对此种现实性精神态度的表现越多，诗歌在美学上就越不纯粹。胡塞尔进一步指出审美直观中情感意向的不纯："我们将那些感性地摆在我们面前的事物、将人们在日常生活中和在科学中所谈的那些事物看作是现实，而感情行为和意愿行为则建立在这些对存在的看法上：喜悦——此物在，悲哀——彼物不在，愿望——那物应当在，如此等等（它们等同于情感的存在性表态）：这是与纯粹美学直观以及与此相应的感觉状况具有那种精神态度相对立的一极。"②世界作为诗人面对的现象，不是科学家"科学"地实际观察的对象，也不是像哲学家那样用概念或论证去把握的对象，而是已然被诗人直觉地占有的存在物，以便于诗人从中掘取丰富的形象和材料。

诗歌于是以自己的方式表明存在，获得真理事件的资格。利科称之为不可证实的真理："诗歌谈论真理。但真理在此不再意味着可证实。诗歌并不提出什么理解与事物之间的等价物。在诗歌中，真理意味着表明存在的东西，而被表明的东西就是我们在存在中存在的态度。"③文学本身（叙述文学的表象和诗歌的情感的对象化、符号化）及其存在方式独立地使它具有了言说存在、自然的能力，即表达现实/潜能的存在之显现的能力，也是作为存在者的人得以找到在世界中的位置和归属感的道路。

三、解释：从占有到承认

从理解（Verstehen）与解释（Auslegung）的关系出发，我们才能进而认识占有概念。根据狄尔泰，精神科学的对象是内在的实在本身，而这种

---

①〔德〕胡塞尔：《纯粹现象学通论》，李幼蒸译，北京：商务印书馆，1992年，第635页。

②〔德〕胡塞尔著、倪梁康选编：《胡塞尔选集》（下），上海：上海三联书店，1997年，第1202页。

③〔法〕保罗·利科：《言语的力量：科学与诗歌》，朱国均译，胡经之、张首映主编：《西方二十世纪文论选》（第三卷），北京：中国社会科学出版社，1989年，第304页。

实在是作为一种内在经验被认识的，问题在于这种内在经验不能为我认识自身的个体性提供客观基础，我只能通过理解他人才能认识我自己的此在中不同于他人的东西，而这种他人的陌生物首先只有通过感觉事实、姿态、声音和行为才能被给予我。狄尔泰将这个过程称之为对感觉中个别符号呈现的东西的复制（Nachbildung）过程："我们把这种我们由外在感官所给予的符号而去认识内在思想的过程称之为理解（Verstehen）。"①而解释则是一种具体的理解，即对固定了的生命表现（Lebensaeusserungen）的合乎技术的理解，狄尔泰认为只有在文学的语言中，人的内在性才能得到完全的、无所不包的、可观可理解的表达。于是，对文字的东西的解释成为理解的中心："理解艺术的中心点在于对包含在著作中的人类此在留存物进行阐释或解释。"②以语言记录（Sprachdenkmalen）的东西为对象，理解才能成为一种达到普遍有效性的解释。利科尊重狄尔泰对理解与解释的"解释"，在他的"理解"中，理解建基于主体对精神生活表达自身的一切符号上的意谓或意图的认识，而解释仅包括有限的符号范畴，即由书写固定了的东西，即文献、文本、文学。与理解—解释相对的概念是说明（Erklärung），在狄尔泰那里，说明指向从自然科学中借用来的智识模型，并由实证主义学派应用于历史研究，与之相对，理解—解释则是人文科学的基本原则，说明与理解在狄尔泰那里是对立的，利科则试图以解释的"占有"特征及阅读的意义调和说明与理解的对立。

利科敏锐地指出，现代学术中的"说明"不再来自自然科学，而是以语言学模型的样式出现在人文研究中，这在法国结构主义的神话学、叙述学中达到顶峰。列维—斯特劳斯的"神话素"（mythemes）即对神话构成单元配置模式的说明，构成单元由此获得有意义的功能，叙述的意义就体现在对各构成单元的配置中，发现深层的隐秘结构成为神话学的目的。但在利科看来，这里所谓的"意义"并不是神话本身的意指，不是神话的哲学或生存论意义，而是完成的结构本身的封闭意义。列维—斯特劳斯所谓神话对矛盾的解决并不意味着神话意义的全部实现，重要的是神话背后提出的一系列关于起源与归属的意义问题，人来自何处？他是来自大地还是父母？提问引发了回应："如果没有这些有关人的起源及其终结的有意义的问题，已经有意义的问题，那么就不会有矛盾，也不再有解决矛盾的尝试。

① 〔德〕狄尔泰：《诠释学的起源》，洪汉鼎译，洪汉鼎主编：《理解与解释——诠释学经典文选》，北京：东方出版社，2006 年，第 76 页。
② 〔德〕狄尔泰：《诠释学的起源》，洪汉鼎译，洪汉鼎主编：《理解与解释——诠释学经典文选》，北京：东方出版社，2006 年，第 77 页。

结构分析力图将之悬置起来的正是这一作为起源的叙述的神话功能。"①神话思想始终围绕着人的生存困境（aporias）的认知意识，缺少这一维度，神话只能是人类的无意识呓语及其组合。所以作为说明的结构主义分析只能被视为理解的一个阶段或中介，位于朴素解释与批判解释、表层解释与深度解释之间的必要阶段，并非解释的全部。结构主义者始终关心的是叙述文本本身内在逻辑关系或"深层结构"，而非文本的意向，这种深层结构究竟有何意义的问题被悬置了。利科的反思解释学则将文本的意向化及意义问题视为关键，在他看来，结构主义式的说明就是引导出文本的结构，引导出文本内部构成的依赖关系。而解释需要更进一步："解释就是沿着由文本打开的思想之径，朝着文本的方向，将自己放置于这一路径之上。"②"自己"作为解释者和阅读者，将自身的有限视域整合到文本的意向之中，去占有此时此地与他相遇的文本意向，这就是解释的完成，即解释活动的终点。利科将之置于解释学之弧（hermeneutical arc）的端点之上，称之为桥梁的最终支柱和活的经验基础上拱门的固定物。解释中的"占有"的发生如何使解释对象和整个解释活动达到事件的高度？利科从解释学与反思哲学的关系出发，来理解占有的特征。

作为解释学的术语，解释的占有特征在施莱尔马赫、狄尔泰和布尔特曼那里都得到了不同程度的论述。在利科看来，在解释活动中，"占有"的观念不可能被抛弃，而是需要进一步的描述。解释活动、阅读行为只会产生两种后果：文本意义的中断或文本走向意义的实现，即我们悬置文本的意义或者让文本的意义进入生活世界。在后一种情况下，解释就获得了占有的特征，此时书写的文本成为等待解释和阅读的文本，是向其他事物敞开的，解释活动说出的新话语与文本话语结合起来，产生一种对解释主体自身的新理解。所谓的"占有"，实际上就是在对文本的理解中占有文本的意义，通过占有，文本的解释在主体的自我解释中达到巅峰，也就是说对自我理解而言，对文本意义的占有具有某种反思哲学的特征（利科称之为"具体反思"），解释学与反思哲学在解释的占有中达成一种互惠关系："一方面，自我理解经过了理解文化符号的迂回，在这些符号中，自我记录并形成了自身。另一方面，理解文本并不是自身的终结，它调停了自身与某个主体的关系，该主体在当下反思的捷径中并没有找到自己生命的意

---

① 〔法〕保罗·利科：《诠释学与人文科学——语言、行为、解释文集》，孔明安、张剑、李西祥译，北京：中国人民大学出版社，2012年，第122页。

② 〔法〕保罗·利科：《诠释学与人文科学——语言、行为、解释文集》，孔明安、张剑、李西祥译，北京：中国人民大学出版社，2012年，第123页。

义。"①没有符号的中介，就没有反思，不将说明视为自我理解的过渡阶段，也就无所谓说明，利科的反思解释学中的自我建构与意义建构是同步的。

所以占有就是解释的完成，即使最初相异的、外在化（alien）的东西变成自己的东西，在占有的过程中，文化间距得到了克服。通过占有，与我们疏远的时空中的"人类此在留存物"成为了可理解、可亲近的事物，更重要的是，原本显得对我们自身理解毫无助益的文本在占有中脱出其固有的价值体系，获得了当下的"意义"，也只是在解释、阅读的占有中，文本语义的潜能才有机会实现并实施。在占有的意义上，阅读才能与言谈相提并论，言谈实现了文本的话语，在阅读中实现的不是话语被说出这一事实，而是一个话语事件，话语在阅读的"实现"中重新找到了言谈的语境和听众，重新展开意谓的运动。也就是说，在书写者与读者之间的意向交流中，必须以意义的客观化，即符号对应物为中介，但这只是第一步。文本意义的完成和实现需要迈出第二步，即以解释的占有特征为当前读者实现文本的意义。在此过程中，文本、作品、文学的意义得到了当下的、最大化的实现："当阅读解放了诸如事件、话语事件和当前的事件的东西的时候，解释是完整的。作为占有，解释变成了一个事件。"②那么具体到文学话语，占有文学的意义如何可能？

在这个意义上，艺术作品的世界就是一种完全转化了的世界。利科进一步指出在艺术游戏的转化中实现的是构成了未来视域中的可能性，即某种担心或希望的东西，未决的东西。与其说艺术作品作为转化的构成物为人们认识存在事物的本质提供了认知工具，不如说艺术作品在自身的真理中扬弃了未经转化的实在，伽达默尔和利科都在这个意义上理解亚里士多德的摹仿（mimesis）概念，摹仿中存在的只是被表现的东西，摹仿某种东西就是让见到的东西及见到该东西的方式存在于摹仿的结果（作品）之中。被表现的东西就是在摹仿者看来应当存在的东西，也是应当被人再认识或承认的东西。通过参与艺术游戏，我们被邀请再认识人物、故事、情感以及我们自己本身。伽达默尔所谓的再认识（Wiedererkennung）并不是对已经认识的东西的重新认识，比起已经认识的东西来说，再认识认识到更多的东西："在再认识中，我们所认识的东西仿佛通过一种突然醒悟而出现并被本质地把握，而这种突然醒悟来自完全的偶然性和制约这种东西的情况

---

①〔法〕保罗·利科：《诠释学与人文科学——语言、行为、解释文集》，孔明安、张剑、李西祥译，北京：中国人民大学出版社，2012年，第120页。

②〔法〕保罗·利科：《诠释学与人文科学——语言、行为、解释文集》，孔明安、张剑、李西祥译，北京：中国人民大学出版社，2012年，第147页。

的变异性。这种被本质地把握的东西被认作某种东西……也就是脱离其现象偶然性的东西。"①被认识到的东西只有通过对它的再认识才成为一种真实的存在,这就是文学艺术作为游戏、转化的构成物的真理性:被表现的神话故事、事件被再认识为现实有效的真理,因为再认识是对真实事物的认识,所以表现的存在比处于素材阶段的存在要多得多,故而荷马笔下的阿西里斯要比其原型的意义要丰富得多,诗要比历史更有哲学意义。伽达默尔用艺术游戏这种转化的构成物来确定艺术作品的存在方式,作品本身构成对一般实在的扬弃和对真实存在的发现,现实在艺术作品中被切实地转化了。

利科则从主体的维度对伽达默尔进行了补充。伽达默尔以"再认识"确证艺术作品及其他游戏的真理性品格,利科关注的则是我们作为书写、阅读和占有的主体在面对艺术作品时发生的承认(reconnaissance)。从《利特雷法语词典》和《罗伯特法语大辞典》对"承认"词条的解释中,利科归纳出三种纯粹观念:Ⅰ.通过把对象的意象连接起来,将与对象相关的知觉连接起来,心灵、思想把握(一个对象);通过记忆、判断或行动进行区别、认同、认识。Ⅱ.接受,当成真的(或当成这类东西)。Ⅲ.通过感谢证明人们(因某事、行为)受惠于某人。"承认"从动词的主动态反转为被动态用法:"我主动地承认某物、承认某些人、承认我自己,我要求甚至需要被他人承认。"②从主动方面来看,作为行动的承认(reconnaître)表达的是对意义领域进行认识、把握的一种企图或要求;而就被动方面而言,承认(reconnaissance)的要求表达的是一种期待,期待自我被承认及与他人相互承认。这样承认就与感谢(gratitude)走到了一起,法语中的 reconnaissance 兼备"承认"和"感谢"的含义。文学叙述提供给我们的就是一个承认的机会,去承认作为行动者的人物、事件发生的原因及后果,承认人物的身份与自身身份的相关性,从而自我承认,与他人相互承认,在这个意义上,文学成为一种值得我们感谢的馈赠。但必须指出的是,承认的达成不是对任何对象不加思考的认同,带上另一个主体的面具并不等于获得了主体的地位,"绝对歪曲"式的文学只能提供主体的幻象。简单地把某物当成真的去接受不是承认,将绝对虚假的东西当真只是一种愚蠢,承认需要的是在记忆、判断和行动等实践中对对象进行反思,甚至需要在否定或怀疑后才

---

① 〔德〕伽达默尔:《诠释学 I: 真理与方法》,洪汉鼎译,北京:商务印书馆,2007 年,第 161—162 页。

② Paul Ricoeur. *The Course of Recognition*. Trans. David Pellauer. Cambridge: Harvard University Press, 2005, p.101. x.

能承认，承认之前需要反思性的犹豫和迟疑，之后需要的就是坚定地接受。

　　具体而言，文学叙述常常提供一种承认过程的标本，人物通过一系列行动试图获得自我承认或他人的承认，读者对文学中这类承认事件的承认于是成为检视文学真理的范本。利科考察奥德修斯和俄狄浦斯的承认过程，充分说明了承认的反思性。《奥德赛》是对奥德修斯回到伊萨卡（Ithaque）过程的叙述，也是对他逐步得到承认的叙述。为了获得最后的承认，他伪装成陌生人，先后被儿子、狗、仆人、妻子和父亲承认，最终通过一场压倒性的杀戮最终回归到佩涅洛佩的丈夫，伊萨卡的统治者的身份，奥德修斯重新获得他的宫殿需要用所有觊觎者的生命为牺牲。这里存在的是一种单方面的承认，即奥德修斯要求被所有的他者重新承认，承认的过程等同于报复的过程。整部史诗的叙述让我们去承认的东西是奥德修斯的报复过程中的聪明才智和对自己行为负责的血气，这就是被承认的奥德修斯的独一性。在利科看来，这种独一性是恶劣的，荷马笔下的人物虽然能够做出决定和行动，也为他们的行为负责，最终也能得到别人的承认，但却不能达到相互承认："它以唯一的主人公为中心，局限于传统赋予的主人周围的每个角色。对于这位主人来说，得到承认就是恢复一度受到威胁的权威。报复的历史与承认的历史相互交织，这证明荷马留下的这一启示的局限性。"①奥德修斯为获得承认采取的权谋和暴力杀戮与黑格尔的"为承认而斗争"毫无共同点，牟取这种单向的绝对承认仅仅是权利欲使然，英雄的身份就建立在对他者性的完全抹杀之上。胜利者被承认的过程就是报复的过程，暴力合理化的过程，也就是一切大屠杀的逻辑。利科显然不认为我们应该承认此类人物自我承认的手段。

　　索福克勒斯的《俄狄浦斯在科洛诺斯》则提供了一种截然相反的承认模式，利科从中获得了一次承认的体验。《俄狄浦斯王》中的悲惨事件发生二十年后，老年俄狄浦斯的遭遇在《俄狄浦斯在科洛诺斯》一剧中继续上演。亚里士多德认为情节所摹仿的行动有简单和复杂之分，复杂的行动包含有发现（anagnōrisis）、突转（peripeteia）②或两者相结合的行动。最佳的发现与突转同时发生，《俄狄浦斯王》以此被他视为典范。基于亚里士多德的"发现"与"承认"的相似性，利科将"发现"直接翻译为"承认"，并

---

① Paul Ricoeur. *The Course of Recognition*. Trans. David Pellauer. Cambridge: Harvard University Press, 2005, p.75.

② 按照亚里士多德的定义，"发现"指从不知到知的转变，即使置身于顺境或逆境中的人物认识到对方原来是自己的亲人或仇人；"突转"指行动的发展从一个方向转至相反的方向，并以符合可然律或必然律为条件。（〔古希腊〕亚里士多德：《诗学》，陈中梅译，北京：商务印书馆，1996年，第89页。）

指出《俄狄浦斯在科洛诺斯》中的俄狄浦斯在否定《俄狄浦斯王》中自我行为的"突转"中发现或承认了自己作为行动者的身份。在《俄狄浦斯王》的结尾处，俄狄浦斯在过度的愤怒和激动中挖掉了自己的双眼，他以自我惩罚的行动来承认自己的过失，而在《俄狄浦斯在科洛诺斯》中，俄狄浦斯拒绝对他行为过错的承认，他承认自己杀死了父亲，但有正当的理由："我遭受最深重的苦难，纯粹由于无心的过失。天可作证，那些事情没有一点是我自己的选择……城邦强加于我，我一无所知，一起罪恶的婚姻，它成了我的祸根……我要说，我杀了要杀我的人。法律上我无辜，我在不知中做下这事。"①俄狄浦斯似乎拒绝承认之前在情绪失控时自我惩罚的合理性，为杀父娶母的罪行辩解，但俄狄浦斯从未否认自己是上述罪行的实施者、行动者，在与歌队的对话中，俄狄浦斯虽然显得难以直面被一再提及的罪行，认为一切都不是自己的意愿（akōn），但他自始至终承认是他本人做了这些事情，始终都具有一个行动者的后悔，在死亡来临之际，他指出这是无法改变和回避的事实。在利科看来，俄狄浦斯对自己惩罚行动的"不承认"实际上是对自己作为罪恶之行动者的承认，《俄狄浦斯在科洛诺斯》表明了一件事："虽然悲剧人物应该屈服于对那种支配了人类命运的超自然力量的不可抗拒性，这个悲剧人物仍是这个隐秘行动的行为人（尤其在自我反省时，这个行为人将评估他的行为）。"②作为命运的承担者和行动者，俄狄浦斯的自我承认同时被剧中的他人承认，被利科承认，也为我们的承认提供了契机。

四、反思承认事件：以马克思为中介

在写作"巴黎手稿"时期的马克思看来，人是类存在物（Gattungswesen），人把自身视为有生命的、普遍的、自由的存在物，而人的生产生活就是类生活（Gattungsleben）。"类"（Gattung）是费尔巴哈描述人的本质的概念，人的类本质是真正的人的生活（人之为人，人之为社会生活的有机组成的"类"意识，如人之间的爱、友善等）的前提，人与人的对立来自这种类本质的异化，而非来自阶级社会的必然冲突。阿甘本在《没有内容的人》（1994）中将马克思此处的"类"概念解释为人的类属能力，即对人之为人的"原则"，在这一原则之下，个人的人不会感觉其他个

---

① 〔古希腊〕索福克勒斯：《俄狄浦斯在科洛诺斯》，〔古希腊〕埃斯库罗斯等：《古希腊悲剧喜剧全集》（第2卷），张竹明、王焕生译，南京：译林出版社，2007年，第155—159页。

② Paul Ricoeur. *The Course of Recognition*. Trans. David Pellauer. Cambridge: Harvard University Press, 2005, p.77.

人与自身是疏离的，"类"在每个个体身上都必然地存在，该原则让人成为"人"。他认为马克思不是在自然物种的角度，而是在作为自由的、有意识的社会实践活动的意义上使用"类"的概念①。人的类生活和类存在属性在所有个体中建立起群体性的人类存在基础，使人成为彼此间具有普遍联系的存在物。但现代资本主义秩序中的工人阶级却在"异化劳动"的泥沼中异化了人之为人的"类本质"。马克思明确指出："正是在改造对象世界中，人才能真正证明自己是类存在物。这种生产是人的能动的类生活。通过这种生产，自然界才表现为他的作品和他的现实。因此，劳动的对象是人的类生活的对象化：人不仅像在意识中那样在精神上使自己二重化，而且能动地、现实地使自己二重化，从而在他所创造出来的世界中直观自身。"②生产劳动中的"二重化"就是马克思所谓不受再生产肉体需要进行的"真正的生产"，这种自由地将自身本质力量对象化的生产，成为人承认自身作为人存在的方式。文学在马克思的区分中属于这种"真正的生产"或"类活动"，他要求从感性的人的活动、实践和主体的方面将人的活动理解为对象性活动，将人描述为一种对象性的、感性的存在物："一个受动的存在物；因为它感受到自己是受动的，所以是一个有激情的存在物。激情、热情是人强烈追求自己的对象的本质力量。"③这些主体能力构成了文学艺术生产的根本动力。"按美的规律建造""劳动创造美"的命题指明的是人通过生活劳动对象化自身的本质力量，创造出产品，这个过程本身即对人自身类本质的承认。与被肉体需要支配了的生产相比，文学艺术等精神生产领域的对象化活动是人的自觉、自由的生命活动，这种满足谋生需要之外的劳动在马克思看来是人承认自身和类的本质力量的体现。

　　马克思的论述并未陷入费希特（Fichte）式的唯意志论，他始终将人的生产劳动放在一定的关系（人与他人、人与社会）中加以讨论，认为人对自身的关系只有通过人对他人的关系，才能真正成为人的对象性的、现实的关系。马克思的"社会"与个体不是相对立的，相反，"个体是社会存在物。因此，他的生命表现，即使不采取共同的、同他人一起完成的生命表现这种直接形式，也是社会生活的表现和确证"④。纯粹自发的个体劳动是不可思议的，不存在单个的孤立的生产者。从《鲁滨逊漂流记》之类的

　　① Giorgio Agamben. *The Man Without Content*. Trans. Georgia Albert. California: Stanford University Press. 1999, p.49-50.

　　②〔德〕马克思：《1844 年经济学哲学手稿》，北京：人民出版社，2000 年，第 58 页。

　　③〔德〕马克思：《1844 年经济学哲学手稿》，北京：人民出版社，2000 年，第 107 页。

　　④〔德〕马克思：《1844 年经济学哲学手稿》，北京：人民出版社，2000 年，第 84 页。

故事中资产阶级文化史家看到的仅是对过度文明的反动和要回到自然生活中去的"美学假象";马克思看到则是小说家对于16世纪以来就做了准备的,在18世纪大踏步走向成熟的"市民社会"的预感,而在市民社会中进行生产的个人从来不是孤立的。也就是说,人不可能在社会之外进行生产:"一切生产都是个人在一定社会形式中并借这种社会形式而进行的对自然的占有。"①关于文学的存在方式问题也需要在个体与社会的辩证法中加以考察。文学生产是感性的、个体的人的对象化活动,是他的自由的、创造性的真正的生命活动,但这一生产不仅仅是用来承认自身的个体性、特殊性,它从一开始就出现在与他人的社会关系网络中,作为承认人的类本质的类生活而存在。马克思指出:"不仅我的生活所需的材料——甚至思想家用来进行活动的语言——是作为社会的产品给予我的,而且我本身的存在是社会的活动;因此,我从自身所做出的东西,是我从自身为社会做出的,并且意识到我自己是社会存在物。"②正是在这个意义上,马克思将人确立为一种特殊的"具体总体",文学作为人的特殊的精神生产(劳动),从一开始就是个人—社会的存在物,一种特殊的、能动的类生活的对象化,它的应然状态是保持、发展人的类本质,但在私有制下普遍的异化让劳动及其产品成为纯粹外在于主体的东西,一种反过来支配生产者的他物。所以异化的克服就是对人自己的生命存在,即社会的存在的复归和承认。

到此处,利科仍认同马克思的观点,文学被视为对人之个体本质和类本质的承认,文学的承认事件正是人与他人、社会的交往联结方式,人与自我、他人、人类相互承认的重要方式③。只有在承认事件的层面上,我们才能将文学生产及其产品视为真正意义上的生命活动和劳动实践,才能在理解活动中将作为他者力量对象化的文学视为敞开自身有限性,不断趋近人的存在深度的事件。但显然马克思的命意在于将文学事件及其触发的承认过程与革命事件关联起来,文学的承认事件事关现实世界中的革命实践,事关不同阶级之间主体意识的确立及其斗争,最终指向文化—政治领导权的归属问题。而利科是在主体与他者之间通过文学或叙述活动达成共识,互相理解和共同行动的角度谈论承认问题。

黑格尔将自我意识明确界定为只为被对方(另一个自在自为的自我意

---

① 〔德〕马克思:《〈政治经济学批判〉导言》,《马克思恩格斯选集》(第二卷),北京:人民出版社,1995年,第5页。

② 〔德〕马克思:《1844年经济学哲学手稿》,北京:人民出版社,2000年,第83—84页。

③ Paul Ricoeur. *Lectures on Ideology and Utopia*. New York: Columbia University Press, 1986, p.201.

识）承认而存在的意识，承认的过程不是在意识领域完成的，其过程只有在充满生命危险的行动斗争中展开，处于承认关系中的两种自我意识"通过生死的斗争来证明它们的存在"①。"巴黎手稿"表明马克思总体性的劳动概念将生产活动解释为主体间的承认过程，只有在劳动（特别是精神生产）过程中人才能自我承认、被他人承认（即"双重肯定"），成为社会性的主体。现代资本体制中作为自由的、对象化本质力量的生命活动的劳动不可避免地异化了，其结果就是文学在内的生产劳动所具有的联结个人与个人、个人与社会的承认功能走向终结。在如此晦暗的困局中，是否有可能出现黑格尔戏剧性的主奴辩证法，让真正的劳动者可以打破占统治地位阶级的单向承认事件？

　　黑格尔曾寄希望于"劳动"。《精神现象学》（1807）中奴隶通过陶冶事物的劳动找到自我承认的方式，成为内在于自身的、自在自为的存在："正是在劳动里（虽说在劳动里似乎仅仅体现异己者的意向），奴隶通过自己再重新发现自己的过程，才意识到他自己固有的意向。"②但黑格尔所谓的劳动是在意识领域内的运作的，在《哲学全书·精神哲学》（1817）中被解释为一种"欲望拓展"③，奴隶将他人的欲望内在化，进而超越主人绝对的利己主义和被不自由的意识所维系的承认关系。而在马克思的描述中，主奴辩证法被赋予一种历史感和现实性，在劳动外在于劳动者并成为主人意识的历史阶段，劳动者与生产资料是分离的，他自己独立的劳动成果本来可以成为自我承认、相互承认的事件，但资本主义的社会组织形式却将这种以劳动为中介的承认关系彻底摧毁了，真正的劳动带来的不是光荣，而是将人的存在降格为物或动物。正如阿克赛尔·霍耐特指出的，马克思使人们"第一次把社会劳动本身理解为一种承认的中介和一个可能出现蔑视的场所"④。解决这种矛盾和异化状态的关键就在于从具体到总体的一切社会生活领域的革命化，即"现存世界的革命化"。所以想要恢复充分的承认关系必须斗争，必须"为承认而斗争"，文学的承认问题于是从理论话语走向实践领域。

---

① 〔德〕黑格尔：《精神现象学》（上卷），贺麟、王玖兴译，北京：商务印书馆，1981 年，第 142 页。
② 〔德〕黑格尔：《精神现象学》（上卷），贺麟、王玖兴译，北京：商务印书馆，1981 年，第 148 页。
③ 〔德〕黑格尔：《精神哲学》，杨祖陶译，北京：人民出版社，2006 年，第 232 页。
④ 〔德〕阿克赛尔·霍耐特：《为承认而斗争》，胡继华译，上海：上海人民出版社，2005 年，第 154 页。

第二节 忠实于事件本身：利科对巴迪欧

总会有不可预知的、独一的、全新的"事件"（événement; event）发生，它将完全颠覆我们既有的知识结构和认知方式，打破"结构"的禁锢，这是后结构主义对抗结构主义霸权的思想装置。在这一对抗过程中，文学艺术的本质被纳入"事件哲学"的思考之中，形成两条理论进路：一种是现象学—解释学的理论路径，事件以其优先性成为意义创造的前提，后结构主义者的事件论多属此列，如列维纳斯的"审美事件"与保罗·利科的"事件解释学"①；一种是激进左翼的"哲学实践"路径，试图用断裂性、创造性的"事件"观来确证全球共产主义运动的可能性和必然性，如齐泽克在《事件》（2014）中对叙述事件的重视，以及阿兰·巴迪欧《存在与事件》（1988）建基于数学本体论之上的事件哲学，文学事件成为通向"真理"的"前提"。一方面，两种路径的深刻差异尚未在比较中被揭示，建基于不同本体论上的"事件"概念在他们的激活与重构下，导向不同的政治哲学；同时，两者的共通性也没有得到深入挖掘，全然异质的诉求都以事件的优先性为基础，"事先"忠实于某个事件，进而建构其主体身份，将文学事件的发生视为人们见证、思考与行动的前提之一。作为法国事件哲学的关键人物，利科与巴迪欧这两位"敌对"②的哲学家，从不同的路径走向"忠实于文学事件"的共同命题，为我们深入理解两种路径的文学事件思想提供了研讨平台。

一、事件的优先性

遭遇一个毫无防备的事件，我们将如何去理解，在事后又将采取何种行动，这是一个事关主体认知、实践活动的本体论问题。无论是"事"不关己还是涉"事"已深，真正的事件令人无法置身事外。于是我们看到哲

---

① 列维纳斯（Emmanuel Levinas）在 1947 年出版的《从存在到存在者》中将艺术这种感觉（sensation）的、审美事件视为存在者（existant）从存在（être）中涌现而出的运动，从外部揭示事物自身无法内化于我们的世界之中的"异质性"（altérité）的事件（Emmanuel Levinas. *De l'existence à l'existant*. Paris, France: Librairie Philosophique J. Vrin, 1986, p.86）；保罗·利科则在胡塞尔的基础上，试图通过对事件的语义解释，迂回寻找事件发生的历史意义，反思人类创造历史的基本方式，他将其称为"事件解释学"（l'herméneutique de l'événement），其中文学的"叙述"成为关键（Paul Ricoeur. *Du texte a l'action. Essais d'hermeneutique II*, Seuil, 1986, p.184）。

② 利科公开反对阿尔都塞及其弟子的历史唯物主义和激进实践；巴迪欧把现象学、解释学看作必须克服的哲学。

学家对于文学本质的追问多了一层来自事件的忧虑，典型的案例是阿多诺在《文化批评与社会》（1951）中宣称奥斯维辛之后写诗的野蛮性①。不管有没有切身经验，奥斯维辛作为事件逼迫主体重新思考文学在当代的存在方式，去反思在人文主义教育中习得的"美的艺术"（fine art）的观念，甚至可能彻底将其颠覆，这就是事件的力量。

利科聚焦事件是出于其解释学实践的需要，一开始就与叙述学的理性逻辑保持了距离，也无意于文学批评范式的"转向"。20世纪80年代开始，文学研究领域发生了一场显著的"伦理转向"（ethical turn），具体涵盖如下内容："从道德哲学的角度切入叙事性文本；叙述学中对伦理与小说关系的思考；批评实践中对叙事虚构作品中伦理问题的关注。"②韦恩·布斯（Wayne Booth）、詹姆斯·费伦（James Phelon）、亚当·纽顿（Adam Newton）等研究者纠缠于叙述作品的伦理复杂性，却普遍忽略了一个前提，即对叙述伦理性的奠基。利科的"叙述伦理学"并不单纯地意味着一种研究趣味的变化，它是一种关于叙述行为的本体论：叙事性文本的所言（said）与言说本身（saying）被确立为特殊的人类伦理活动；文本的故事与话语，以文本为中介的主体交流，即作为行动的文学整体被视为与伦理息息相关的活动。忠实（fidèle）于事件，则成为一切叙述活动的基础。

利科的"事件"思想得益于胡塞尔的历史哲学。从20世纪30年代开始，一度远离历史与政治的胡塞尔发现他无法绕开德国和欧洲的灾难性事件去思考历史的意义。胡塞尔并未以牺牲现实为代价换取纯粹观念的发生，历史的理性无法排除层出不穷且无法预料的事件，所以历史不是"进化"或纯粹的冒险，它永恒地处于运动之中。事件恰好溢出了形而上学的知识系统，成为一种无法把控的危险存在，于是一种基于因果律的解释机制被发明出来，每当新的事件发生，就可以将其纳入这种解释机制中，将其视为历史总体的子集。这在胡塞尔看来只是一种经验主义的主观感觉，人们得到的只是不严格的、前科学的认识："一种关于空洞的一般性的自明性：即在任何地点任何时间的任何可能体验到的事件都是被因果地决定了的。"③相反，我们难以将事件整合到时间流之中，事件在过去和未来之间占据一个独特的位置：虽然某事发生在过去，但对当下存在的我们而言，事件仍以其发生之初的奇异性让我们震惊并开始重新思考，重新筹划

---

① Theodor W. Adorno. Cultural Criticism and Society. in *Prisms*. trans. Samuel and Shierry Weber. Cambridge: The MIT Press, 1981, p. 34.

② Korthals Altes, Liesbeth. "Ethical Turn." D. Herman et al. eds. *Routledge Encyclopedia of Narrative Theory*. London: Routledge, 2005, 142.

③〔德〕胡塞尔：《欧洲科学的危机与超越论的现象学》，王炳文译，商务印书馆，2001版，第46页。

未来。

事件在主体的呼应中真正的发生,如何解释事件于是成为关键。利科认为单一的、不可重复的事件作为我们记忆的唯一痕迹,具有"自发的优先性"①。但在结构主义者那里,所有事件都可以安置到"逻辑"和"语法"的演绎中,如历史事件可以得到因果论、目的论的解释,文学被拆分为事件、行动的组合排列。也就是说运用语言学进行的解释是补充性的,在所有对事件的解释出现之前,人们面对的只有这一事件本身。在对诸多的事件的思考中,利科认为生活中事件的发生源于一个最终的选择,这种选择往往是不可逆的,并受到各种中介的审查、权利的压制。唯独在文学的虚构功能中,各种思想的实验得以无限地展开,无须即刻做出选择,这就是仅由文学提供的想象的自由,而"想象不会容忍审查"②。文学被视为最具创造性、塑形性的事件。

因此利科反对"叙述学"的研究范式。结构主义叙述学的症结在于忽视一个基本事实,即叙述学话语总是一种"事后"的逻辑建构,在叙述学家发明这些话语之前,已然存在着活生生的人类叙述活动,再向源头处追问,最终我们可以还原到人的叙述本能,一种认知的、伦理的、审美的综合能力,这种根本的能力催动一切叙述活动,它先于分析而存在,利科称之为"叙述智力":"叙述学是一种二级话语,源自创造性想象的叙述智力自有其优先性。"③与其将叙述活动视为一个静止的结构,供我们从中抽取某种规律和法则,不如将其视为足以撼动我们审美感知方式的文学事件。

二、作为"前提"的事件

在如何解释事件的问题上,马克思给出了经典论述。在《路易·波拿巴的雾月十八日》中,马克思指出人虽然能创造自己的历史,但是在一定条件的基础上进行的,即"直接碰到的、既定的,从过去继承下来的条件下创造。"④这个条件是社会现实和因袭的观念,也就是说人们无法凭空制造令自己都无法理解的事件。即使是作为事件的资产阶级革命,也需要在一定的历史基础上进行,借穿前人的衣服,借用他们的语言,以此"找到革命的精神"。如法国资产阶级革命在罗马共和国传统的理想和艺术形式

① 〔法〕保罗·利科:《记忆,历史,遗忘》,李彦岑、陈颖译,上海:华东师范大学出版社,2017年,第29页。

② Paul Ricoeur. *Temps et récit* III, p.388.

③ Paul Ricoeur, *Life in Quest of Narrative. On Paul Ricoeur: Narrative and Interpretation.* Edited by David Wood. London and New York: Routledge, 1991, p.24.

④ 〔德〕马克思、恩格斯:《马克思恩格斯选集》(第一卷),北京:人民出版社,1995年,第585页。

中，找到了超出资产阶级革命内容的、将其热情保持在伟大历史悲剧高度上所必需的自我欺骗，马克思称这种"革命"是用回忆世界历史事件的方式，向自己隐瞒自己的内容。对马克思而言，世界历史事件不论是悲剧或喜剧，想要创造新的事件的人仍然绕不开已经发生的事件。

对于巴迪欧而言，创造新的思想乃至"真理"（vérité）的"前提"（condition）是与事件的相遇。巴迪欧的"真理"是指作为主体的人所宣告、构造和坚守的事物，真理与主体的发生都是偶然的、特殊的："独特的真理都根源于一次事件。某事必然发生，这样才能有新的事物。甚至在我们的个人生活中，也必须有一次相遇，必然有没有经过深思熟虑、不可预见或难以控制的事件发生，必然有仅仅是偶然的突破。"①在他看来，所谓"事件"是真理的根源所在，某个偶然的、未经深思熟虑的、无法预见的、难以控制的事件促使人与之相遇，它如奇迹般发生、显现，是不可能被人的解释结构捕获的存在。用齐泽克的话来说，巴迪欧所谓哲学的前提正是"事件"："激发我们思想的东西始终是创伤性的，是与某一外部现实的激烈相遇激发出来，这个外部现实把自身强加于我们，打破了我们既定的思维方式。正是在这个意义上，一个真正的思想才总是解中心的：人并不自发思想；人被迫思想。"②而我们可能与哪些事件遭遇，让自身成为忠实于该事件的主体？巴迪欧认为这类"真理程序"有且仅有四类：诗、数元、政治与爱。在思想的这四个场域中，真正的事件得以发生，"真理"得以生成。

以政治事件为例，1968 年"五月风暴"作为巴迪欧的"事件"，究竟与一般意义上的"事实"有何不同？作为一次集体性行动，"五月风暴"中的游行示威、占领大学、罢工等事实并不能单独地构成一个"事件"。它之所以是一个事件，因为它成功地为自己命名（"五月风暴"），这个命名在历史的结构中打开一个点位（site），即一种彻底的断裂：发生的是名为"五月风暴"的事件，而不是又几次不痛不痒的罢工或游行。也就是说，事件打乱了我们习以为常的体制和分类，它发生了、留下踪迹，等人们试图解释它时又消失无踪，留给人们的只有这个全新的、奇异的事件本身，你只能在其之上做出自己的选择：要么承认事件确实地发生了，并忠实于它的名字；要么当这个事件从未发生。对于巴迪欧本人而言，"五月风暴"作为事件改变了他对阿尔都塞主义的态度，重新思考激进路线的

---

① Alain Badiou. "Philosophy and Politics". *Radical Philosophy*. Vol. 96. July/August 1999, p.124.

② 〔斯洛文尼亚〕斯拉沃热·齐泽克：《霍尔沃德：忠实于巴丢事件》，陈永国译，汪民安主编：《生产》（第三辑），桂林：广西师范大学出版社，2006 年，第 212 页。

方向。所以巴迪欧的"主体"就是那些敢于忠实于某个特定的、可能发生过的事件的人，他们将在新的历史语境中重新激活那些被准确命名过的事件。对于历代的反抗者而言，古罗马时代的"斯巴达克斯起义"是一个事件，因为他们用自己的行动向它宣誓了忠诚：出生于黑人奴隶家庭的"黑色斯巴达克斯"杜桑·卢维杜尔（Toussaint Louverture）领导圣多明各奴隶起义，建立海地共和国；"斯巴达克同盟"（Spartakusbund）的缔造者卡尔·李卜克内西与罗莎·卢森堡用生命捍卫了 1919 年的"斯巴达克斯起义"。正是在这些主体忠实于事件的行动中，斯巴达克斯—事件（Spartacus-event）成为了永恒的真理，在完全不同的历史境况中，它从未停止发生，真正的主体用赴死的忠诚来捍卫事件之名，重新创造事件。千年帝国之所以瓦解，是因为一些主体用忠实于事件的方式抵抗了顺从的奴性。换句话说，真理掌握在将赌注押在事件之上，决定承担它的一切后果，并矢志忠实于它的人手中，由此获得的真理既是永恒的，又是历史的[①]。我们可以说，事件的诗意永不枯竭，因为忠实于它的主体会不断出现。

在文学的领域中同样存在达到事件的可能性。巴迪欧不仅从事件的维度审视从荷尔德林到保罗·策兰的诗歌，更用自己的戏剧创作制造文学的事件。在他看来，用词语表达此在理想的诗歌具备"切开"（césurer）历史定向结构的能力，作为事件的诗歌不会用刻意的修辞讨好中产阶级，诗歌本身就是宣言、行动和事件，它自成权威，无须交流，拒绝被对象化的可能性。在他看来，诗歌—事件是语言内部一场决绝的起义，它和政治事件一样可以生产真理，但方式不同。在分析超现实主义诗歌时巴迪欧指出，超现实主义者"重新创造爱"（兰波）的宣言既是一种艺术态度，也是一种生活态度和政治态度，艺术具有重建感性力量的总体能力："艺术强大之处在于，它公平对待事件。这甚至可以看做艺术的定义之一：艺术就是在思想的层面，完全地回归事件之为事件的本质。"[②]这就是艺术成为事件的方式，与历史回顾式的区分政治事件不同，只有在艺术中，人们相遇、起义或暴乱的感觉被保存下来，并被不断重建。

巴迪欧笔下"最后的诗人"策兰，用"不可分辨的呢喃"让诗歌成为事件。巴迪欧在回应波兰诗人米沃什的文章中解读了策兰的诗篇："更窄的林间小道里也产生意义/这意义是被我们竖起的/最致命的那块界石刺破的……扎在这里的竹杖/明天还会在这里/你的灵魂在此和你无拘无束地游

---

① 〔法〕昆汀·梅亚苏：《阿兰·巴迪欧的历史与事件论》，蒋洪生译，汪民安、郭晓彦主编：《生产》（第十辑），南京：江苏人民出版社，2015 年，第 254—255 页。

② Alain Badiou, Nicolas Truong. *In Parise of Love*. London: Serpent's Tail, 2012, p.78.

戏。"他读出的诗歌的真理不是做出正确的、一致性的判断，而是制造"不可分辨的呢喃"。读者需要的是让自己投身于诗歌的行动中："它们依偎着无依无靠/深渊里两根手指打得劈啪作响/草稿堆里世界沙沙作响着升起/这取决于你。"诗歌打破一切一致性和确定性，成为真正的事件："你和我被诗歌的行动所召唤，我们聆听不可分辨的呢喃。"①

　　无论是强调事件的优先性或视之为真理的"前提"，利科与巴迪欧都是在用一种事件哲学的思维切入历史、政治与文学问题。20 世纪 70 年代中期结构主义逐渐式微，主体、历史、事件重回理论研究的中心，"重新发现事件"的思潮终结了结构主义的霸权。在作为表象的"同盟"背后，我们需要更进一步追问二人的深刻差异。

三、见证事件的可能性

　　当事件发生，在我们开始应对之前，首先遇到的问题是如何讲述这一事件，而讲述本身已经敞露着我们感知、理解事件的根本态度，也就是说叙述者选择了一个伦理位置，事件的优先性决定了这是叙述者无法逃避的命运。

　　利科在 1940 年到 1945 年期间被德军俘虏，他在战俘营中度过了极度痛苦的五年。这段经历让潜心研究胡塞尔和雅思贝斯哲学的利科开始认识实践性的恶。历史的暴力看起来是历史的"真相"，由权力引发的恶行充斥历史的每个角落，以至于在历史的这个新纪元中，叙述与诗歌的艺术不再有继续存在的基础。利科是在生存论的维度，将叙述视为劫后余生的当代人的生存之道，因为有能力叙述的主体拥有的不仅仅是叙述的技巧，还有忠实于事件的能力，这种忠实本身意味着一种实践性的伦理态度。

　　在利科看来，历史的真实与记忆的忠实并不是对立的，没有不具备历史真实性的忠实记忆，也没有不具备记忆参照物的历史，记忆帮助我们重新找到逝去的而没有被兑现的承诺。记忆不是无法进入历史学家视野的主观感觉，它的真实性效应使自我的身份被建构起来："在认识的那一刻，回忆的努力结束了，这个真实性的诉求把自我表达出来。我们因此感觉到并且知道某件事过去了，某件事发生了，而我们作为行动者、遭受者、见证者牵涉其中。让我们把这个真实性的诉求称为忠实性（fidélité）。"②在理解一个事件的全部教益之前，我们需要讲述这个事件，而在讲述之前，

① Alain Badiou. *Handbook of Inaesthetic*. Trans. Alberto Toscano. Redwood City: Stanford UP, 2005, p.34.
② （法）保罗·利科：《记忆，历史，遗忘》，李彦岑、陈颖译，上海：华东师范大学出版社，2017年，第 69 页。

要对事件"忠实"。利科所谓的"忠实"显然不是强迫叙述者达到绝对"客观"的神话，也并非让我们完全信任叙述者的喃喃自语，他提请我们注意的是面对全新的灾难性事件，我们需要聆听他人的声音，那些仅仅建基于个人记忆之上的、裹挟着个人情感际遇之光晕的叙述，可能比历史学家的叙述更加"忠实"。因为事件留下的印记，优先存在于我们的感知之中，"建立在为事件感动（être-affecté）的基础上；事后，叙事才使事件成为证据。"①利科认同亚里士多德的记忆观，后者将记忆的责任规定为通过记忆，公正地对待每一个异于自身的他者的责任。利科的"忠实"指向的正是这种记忆的责任，叙述即对曾经存在过的事件偿还债务，虽然叙述者只是事件的参与者，在"奥斯维辛之后"的极端情境中，他依托个人记忆的"一面之词"无法自我确证，但他仍有叙述的责任。面对发生的事件，叙述者有讲述的自由，而我们则有选择相信和反思的自由，于是叙述被归结为记忆的伦理问题。

根据康德的《纯然理性界限内的宗教》（1794），人的"根本恶"是一种与生俱来的自然倾向，似乎不可能借助于人力铲除，但康德同时强调作为"自由行动的存在者的人"②必然能够克服这一倾向。因为我们是根本上自由的人类，有选择作恶和行善的充分自由，这种选择的权力只属于能为之负责的人类。作为有能力选择伦理倾向的唯一存在者，源自记忆的叙述显示着人类对待族类历史的伦理态度，现实历史的悲剧不能成为禁锢我们思考和行动的合理说辞，越是满载非理性事件的历史，越需要我们去领会并接受其意义："领会历史，就是理解行动、思想、感觉的连贯性。"③事件的发生虽然常常出乎理性分析之外，给我们以震惊的体验，但这并不代表我们无需理解事件的后果，即使这后果是灾难性的。这里利科所谓历史的"意义"不是黑格尔的"目的"或"精神"，而是去获取支撑我们在当下的具体历史阶段继续生存下去的根基，正是这种共同生活的意志让利科确证记忆的伦理品格，"有能力的人"（l'homme capabble）必然是一个能叙述的人，能以完全自由的选择抵抗遗忘，忠实于事件之人，这里完全自由意味着"必须为我们的选择、决定和行动承担全部的道德责任"④。对利科而言，正是通过叙述这种语言活动的中介，事件获得保存与反思，个人化的

---

① 〔法〕保罗·利科：《记忆，历史，遗忘》，李彦岑、陈颖译，上海：华东师范大学出版社，2017年，第83页。

② 〔德〕康德：《纯然理想界限内的宗教》，李秋零译，见《康德著作全集》（第六卷），北京：中国人民大学出版社，2013年，第37页。

③ Paul Ricoeur. *Du texte a l'action. Essais d'hermeneutique* II, p.179.

④ 〔美〕理查德·J.伯恩斯坦：《根本恶》，王钦、朱康译，南京：译林出版社，2015年，第52页。

记忆和集体记忆进入他者的视野，成为主体间共享的经验。对他人叙述的信任，对他人记忆的尊重，让社会中基本的"常识"（sens commun）、"共识"（consensus）成为可能，而当一个社会中的叙述言说行为被不假思索地怀疑时，意味着政治制度制造出的环境已让信任和常识不再可能。

利科非常清楚，基于记忆的叙述是在有限的个体经验领域展开的，在与他人的交流中，它可能因信任而被理解，进而形成共识；与此同时，当叙述远远超出听众的日常经验领域，甚至因其不可复制性而让他人陷入陌生和恐惧时，叙述反而会制造"分歧"（dissensus）。"历史见证者"、大屠杀幸存者非同寻常的记忆在此成为利科反思叙述伦理性的关键。幸存者的经历是一般听众无法经历的，而经过记忆的筛选、变形以及叙述语言的中介，他们的讲述显得极为脆弱，甚至是他们自身都已无法确保记忆的绝对真实，于是忠实于大屠杀事件的记忆和叙述成为不可能的见证，他们过于极端和非人以至于同情之理解十分困难。但即便他们已经对交流的不可能性有所觉悟，他们仍在讲述：参加法国抵抗运动的罗贝尔·昂泰尔姆（Robert Antelme）写下《人》（1957）；辗转三个集中营，1945 年才被释放的幸存者让·埃默里（Jean Améry）写下《罪与罚的彼岸：一个被施暴者的克难尝试》（1966）；集中营编号 174517 的普里莫·莱维（Primo Levi）则从 1948 年开始，用虚构或"非虚构"的方式，写下大量的见证性文本。作为事件的亲历者，莱维一面对像讲故事一样讲述个人记忆的行为有所怀疑，一面却坚持向青年们讲述那些他们无法从根本上理解的事件，并将其视为一种绝对律令："青年一代必须倾听我们的述说：因为我们集体性地见证了一个至关重要、出人意料的事件，正因它出人意料所以它至关重要，任何人都无法预见这一事件的发生。"①如何让后来者反思、理解此类溢出常识和一般理性的事件，在莱维和利科看来唯有以忠实于事件和记忆的方式去叙述，才能获得继续共同生活的力量。而对于那些没能幸存，无法亲自见证，丧失记忆和叙述能力的人们，成为他们的代理人，讲出他们被历史抹去的故事，成为幸存的"历史见证者"们的伦理责任，即使他们很难被耐心地聆听。劫后余生的叙述者们的结局极具象征意味：莱维和埃默里，两位对抗遗忘的见证者最终选择以自杀的方式终结自己的叙述。

这就是利科所谓"历史见证者的孤独"，因为"有些见证者从未遇到能够聆听并听懂他们的听众。"②他们的记忆和叙述的伦理性无法得到相

---

① 〔意〕普里莫·莱维：《被淹没与被拯救的》，杨晨光译，北京：中信出版社，2017 年，第 226 页。

② 〔法〕保罗·利科：《记忆，历史，遗忘》，李彦岑、陈颖译，上海：华东师范大学出版社，2017 年，第 216 页。

应的尊重，利科则将其视为一种伦理上的必须，基于记忆的叙述仍是我们抵抗怀疑和遗忘的凭依，能对抗见证之危机的只有见证本身。

四、文学真理及其"终结"

利科不仅对结构主义排斥事件的方法做出了有力回应，并在其著作中从发生、对象、主体、价值等维度探讨文学的事件性，充分描述文学作为事件存在的方式。不同于巴迪欧对当代世界中诗歌作为真理事件之可能性的否定[1]，利科对诗言说真理的信心始终如一，诗之语言、阅读的占有事件让文学以其特殊的方式自成真理。如果说利科试图回到文学言说的本体论维度，以对文学解释、接受现象的考察完善对文学存在价值的确证，重新发现现代世界中文学作为真理事件的可能性，那么巴迪欧则是以"文学真理"的言说布置了文学终结后的重生计划。

巴迪欧将"真理"（vérité）视为人类活动能达至的最高认识，但真理归根到底是人生产出来的，真理在它所召集和维持的主体中出现（与阿尔都塞的意识形态的询唤相对），"一个真理通过宣布真理的主体而得以存在，这些主体在宣布真理的过程中以其对事件的忠诚而成为了主体"[2]。巴迪欧以其《存在与事件》（1988）建构起关于事件的哲学，成为当代哲学的重要"事件"。在巴迪欧看来，所谓"事件"是真理的根源所在，某个事件（偶然的，未经深思熟虑，无法预见，难以控制的）的发生促使人与之相遇，对这一事件的宣称和忠诚使人成为真理的主体，主体向真理的靠近就是纯粹朴素的、自由的实践。巴迪欧按照阿尔都塞"独断哲学"的逻辑，将诗歌看作宣言、行动和事件，"诗歌不存在于交流之中。诗歌没有什么可交流的。它只是一个言说，是一项仅从自身获得权威性的声明"[3]。这样的诗歌并不会向乌合之众妥协，它需要某个准主体将其当作"事件"来经历，生产出真理，而且仅在文学艺术中出现的真理。《非美学手册》（1998）将西方思想中关于"诗与哲学之争"的解决策略归纳为三种模式，即教谕模式（didactic schema）、浪漫模式（romantic schema）和古典模式（classical schema）。教谕模式认为艺术无法掌握真理，真理外在于艺术，如柏拉图；浪漫模式下艺术本身即可把握真理、施行教育；古典模式中艺术被限定在"逼真"（像真却不是真）上，沦为想象性的逼真模仿，与真理无关，如亚

① Alain Badiou. *Fifteen Theses on Contemporary Art*. Lacanian ink. Vol.23, Spring 2004: 100-119.

② 陈永国主编：《激进哲学：阿兰·巴丢读本》，北京：北京大学出版社，2010年，第8页。

③ Alain Badiou. *Theoretical Writings*. Edited and Translated by Ray Brassier and Alberto Toscano. Continuum, 2004, p234.

里士多德。巴迪欧将这三种模式的现代版本分别归于马克思主义、海德格尔的解释学、精神分析，并认为在这三种传统模式中艺术与真理始终无法在内在性和独一性上达成共识，所以需要第四种模式来确立艺术与真理的共存：

> 艺术本身即真理程序。或：对艺术的哲学性确认就是真理的范畴。艺术是一种思想，作品本身（而非其效果）即真（Real）。这种思想，即由作品催生的真理，不可化约为其他形式的真理——如科学的、政治的或爱的真理。这也意味着艺术作为思想的独一维度，不能化约为哲学。内在性：艺术在严格意义上与其生产的真理共存。独一性：这真理仅只在艺术中显现。①

巴迪欧在这里确认的是独一的"艺术真理"，与之类似的有科学的、爱的、政治的真理，哲学只以真理——真理程序的中介形式登场。文学艺术不是在构造某种知识体系，而是开启一个真理程序的主体，它在思想的高度上完全公正地评价事件，试图重建事件的力量。文学艺术生产真理，并作为思想的一种独特形式成为哲学的条件（之一），是一种自觉的实践，那么如果现代世界仍然需要真理的话，生产真理就应成为文学艺术的责任；哲学在思考思想，提供概念空间中确立自身，但传统的三大模式中哲学与诗的对立只是哲学家维护哲学权利的策略，为了理解存在的复杂性，单纯的推理论证是明显不足的，哲学家应去思考诗歌无法被估算、无法被思考的事件性，让"艺术真理"显现出来，而这正是巴迪欧一面宣告文学在"世纪"②与"帝国"③中的终结，一面又不断生产文学话语的深意：文学实践

---

① Alain Badiou. *Handbook of Inaesthetic*. Translated by Alberto Toscano. California: Stanford University Press, 2005, p9.

② 巴迪欧借自曼德尔施塔姆的诗篇《世纪》（下引为智量译文），将 1914 以降的历史称为"世纪"。"世纪"在诗中被描绘为一只野兽，它是一种全新的生命形式，但立足未稳，脊骨"如婴儿骨骼般脆弱松软"，"你柔弱的脊椎仍不够强壮"，巴迪欧从中读出的问题即这个世纪的问题："这个世纪同时是囚笼和新生，同时是十恶不赦的恐兽和新生的年轻的野兽。"（阿兰·巴迪欧：《世纪》，南京：南京大学出版社，2011 年，第 22 页）"纷乱的时代的旋转舞动，必须用长笛来加以约束"，巴迪欧认为曼德尔施塔姆在此提出的是诗歌在世纪中的作用，19 世纪中诗人的先知式的引领形象在 20 世纪遭到了彻底的毁灭，诗人成了失落的思想的残余物。

③ 哈特、奈格里的核心概念"帝国"（Empire）。所谓的帝国不是列宁意义上的帝国主义国家实体，而是一个政治客体："伴随全球市场和生产的全球水线的形成，出现了一种全球化的秩序，一种有着新逻辑和结构的规则——易言之，一种新的主权形式。帝国是一个政治客体，它有效地控制着这些全球交流，是统治世界的最高权利。"（Michael Hardt and Antonio Negri. *Empire*. Harvard University Press, 2001, xi）这种总体性的政治霸权空间由一系列国家和跨国机构组成，他们遵循一致的统治逻辑，有效规范着全球交换的政治主体，是已经出现或即将出现的世界图景。

是真理的生产，它不能也不应该终结，只是需要用关于文学终结的言说申明文学在现代性中不可能的可能性。

在巴迪欧看来流俗的"终结论"代表着相对主义和虚无主义的立场："宣布某种'终结'，完结，彻底的绝境，从来就不是谦虚的做法。宣布'宏大叙事的终结'正如宏大叙事本身一样并不谦虚。"①

就此而言，利科选择回到亚里士多德，证明文学言说真理的潜能与巴迪欧的"终结论"并不矛盾。在人们对文学意义的占有中，承认事件的发生确证了文学作为真理事件的可能性。就我们承认人物、行动，并以之重塑身份，获得"自述"能力而言，文学提供的是"尊重的真理"：文学中人物、行动的内在一致性，人物在想象中的完整形象支配作者并使读者深信不疑时，人物就是真实。由此我们去承认、自我承认和相互承认，并占有文学的意义，拓宽自身的存在模式。就作者而言，是他对素材（基于社会历史、政治生活的现实）的重视和尊重让他能够采取一种美学的表达，在社会和政治中创造有价值的新事物，所以不存在不介入的纯文学写作："符合其内在动机的真正艺术是介入当前问题的，尽管艺术不愿意这样做，不愿意承认使之纳入一种整体文明的原因。"②"尊重的真理"就是这种非美学的美学真理。与此同时，文学以其对生活本身的批判为我们提供了反思的基础，这被利科称为一种怀疑的真理。利科以对《奥德赛》的解读让我们知道承认事件的发生需要的不是盲目的认同激情，而是去尽力犹豫、迟疑的反思过程，最终达成对自我的承认。这在利科看来是西方哲学在真理领域中引入的一种提问的力量，这种批判维度兼具破坏性与建设性。哲学在丧失为所有"学科"提供真理基础的能力时，文学则以朴素的方式讲述关于我们生活世界的最原始的真理，对我们的存在本身做出解释和判断，诗是生活的批判。

如果说巴迪欧是在确证诗歌召唤忠实主体的潜能，创造激进的未来蓝图，那么利科则是以忠实于事件的方式，为文学、叙述成为反思的中介，从而抵抗遗忘与暴力的能力找到基础。诗包含的尊重—怀疑的真理虽然会与哲学一样，遭遇现代性而"终结"，但它作为真理事件的潜力犹在。返回开篇利科与巴迪欧的分歧。实际上，巴迪欧版本的"终结论"是将沉默视为文学真理显现的方式。我们知道，从黑格尔到阿多诺，再到丹托、希利斯·米勒的艺术终结论实际上并不是主张绝对地取消文学艺术，黑格尔使

① Alain Badiou. *Manifesto for Philosophy*. New York Press, 1999, p30-31.
② 〔法〕保罗·利科：《历史与真理》，姜志辉译，上海译文出版社，2004 年，第 161 页。

用的 der Ausgang 一词不仅含有结束的意思，更有开始、再生、入口、出口等含义，不完全等同于"死亡"。策略性地宣称"终结"是为文学作为真理事件之潜能的实现创造条件，因为真理事件的到来并不是我们可以直接预见和计划的事情，文学本身包含的真理就是以潜在—未来事件的模式存在其中的。跨过"世纪"和"帝国"，跨过绝对的沉默，文学真理终将被恢复。

五、"忠实"如何可能

不可交流的个人经验在叙述中成为他人可理解之物，乃至获得对抗遗忘、继续生存下去的勇气，利科将这一切建立在叙述的伦理性之上。所以在利科看来，不涉伦理的叙述学只能将事件再次归入结构主义的辩证逻辑中，如果存在叙述之学，那它只能是一种叙述的伦理学，即具体应用于叙述活动的事件解释学。

在事件哲学的不同路径中，利科与阿兰·巴迪欧（Alain Badiou）共同分享了"忠实于事件本身"的命题。在对抗结构主义的过程中，利科与巴迪欧通过汲取事件思想，形成了隐形的同盟，但问题在于不同路径的事件思想终究无法在纵深处达成一致。而在当前的研究中，这个关键点被忽略了。伊格尔顿的《文学事件》（2012）在评论利科与巴迪欧时，指出两者都形成了以辩证的事件观为核心的文论话语，并未细致辨析其深刻差异，仅仅认为两者用事件这种"悖论性修辞"把文学艺术看作"行动着的结构"①。巴迪欧的"忠实于事件本身"是一种左翼激进思想在时代中的游击策略，忠实于事件即意味着对诗之言说及其沉默的主动回应，诗如幽灵般游荡、潜伏于思想的深处，等待忠实主体的唤醒，在与"帝国"的斗争中成为内在于我们的思想事件，主体身份在忠实于事件的行动中得以确立。对巴迪欧而言，忠实本身就是行动，就是事件的发生，所以一个宣称，一个命名就已支撑起忠实的主体。

相较于巴迪欧，利科的"忠实"需要经过语义的迂回和痛苦的承认过程。从叙述者到受叙者，对事件的忠实无不需要审慎的伦理反思。忠实于事件在利科那里指向对他者叙述真实性的信任，特别是历史见证者在讲述他们涉身其中的"故事"时，"忠实"往往很难被信任。亲历者特殊的经历远远超出公众的一般理解能力，让"历史见证者"的叙述很难获得理想听众。此时的叙述者是那些已经被深深伤害而又无法停止讲述的见证者，而人们的遗忘速度却能超出自己的想象。利科不无沮丧地一再提及莱维的

---

① Terry Eagleton. *The Event of Literature*. New Haven and London: Yale University Press, 2012, p.200.

例子，后者作为文笔细腻的暴行见证者，在《这是不是个人》（1947）、《被淹没与被拯救的》（1984）等"非虚构"作品中一再表现出对其见证行为本身的怀疑。他为受害者在内的人对历史的健忘而愤怒，开始履行一个"完美"见证者的责任，但他逐渐感觉到被听众背叛的沮丧状况：

> 我们经常觉得，自己是令人厌烦的讲述者。有时甚至在眼前出现一种象征性的梦，好奇怪，那是在我们被囚禁期间夜里经常做的梦：对话者不在听我们在说什么，他听不懂，心不在焉的，然后就走掉了，留下我们自己孤零零的。不过，我们仍然得讲述出来：这是对那些一去不复返的囚友们的一种责任，也是一种使命，它赋予我们的幸存以某种意义。①

莱维甚至意识到自己的见证实际上是不可能的，因为他只是那些亡者的打过折扣的代理人，在讲述他们的故事，但那些亲历者终结的痛苦却没有人能代他们讲述，也无法被任何人讲述，因为没有人能活着归来讲述自己的死亡。法律层面上适当的见证者是第三方，而那些亲历事件的幸存者显然不是第三方，他们的叙述或见证似乎是在不断催促人们相信他们的"忠实"。将个人的见证当作历史文献或档案在利科看来是可疑的，在这样极端的事件面前，语言本身是可疑的，这就是交流的不可能性和见证的不可能性，他们的叙述在最大程度上只是痕迹。与利科相对，阿甘本（Giorgio Agamben）在《奥斯维辛的剩余》（1998）中宣称见证的不可能性，但在他看来幸存者所见证的是不可见证之物，支撑见证的是其核心中的空白（lacuna），说出或写下的语言在见证中是无力的："为了显示支撑见证的不可能性，见证的语言必须让位于无言（non-language）。"②利科虽然承认见证的不可能性，但在莱维等见证者忠实于事件的努力面前，以一般常识或普通理性去怀疑其真实性，不仅不会对共识、理性有所助益，反而会加剧遗忘的速度，弱化记忆的能力，而遗忘是对事件的背叛。对利科而言，事件不是已经发生过的事，事件只存在于一个人的见证中，是所有逝去的事物的象征。甚至可以说，正是因为绝对的真实，完美的见证本身的不可能性，让忠实于事件的叙述成为可能。虚心聆听他者的讲述，用"忠

① 〔意〕普里莫·莱维，莱昂纳多·德·贝内代蒂：《这就是奥斯维辛 1945—1986 年的证据》，沈萼梅译，北京：中信出版社，2017 年，第 179 页。

② Agamben. *Remnants of Auschwitz: The Witness and the Archive*. Trans. Daniel Heller-Roazen. New York: Zone Book, 1999, p.39

实"的叙述唤起记忆的能力，是人类对抗暴力和遗忘的基本方式。

问题在于，我们往往在反思自己的历史认识论之前已经开始了对他人叙述的怀疑，在历史叙述的源头处，修昔底德恰恰将历史叙述的合法性建立在个人见证的基础上，他的叙述原则是以自己亲历的事件为基准，没有亲历的则听取亲历者的叙述，再经过审慎地核对。在此基础上，即使叙述者有自己的立场，对同一事件有不同的叙述，或者因为记忆本身的模糊而无法自证，他的见证仍不失为我们反思和了解事件之意义的中介，因为如果没有他们的叙述，事情只会更糟，忠实于事件就是在拒绝遗忘的背叛，对修昔底德而言，叙述的全部意义就在于"清楚地了解过去所发生的事件和将来也会发生的类似的事件（因为人性总是人性）"①。所以，真正能将人们带回事件面前的正是来自他人的活生生的见证，即使是微小的痕迹也有可能洞悉事件的真意。

这种对于"忠实"的信任凸显了利科与后结构主义者的差异，当罗兰·巴特将事件和真理还原为语言游戏，海登·怀特宣称历史即虚构之际，类似的怀疑主义话语将无可避免地引起新的怀疑。在利科看来，当我们在嘲笑见证者像证人一样呼吁"我曾在这里"—"相信我"—"如不相信，去问他人"时，我们恰恰低估了见证的力量，"批判的萌芽就植根于活生生的见证之中"②，只有以叙述为中介，通过见证以及对见证的批判，对事件的忠实才有可能在非亲历者处发生，批判的环节是利科在"漫长迂回"（le long détour）中实施的语义解释，通过对叙述文本及其所忠实的事件的不断反思，才能最终抵达共识、信任和一种健全的记忆—遗忘。此处利科已经抛弃了记忆和遗忘的二元对立，《追寻逝去的时光》在他看来表明的是叙述者为了去记住（faire-mémoire），必须以遗忘某事为代价。最终我们需要在事件之后，在对事件的记忆和遗忘之后，重新开始生活。利科用箴言体结束《记忆、历史、遗忘》一书："历史之下/记忆与遗忘/记忆与遗忘之下/生命/书写生命是则另一种历史/尚未完成。"③承担起书写生命的责任，虽然尚未完成或永远无法完善的，是忠实于事件的叙述，"忠实"于是成为一切叙述的终极伦理。

---

① 〔古希腊〕修昔底德：《伯罗奔尼撒战争史》，谢德风译，北京：商务印书馆，1960 年，第 18 页。

② 〔法〕保罗·利科：《记忆，历史，遗忘》，李彦岑、陈颖译，上海：华东师范大学出版社，2017 年，第 380 页。

③ 〔法〕保罗·利科：《记忆，历史，遗忘》，李彦岑、陈颖译，上海：华东师范大学出版社，2017 年，第 677 页。

第三节 反思"事件解释学"

——基于《时间与叙述》卷三

任何事件都是在特定时空中发生的,事件必须隶属于时间,即在具体历史的境况中"绽放"。也就是说,事件虽然可以被主体在不同历史时间中重新阐释、再度激活,但一个事件的发生总是内在于历史,于是文学、政治、信仰可以视为历史事件集合的子事件。另一方面,文学事件对时间经验的把握是多元的,它在某种程度上溢出历史时间的限制,打开存在的新面相,创造出新的意义空间,以至于改变存在的整体。利科不仅对结构主义排斥事件的方法做出了有力回应,而且从《时间与叙述》卷三(1985)出发,他通过对黑格尔与马克思的批判性解释,经过胡塞尔的中介,利科确立了一种新的事件观,试图通过对事件的语义解释,迂回寻找事件发生的历史意义,反思人类创造历史的基本方式。利科称此项工作为"事件解释学"①。

一、"理性的机巧"下事件的总体化

按照黑格尔主义的历史哲学,理性是世界的主宰,世界历史即合理的过程,在其中各种事件的发生都统一为一个目的(Telos),即"精神"达到对自己的自由的意识,不论作为历史主体的人如何挣扎,是否情愿,或是否知悉这"目的",他们的所有实践终将构成趋向这一目的的台阶。于是对历史的研究或叙述只能是猫头鹰式的"回顾",在对"事件"的解释中无限论证理性最终胜利的合理性。可见"事件"在目的论、进步主义的历史哲学中无法获得超越历史总体结构的意义,也就是说,历史事件在此不具备真正的事件性。

利科对黑格尔历史哲学的批判十分坚决。《时间与叙述》卷三第九章《拒绝黑格尔》不仅从逻辑上揭示了黑格尔历史哲学的循环性,更在伦理上彻底拒绝了由黑格尔所谓"理性的机巧"带来的冷漠和暴虐。黑格尔《历史哲学》(1837)宣称哲学家的历史研究追问的不是每个事件的必然性,而是揭示"真相",即每一具体发生的事件都以一观念为基础,每一事件的发生都可从先前事件中察见端倪:"'观念'真是各民族和世界的领袖,而'精

---

① Paul Ricoeur. *Du texte a l'action. Essais d'hermeneutique*II, Seuil, 1986, p.184.

神',就是那位指导者的理性和必要的意志,无论过去和现在都是世界历史各大事变的推动者。"①所以哲学的历史研究是将各种行动、事件转化为一种观念的作品。但在利科看来,黑格尔所谓的历史不是历史学家的历史,而仅是哲学家的历史,即哲学家游历精神的全部哲学阶段,自我理解的过程,这是思想在历史中的外化和应用,即自由和绝对精神的完成史,一种只能由哲学家书写的历史②。但它与历史本身却有质的差别。

更为重要的是,黑格尔历史哲学的重要观念"理性的机巧"(die List der Vernunft)让个体的人在历史中处于绝对的悲剧性之中,个体遭遇的所有悲剧性事件或个体发起的所有暴力似乎都在历史洪流的合唱中被抹去踪迹,让位于最终降临的绝对精神之显现。在《小逻辑》(1817)中黑格尔清楚地表明"理性的机巧"如何驾驭事物达到自己目的的过程:

> 理性是有机巧的,同时也是有威力的。理性的机巧,一般讲来,现在一种利用工具的活动里。这种理性的活动一方面让事物按照它们自己的本性,彼此互相影响,互相削弱,而它自己并不直接干预其过程,但同时却正好实现了它自己的目的。在这种意义下,天意对于世界和世界过程可以说是具有绝对的技巧。上帝放任人们纵其特殊情欲,谋其个别利益,但所达到的结果,不是完成他们的意图,而是完成他的目的,而他(上帝)的目的与他所利用的人们原来想努力追寻的目的,是大不相同的。③

于是世界历史成为上帝的实际行政,所有事件都致力于上帝计划的实行。哲学的历史研究要理解的即这一计划。"天意""上帝的目的"在《历史哲学》中又具体化为历史的理性或目的,个体作为特殊的、被激情支配的事物,只能被动承受历史的暴虐:"特殊的事物比起普通的事物来,大多显得微乎其微,没有多大价值:各个人是供牺牲的、被抛弃的。'观念'自己不受生灭无常的惩罚,而由各个人的热情来受这种惩罚。"④是"精神"而非活生生的个体"人"构成黑格尔世界历史舞台的主角,精神被视为神圣不可侵犯的历史决定者,完全外在于具体发生的偶发事件,甚至反过来将偶发事件的"偶然性"转化为"必然性",从而支配它们。换句话说,历

① 〔德〕黑格尔:《历史哲学》,王造时译,上海:上海书店出版社,2006 年,第 7 页。
② Paul Ricoeur. *Temps et récit* III, Paris: Seuil, 1985, p.281.
③ 〔德〕黑格尔:《小逻辑》,贺麟译,北京:商务印书馆,2011 年,第 396 页。
④ 〔德〕黑格尔:《历史哲学》,王造时译,上海:上海书店出版社,2006 年,第 30 页。

史本身任由人们自生自灭，无视他们的任何功绩或暴行，一路向"自由"进军。创造、驱动历史的不是芸芸众生，只有大人物如拿破仑者，被黑格尔视为行进着的世界历史本身，而拿破仑的最终失败又可纳入"理性机巧"的算计之中。当事件被总体化为世界精神的"阶段性成果"，无力反抗"理性的机巧"之时，黑格尔历史哲学的伦理问题浮出水面：它让活生生的个体以放弃生之宽慰为代价，强行要求个体与历史和解，即要求受害者无条件"理解"施暴者，在历史的暴力面前保持沉默。黑格尔推行的历史哲学在此处展露出国家政治哲学的面貌，这在经历过集中营战俘生活的利科看来是一种危险的历史解释学："在我们眼见那么多受害者及其遭遇之前，黑格尔引入的对宽慰（consolation）与和解（réconciliation）的分裂就已让我们无法忍受。"①而围绕在"理性的机巧"周围的一系列概念，如"利益""伟大人物的激情""国家的更高的利益""国家精神""世界精神"等在利科看来像一些不连贯的引文出现在一个无法自洽的总体之中。甚至"理性的机巧"也不再能引起我们的好奇，反而令人厌恶："就像魔术师再也变不出以前的戏法。"②对黑格尔主义的逃离被利科视为西方思想史上的一个事件，而那些仍然沿着黑格尔历史哲学，试图将西方的"精神""观念"或"意义"打造为世界历史最终目的的哲学家，这些"来自德国的大师"，其专断与冷酷在利科看来是不可宽恕的罪行。在《历史与真理》中，利科罕见地直指海德格尔："纳粹主义必然排斥苏格拉底和先验哲学，为了弗莱堡的教授能背靠在反省哲学的伟大传统上，并从中认识到西方世界的意义。"③利科承认历史本身在某种程度上确实是由暴力推动的，帝国的兴衰、权利利益的承续、思想家权威的确立和巩固、精英们的文化享受如何建立在被剥削者的辛劳和痛苦之上等等，这些历史事件无不需要暴力的直接介入，"暴力看来是历史面貌得以改变的特有方式"④。但历史的思考者不可置身事外，听凭灾难发生。

面对历史的暴力，历史学家的工作绝不应是接受黑格尔"理性的机巧"的诱惑，为具体的事件给出一个合乎"目的"的解释。这被利科称为历史学家"坏的主观性"的滥用，而"好的主观性"在于对他人和其他价值的同情，在"历史"（historia）的本意"探询"（istoria）的维度上对他人开放，承认事件创造新的意义，如此才能切近历史的真正客观性。从利科对黑格

---

① Paul Ricoeur. *Temps et récit* III, Paris: Seuil, 1985, p.297.

② Paul Ricoeur. *Temps et récit* III, Paris: Seuil, 1985, p.297.

③ Paul Ricoeur. *Histoire Et Vérité*. Paris: Seuil, 1975, p.18.

④ Paul Ricoeur. *Histoire Et Vérité*. Paris: Seuil, 1975, p.227.

尔主义历史哲学的反思中，我们得以在时间的绝对视域中重新思考文学事件的存在方式。对总体化（一种虚构的历史总体）事件观的拒绝让利科有机会找到通向事件历史性的道路，思考作为子事件的文学事件创造新的意义和价值的方式。通过对晚期胡塞尔历史观的考察，利科获得一种去总体化的事件观，这让他得以确信内在于历史进程的文学—事件具有超越时间经验的限制，与暴力、罪恶斗争的能力。

二、事件与历史意义的发生

从 20 世纪 30 年代开始，胡塞尔将历史纳入现象学的事业之中，这一"转向"在利科看来完全由历史的压力推动，准确地说是历史的悲剧性推动了胡塞尔对历史的思考。胡塞尔虽然仍然在试图恢复一种目的论的历史哲学，但这次理性主义并没有让他陷入"理性的机巧"，为现实存在的合理性辩护，现实的危机让他承认历史的精神同样有患病的可能性，所以现象学应该谈论的是谁在生病，以及在哪里可以重新发现人的意义。在胡塞尔看来，真正的、健康的欧洲精神端赖哲学活动的正常运行，哲学家是人类的执政官（Funktionäre），而当下历史提出的问题引发的是全面的危机。

在 1949 年《胡塞尔与历史的意义》一文中，利科强调胡塞尔对欧洲危机的诊断以及他的目的论历史哲学敞开了两种未来的可能性："或者是在'精神的仇恨中以及在野蛮中'的不断增强的'异化'，或者是通过对继续引领的历史之意义的新的理解并再次提升它的价值获得'欧洲的再生'。"[①]在这种事件的现象学之中，我们才能谈论克服现代的生存危机，因为事件的消解意味着我们一生所做之事将永远不会有何"新意"，只是按照历史的目的、程式按部就班；而不可预料的事件将让人们走向充满危险、意外，同时满载福祉和希望的未来。利科在胡塞尔的历史哲学中读出的正是这种关于事件的现象学，在其基础上，利科提出历史具有连续性又有非连续性："历史既是连续的——具有共同使命的存在者的行为合乎理性，又是不连续的——单个的存在者围绕自己的任务建构起他的思想系统和生活系统。"[②]创造历史的人以其创造性的实践开启新的可能性，某种给定的观念并没有创造存在事件的能力，所以面对发生的事件，我们难以用业已形成的知识结构或"实践智慧"将其打发为历史总体进程的一个链条，哲学

---

① 〔法〕保罗·利科：《胡塞尔与历史的意义》，方向红译，倪梁康主编《面对实事本身——现象学经典文选》，东方出版社，2006 年，第 832 页。

② 〔法〕保罗·利科：《胡塞尔与历史的意义》，方向红译，倪梁康主编《面对实事本身——现象学经典文选》，东方出版社，2006 年，第 836 页。

需要的是承认事件开启存在的可能性，带着对他者经验的尊重，理解事件带来的新的意义。一种新的事件观得以浮出水面："'事件'（Ereignisse）最终都是不可预见的、独一无二的历史发生（Geschehnisse），没有它们，意义的自在发生（Sich-Ereignen）便是不可能的。"①这是利科通过对胡塞尔的历史哲学话语的反思性解释，得出的事件本体论，也是其"希望哲学"为对抗历史暴力给出的方案。

利科对事件的思考旨在承认人的有限性，让人在存在面前保持谦卑，认识到他者在自身中的真实存在，以语义解释活动达到对新事件的理解。显然，利科在此赋予了个体创造事件的可能性，从理论上似乎无懈可击的黑格尔历史哲学中赎回了"有重力、有死亡、有血有肉的孤独个体"②。这样的个体不认为自身的有限认识足以完全掌控突然发生的事件，不认为在他人智慧中得到反思的事件于我自身毫无价值。如此我们才有可能不被主体的幻相迷惑，成为自觉的思考者、事件的行动者和历史的创造者。

这种事件观成为利科反思人类意义创造活动的基本观点，在诸多的事件中，利科思考过政治—事件的暴力问题，信仰—事件的权利问题，伦理—事件和文学—事件的意义问题，他认为人们生活中的政治、信仰或伦理事件的发生源于一个最终的选择，这种选择往往是不可逆的，并受到各种中介的审查、权利的压制等，在文学的虚构功能中，各种思想的实验得以无限地展开，无须即刻做出选择，这就是仅由文学提供的想象的自由，而"想象不会容忍审查。"③文学被视为最具创造性、交流性和塑形性的存在事件。20世纪40年代以降，两次大战的经验让历史成为难以理解的怪兽，撕裂每个人的生活。历史的暴力和罪恶看起来是历史的"真相"，由权力引发的恶行充斥历史的每个角落，以至于在历史的这个新纪元中，叙述与诗歌的艺术不再有继续存在的基础：本雅明的《讲故事的人》（1936）痛陈经验的贫乏及其共享的失效④，阿多诺以《文化批评与社会》（1951）宣称了在奥斯维辛之后写诗的野蛮性⑤。利科承认讲述的艺术面临死亡的威胁，但正如我们无法预料未来事件将以何种形式发生，新的艺术形式、作

---

① 据方向红译文，有改动。见〔法〕保罗·利科：《胡塞尔与历史的意义》，倪梁康主编《面对实事本身——现象学经典文选》，东方出版社，2006年，第837页。

② Paul Ricoeur. *Temps et récit* Ⅲ, Paris: Seuil, p.299.

③ Paul Ricoeur. *Temps et récit* Ⅲ, Paris: Seuil, p.388.

④ 见〔德〕本雅明：《讲故事的人》，张旭东、王斑译，〔美〕汉娜·阿伦特编：《启迪：本雅明文选》，张旭东、王斑译，北京：生活·读书·新知三联书店，2012年，第95页。

⑤ Theodor W. Adorno. "Cultural Criticism and Society". in *Prisms*. trans. Samuel and Shierry Weber. Cambridge: The MIT Press, 1981, p. 34.

为事件的文学也许正在生成之中，将在某次遭遇中带给我们新的冲击，因为如果我们还想继续作为人类而生存，就必须在历史暴力的基础上实践一种对抗暴力的力量："我们根本无法想象一种不再讲述意义的文化形态"①。也就是说，为了生存必须反思地理解。

三、对抗历史暴力的方式

文学对于人类有限时间经验的超越到底意味着什么？这是利科需要继续反思的问题。作为历史事件总体的子事件，文学为实际生活于当下的人们提供多元的时间经验，这让审美的领域与政治或信仰区分开来：后者以形势令人们做出最终选择，而文学在其自成一体的世界中让不同维度的时间经验为人们感知，个体得以在文学话语的中介之下超出自我经验的限制，抽身反观文学对事件的铭刻，事件无论属于哪个时间维度，都以文学的形式被重新创造，凝聚为读者当下的体验。这让一种具有实践性的反思成为可能：文学不仅能创造性地表现历史事件的真实，更能与历史事件拉开一段距离，从而对抗历史的暴力。利科以自身历史经验为依据，思考了文学对抗历史暴力的可能性。

前文已经提及利科对圣经神话中暴力的沉思。在他看来，以现代性的眼光质疑原罪神话的真伪并无意义，相对于屈从历史的暴力与恶，我们仍然可以文学事件为中介，重新思考这一暴力的历史，实践对更好生活的构想。文学在此处作为反思的中介，让我们获得与大屠杀的现代变体相对抗的能力。

利科提醒我们，诗歌话语结构的超越性并不低于以叙述形式出现的小说，情感的本体论意义并不低于叙述形式的表象（Vorstellung）。诗人突然顿悟式地占有整个表现对象，进入审美直观，这种"天赋"和"魔力"（胡塞尔语）在利科看来是不可思议的，诗歌本身是情感的表达。首先，诗歌话语对情感的表达是一种内在的表达，表达情感不是创作一首诗歌的目的，是诗歌话语自身在表达情感，情感透过语词被铭记和保存下来，并可被他人解读、理解，所以利科说情感存在于诗中而非诗外，音乐无法赋予情感实在的载体，只能外在地表达情感。其次，诗歌表达的情感不是类似于心灵骚动的情绪，不是自我意识的外露，而是对自我及世界之存在的发现，即一个关于确立自身在世界中位置的问题。弗莱（Northrop Frye）对诗歌内在性与统一性的规定让利科在语言学维度之外思考诗歌的情感本体

---

① Paul Ricoeur. *Temps et récit* Ⅱ, Paris: Seuil, 1984, p.48.

论。弗莱认为诗歌的统一性是一种心绪、情感上的统一性，诗歌的意象不表示任何东西，不指明任何东西，"它们只是互相映衬，启发或唤起你去发现使诗中充满活力的心情。即是说，意象能表达或弘扬这种心情"①。所以只有在情感还未被赋予诗之形式时，它才是混乱或含糊的东西。利科认为这里有一种超语言学的因素被纳入到"心绪"这一名称之下，实际上就是一种存在方式的标志，心绪就是人在现实中的存在方式，即海德格尔所谓存在论上的现身情态（Befindlichkeit）。海德格尔将情绪视为存在者状态中最熟知和最日常的东西，并认为在谈论任何有关情绪的心理学之前必须把情绪看作基本的生存论状态。因为从日常生活中的心平气和、激动高昂到心烦意乱或沮丧绝望，人总是处于某种变动不居的情绪之中，此在总已经是有情绪的，甚至在所谓的无情绪中此在也是作为一种负担被袒露出来。所以情绪公开了"某人觉得如何"之一实情："在情绪状态中，此在总已经作为那样一个存在者以情绪方式展开了——此在在它的存在中曾被托付于这个存在者，同时也就是托付于此在生存着就不得不在的那个存在……正是在这种最无足轻重、最无关宏旨的日常状态中，此在的存在才能够作为赤裸裸的'它存在着，且不得不存在'绽露出来。"②诗歌为了从诗人描述的心态出发来展现世界，必须悬置自然的现实性，以此为条件，诗歌才能使语言脱离符号的专业术语功能而进行真正的创造，以虚构和情感的方式打开通向现实的道路。

对利科而言，每一种情感都描述了一种自己在世界中位置和方向的方式："说一首诗创造或引起一种感情，是说它创造或引起了一种发现和感受到自己生活在世界中的新方式。因此，这也就是所谓的一首诗更新我们的地平线，即从它的方位中心——我们在这个世界的存在——把它生动地表现出来。"③利科甚至认为没有什么比诗歌表达的情感更具有超越有限时间经验的意义，凭借情感我们才能居住在世界上，这种情感的表现内在于人类的时间经验，所以即使远古的歌谣也能呼应我们当下的情感体验。诗歌情感的超越性意味着诗歌通过表达情感让一种生活态度显现出来，并构造我们的生活态度，只有此时诗歌才吐露出有关自然与存在的东西。

---

① 〔加拿大〕诺思罗普·弗莱：《批评的解剖》，陈慧、袁宪军、吴伟仁译，吴持哲校译，天津：百花文艺出版社，2006 年，第 115 页。

② 〔德〕海德格尔：《存在与时间》，陈映嘉、王庆节译，北京：生活·读书·新知三联书店，1999 年，第 165 页。

③ 〔法〕保罗·利科：《言语的力量：科学与诗歌》，朱国均译，胡经之、张首映主编：《西方二十世纪文论选》（第三卷），北京：中国社会科学出版社，1989 年，第 303 页。

四、"量—质"辩证法中的事件

不可预知的、独一的、全新的事件将完全颠覆我们既有的知识结构和认知方式，我们以创造此类事件的方式创造有意义的历史，利科正是以对黑格尔历史哲学的批判拒绝了总体化的事件观和神秘的"绝对知识"，为一种不可测度的例外状况奠定事件本体论。实际上，在 20 世纪六七十年代，"拒绝黑格尔"是法国结构—后结构主义运动中的普遍思路，从保罗·利科、雅克·德里达、吉尔·德勒兹、让-弗朗索瓦·利奥塔、米歇尔·福柯到活跃于当下的阿兰·巴迪欧与齐泽克，这些具有世界性影响的法国当代哲学家纷纷使用"事件"概念，论域遍及本体论、现象学、历史哲学、文艺理论等诸多领域，其影响持续至今。其中具有激进左翼立场的思想家试图用断裂性、创造性"事件"观来确证全球共产主义运动的可能性和必然性。新的事件观被新的政治需求所催动，成为政治哲学的有力武器，黑格尔的历史哲学于是被视为"反动"。回望这段思想史，我们需要反思的是利科在创构事件本体论时，是否为了立论的决断性而牺牲了黑格尔的复杂性？

黑格尔并不否认历史事件的偶然性，但他认为逻辑与历史是大体一致的，对于逻辑而言，实际历史事件的偏差可以忽略不计，也就是说逻辑摆脱了实际历史的偶然性，例外的事件没有获得足以开创历史的本体论支持。但黑格尔的辩证法弥补了这种决断论的不足：实在、真理是有内在联系且不断运动、生成着的，"绝对精神"是不断变化、发展的过程，其中每一个阶段、方面、环节都彼此关联，相互转化。真理、实在是具体的、多维度的、活生生的，这在根本上构成了对形而上学思维方式的批判。由此出发，在黑格尔论量变与质变关系的话语中，我们甚至可以发现"事件"发生的可能性。黑格尔指出："尺度中出现的质与量的同一，最初只是潜在的，尚未显明地实现出来。这就是说，这两个在尺度中统一起来的范畴，每一个都各要求其独立的效用。因此一方面定在的量的规定可以改变，而不致影响它的质，但同时另一方面这种不影响质的量之增减也有其限度，一超出其限度，就会引起质的改变。"①任何事物都具有质与量的性质，但对于真理、实在而言，它的发展不仅仅是量的缩减或叠加，当量的变化达到一定的限度时，根本的质变将必然发生。这预示着事物在运动过程中从渐进性的量的变化，在达到其限度的极值时将会发生在量的层级不可预估

---

① 〔德〕黑格尔：《小逻辑》，贺麟译，商务印书馆，2011 年，第 236 页。

的质变，新的意义—事件被创造出来。黑格尔用水—蒸气—冰的运动和农夫增加驴子负担的例子来说明质—量的辩证法，似乎不能说明事件带来质变的可能性，但如果超出常识和理性层面，将视野放至由人类抉择所产生的实践后果，事件将打破量的限制，开启质变层面的未来。张世英在论及黑格尔辩证法的"合理内核"时指出："量变在开始时对于质来说是无关轻重的，但当其变化到某一程度时，就会引起质的变化。黑格尔指出，量变是渐进的运动，质变是渐进过程的中断。黑格尔在这里鲜明地表述了通过飞跃而发展的思想，打击了那种把运动归结为纯粹量变的形而上学观点。"①在张世英的阐释中，质变的飞跃打破量变的固有结构，表现为对事物发展进程的一种断裂性的突入，这就为事件的发生奠定基础，也就是说黑格尔的辩证法为一种激进的事件思想保留了应有的位置。

回到 20 世纪 60 年代孕育"五月风暴"的思想场域中，我们会发现新马克思主义者对于黑格尔的普遍拒绝：阿尔都塞将黑格尔、青年马克思与"科学马克思主义"对立起来，萨特则对《大逻辑》中黑格尔辩证法的唯物主义倾向置之不理。黑格尔主义被打发为新的幽灵，对此阿兰·巴迪欧有中肯的评价："50 年代的黑格尔化马克思是一个思辨形象，仍具有潜在的革命性。60 年代反黑格尔的马克思是一个学者，但注定只能被用于学术讨论会。"②利科并非马克思主义者，但他对黑格尔的拒绝与结构主义或存在主义的马克思主义一样，将对事件的思考紧紧局限于纯粹的学术场域，甚至是在学科范式的层面来谈论事件之于"结构"的优先性。他是以牺牲黑格尔的辩证法为代价，汲取胡塞尔现象学的事件观，运用到对以语言为中介的意义创造活动的解释学中。阿兰·巴迪欧认识到忽视黑格尔的代价，所以他对张世英《论黑格尔的哲学》（1956）中的《论黑格尔辩证法的"合理内核"》十分着迷，甚至撰写"注疏"发挥黑格尔的质—量辩证法。在巴迪欧那里，由量变到质变的过程创造出不同的位置空间，量变是在其固有位置上的变化，未达到引发质变的限度时永远处于保守状态，而质变的飞跃产生的强制性变化将对位置空间进行颠覆性重构。在具体的政治决断层面，在量上日益占据优势的无产阶级及其先锋队不可能让革命终止于资产阶级主导的"民主革命"，这时要么夺取政权获得绝对胜利，要么被摧毁，主动以行动触发质变的事件。这被巴迪欧称为质的"积分化"（intégrale）

---

① 张世英：《黑格尔的哲学》，见《张世英文集》（第 1 卷），北京：北京大学出版社，2016 年，第 31 页。

② 〔法〕巴迪乌：《巴迪乌论张世英：外二篇》，谢晶译，上海：上海三联书店，2016 年，第 9 页。

与量的"微分化"（différentielle）之间的辩证法①，是一份必须尊重的黑格尔遗产。在理性的可计算范围内，无数事件在预期中发生，人们会习惯性地屈从于惯例或陈规，在量的层级维护现状的稳定，但此时质变已经悄然发生，在某个节点以全新事件的发生宣告历史的断裂和重启。这个新事件扰乱知识叙述的常规体制，将人们对全新未来的希望变为现实。在政治层面，最能体现"量—质"辩证法的就是革命事件的发生。利科以批判黑格尔历史哲学获得的事件观，虽然让他告别了结构主义和总体化的思维方式，但他没有赋予事件具体历史的内涵，同时回避了黑格尔辩证法及事件观中隐含的革命潜能，只是在人文主义学术话语的层面解释人类意义创造事件的发生过程。

正是由于对黑格尔辩证法的忽视，利科的叙述伦理学作为一种诉诸事件的解释学，无法有效地说明断裂的、偶然的事件的发生机制。说到底，利科的"忠实"是对经过文本中介的事件的忠实，是对他人记忆和见证的忠实，它能为我们提供一种更好的理解，但并不意味着我必须将自身投入到这个事件的发生之中，文本与行动之间的鸿沟很难用义务论的伦理学填平。而真正能提供几乎无穷的解释力的是那个曾经发生、且正在发生的事件本身，忠实于事件应直接成为叙述者和虚心聆听者的实践活动，叙述伦理学应被视为伦理主体及其叙述—生命活动的相互实现。

利科指出马克思"以隐喻的修辞形式将'历史想象'（动词形式即情节编排、情节化）引入讨论，从而区分了历史编纂学和历史哲学，确定了历史再现的修辞属性"②。正如利科所言，马克思在强调实践的同时没有否定"叙述"作为理解事件基本方式的重要性。

历史事件和当代事件在叙述文本中被重新编排和思考的，所以针对1851 年 12 月 2 日路易·波拿巴的政变，不同的叙述文本有着截然不同的叙述策略，马克思用《路易·波拿巴的雾月十八日》（以下简称《雾月十八日》）直接洞穿这场政变的本质，即对拿破仑·波拿巴 1799 年 11 月 9 日（雾月十八日）改行独裁帝制的拙劣模仿。马克思在 1869 年第二版序言中提到两部与《雾月十八日》同时出现的著作：维克多·雨果的《小拿破仑》和蒲鲁东的《政变》。三个文本都是对同一事件的回应，但在马克思看来，这两部著作都没有把握这次政变的实质，雨果因为对路易"世界历史上空前强大的个人主动性"的强调而将这场政变夸大为震撼性的历史事件；蒲

① 〔法〕巴迪乌：《巴迪乌论张世英：外二篇》，谢晶译，上海：上海三联书店，2016 年，第 54 页。
② Paul Ricoeur, *La Mémoire, L'Histoire, L'Oubli*. Seuil, 2000, p.324-325.

鲁东的叙述则在客观上将政变合理化。这次政变在实际上只是一个扮成巨人的小丑演出的"笑剧"。马克思曾在《〈黑格尔法哲学批判〉导言》（1844）中指出历史事件本身的戏剧性："当旧制度本身还相信而且也应当相信自己的合理性的时候，它的历史是悲剧性的……现代旧制度不过是真正主角已经死去的那种世界制度的丑角。"①《雾月十八日》则进一步在批判黑格尔历史重复观的基础上提出对于事件的诊断原则，现代世界中旧制度以一种盲目的自信上演自己必然的悲剧，而当这种旧制度、人物竟然召唤亡灵般借用旧世界的语言制造的幻想，以新事物的姿态重新出现的时候，又自编自导了一幕喜剧。12 月 2 日的政变在马克思看来只是对于拿破仑一世悲剧的喜剧式重复，甚至退回到 1848 年的二月革命之前。所以新的革命精神的生发当然不能依赖对过去的世界历史事件的回忆，需要的是用对当前发生事件的叙述，准确诊断事件的性质和意义，由此才能为革命行动铺平道路，正如齐泽克指出的："真正的新事物浮现于叙述，即表面上对发生事件的一种纯粹的复制重述——正是这种重述打开了新的行动（可能性）的通路。"②

正是在此处，利科与马克思的巨大分裂展露无遗。利科认为马克思基于实践、"活劳动"的历史唯物主义本身同样无法摆脱"意识形态"的纠缠，而这让马克思的历史理论在内的意识形态批判变得可疑，甚至充满走向暴力的危险性，"它（意识形态批判）有其必然性，只要它是为重建对话的公共空间，而不是以残酷的斗争为目的，后者的视野仅限于内战的范围"③。这样看来，利科的事件解释学最终要达成的是通过对事件的叙述，理解事件的意义，让对于事件的不同解释可以在不断的叙述中形成对话，形成哈贝马斯所谓的公共空间，并在此基础上规划未来行动的方向。解释学在此规避了真正意义上的冲突、暴力和革命。对于利科而言，"解释的冲突"不进入实践领域是一切讨论的前提。他虽然同意马克思解释世界与改变世界相一致的观点，但他把叙述这种语义活动看作连接理论与实践、文本与生活世界的中介。问题在于在不改变社会经济基础及其结构的前提下，个体自发的叙述能否对社会存在及现代人的日常生活产生切实的影响，叙述活动本身能否摆脱虚假意识的控制，甚至对占统治地位的意识形态进行颠覆性反抗，这都是利科"事件解释学"的可疑之处。

---

① 〔德〕马克思：《〈黑格尔法哲学批判〉导言》，《马克思恩格斯选集》（第一卷），北京：人民出版社，1995 年，第 5 页。

② Slavoj Žižek. *Event: Philosophy in Transit.* London: Penguin Books, 2014, p.150-151.

③ Paul Ricoeur, *La Mémoire, L'Histoire, L'Oubli.* Paris: Seuil, 2000, p.103.

　　虽然利科的"事件解释学"在历史感和实践性上有所不足，但它作为对历史形而上学的反动，不仅可以帮助我们深刻理解人类创造意义和历史的基本方式，更能令我们反思现代人的生存状态，现代情境让哲学不得不直面事件本身。两次世界大战、世界性的文化革命等大事件不仅彻底改变了世界的政治—文化格局，更对现代人的心理结构、认知模式产生着深刻的持续影响。这些事件虽然可以在政治、军事、历史、文学、心理学、经济学等叙述话语中得到定位，被解释为某种确定的"事实"，但事件本身却仍在现代世界和人的日常生活中持续"发生"。如何用创造性的实践开启现时代的新"事件"，这是我们不断思考事件的命意所在。

第六章　　"奥斯维辛"与事件的诗学

对文学与事件的思考，必然涉及某些重大事件发生后文学遭遇的颠覆性质询。作为永恒的废墟和纪念碑，奥斯维辛（Auschwitz）成为纳粹主义无边罪恶的象征，并成为亲历事件的哲学家们无法回避的思想地平线。奥斯维辛之后的诗学从此被灾异性事件的阴影缠绕，我们不得不在事件之后的历史情境中，开始一种异质的文学与诗学实践。在与奥斯维辛遭遇后触发的记忆、遗忘、沉默和宽恕中，一种新的诗学伦理得以确立，它不再掩耳盗铃式的逃避非人的灾难，遁入审美乌托邦的绝对领域。在奥斯维辛之后重新思考文学的存在根基，寻找通向美好生活与未来政治的可能路径的，正是一种事件的诗学。为了深入理解事件诗学的命意，我们需要以利科、列维纳斯、阿甘本和利奥塔等人的文本为中介，返回事件本身。

第一节　事件诗学的伦理：利科对列维纳斯

作为现代性的深渊，奥斯维辛凝视着我们，以风化的废墟提醒我们某件不可发生之事实实在在地发生过，它将启蒙理性的阴暗面与人类自身的怪物性放在眼前供后人直观。奥斯维辛之后，美德伦理学遭遇深刻危机。对于亲历者列维纳斯（Emmanuel Levinas）与保罗·利科而言，面对灾难性事件的方式，是重新思考自我之死，亲人之死，邻人乃至一切他人之死的伦理意义，之后则是对爱的超越性伦理的重建。在他们对爱与死的伦理学思考中，有对死亡事件的描述，也有继续生活的意志和对爱的信心。但在对爱的现象学分析中，在事件所关涉的自我与他人的伦理关系问题上，显露出列维纳斯与利科的深刻分歧，两者的异同仍需我们细致辨析。

一、作为事件的死亡

从蒙田（Michel de Montaigne）到海德格尔，死亡带给我们的是关乎自身的经验，"向死而在"（Sein zum tode）是本己的内在状态，他人的死亡仅作为可资借鉴的知识与"我"有关。蒙田将死亡视为一种必要的生存智慧，我们要熟悉它，想象死亡的各种方式，在极度的欢乐中想起死亡的必然威胁，安心等待它的降临："预见死即预见自由。谁学会怎样去死，谁便忘记怎样去做奴隶。"①思考死亡成为"我"更好地生存的条件，加上"死亡绝对平等公平"的箴言，我们似乎可以正视并接受死亡。列维纳斯与利科都认为在上述思考中，他人之死与自身之死的内在联系被遮蔽了。

利科指出，即便我们接受死亡，死亡还是可怕的、让人惴惴不安的异质经验，他人之死能让我们学会的不是向死而在，不是直面死者面孔后做悲壮状的"珍惜余生"，而首先是学会"失去"（la perte）与"哀悼"（le deuil）。他人之死阻断了我们之间的交流，我们失去的是自身的一部分："构成自身真正意义上的截肢。失去他人，某种程度上就是失去自己。"②将对他人的哀悼转化为对自己生命中一切失去的预见及和解，包括我们自己的死亡对亲人构成的失去和哀悼。可见他人之死与我有关，利科甚至认为与自身或亲人之死相较，作为第三方的他人之死能让我们对死进行最内在的学习。在公共生存领域中，暴力的死亡、横死、谋杀呈现出死的纯粹形态，因为神祇隐退后的世界上演的是一切人对一切人的战争，在暴力的死亡面前，没有人能够置身事外。

在霍布斯（Hobbes）看来这是人类堕落的开始，无尽的欲望导致不服从和个人判断的出现："如果人们可以随便把自己或一个平民的梦境与幻想当成上帝的戒律的话，那就很难有两个人对于什么是上帝的戒律的问题取得一致的看法。"③而神的不在场使人类任性地根据相互冲突的善恶观念来生活，把自己的道德判断凌驾于他人之上，甚至妄图模仿神④。霍布斯认为这是一切混乱的根源，不在场的神或没有武装的神不能用暴力的死亡惩罚傲慢的人类，也就没有可能提供必要的秩序维持和平的公共生活。每个个体都有遭遇横死的可能性，恐惧一种纯粹的暴力之死，即谋杀，让维系社会与国家的契约成为可能。所以利维坦是必须的，正如《约伯记》的描述："在地上没有像它造的那样无所惧怕。凡高大的，它无不藐视；它在骄傲的水族上作王。"⑤（第 41 章第 33 至 34 节）于是一个历史共同体的全

---

① 〔法〕蒙田：《蒙田试笔》，梁宗岱译，上海：华东师范大学出版社，2016 年，第 83 页。

② Paul Ricoeur. *La Mémoire, L'Histoire, L'Oubli*. Paris: Seuil, 2000, p.468.

③ 〔英〕霍布斯：《利维坦》，黎思复、黎廷弼译，北京：商务印书馆，1985 年，第 224 页。

④ A.P.Martinich. *The Two Gods of Leviathan*. Cambridge: Cambridge University Press.1992, p.76.

⑤ 《圣经》（和合本），南京：中国基督教协会，2007 年，第 879 页。

部成员在对暴力之死的恐惧中签署契约，成为主权者。利科指出霍布斯的"怪物"政治学提醒我们的是暴力的死亡，他人之死最终和我们的死息息相关。我们无法像面对亲人之死一样赋予其"安详""解脱"的意义，暴力的死亡无法被如此温柔地驯服，就连我们自身也可能遭遇对自己的谋杀，即自杀。在此，利科通过列维纳斯走向对死的内在学习，在对《总体与无限》第三部分第三节《意志与死亡》的解释中，利科承认并维护了列维纳斯式的命题：任何死亡都是一种谋杀。自该隐以来的谋杀，有意让他人的存在归入虚无的激情，引起列维纳斯与利科的激烈反抗，毁灭他人在道德上的不可能性先于一切事件和经验，不可杀人的禁令铭刻于他人赤裸的面容："禁令并不是事后添加到这种可能性上的，而是从我想泯灭的双眼深处注视着我，就像那将在坟墓中注视着该隐的眼睛那样注视着我。"①在这绝对禁令之中仍在持续发生的谋杀，使"我"被放置于存在与虚无之间的领域，在这种无法言说的状态中，我得以直面自身的死亡："我的死亡并不能通过类比他人的死亡推导出来，它铭刻在我对我的存在所能具有的害怕之中。"②我与死亡之间的关系就是我对存在之畏，我们并不畏惧虚无，我们害怕暴力，害怕绝对的不可预见者即他人的存在。关于这必将到来却无从预知的最终事件——死亡，列维纳斯反复提及拉丁铭文"最后之时，隐而不显"（Ultima latet），在生命的这种悬置中，不可预测的死亡事件将所有人置于暴力面前，"我"被暴露在绝对的暴力之中，暴露给黑夜中的谋杀。来自彼岸的死亡步步紧逼，列维纳斯称之为令人害怕的未知之物，令人生畏的无限空间，来自他者的"绝对的他异性"，并非是让我们在畏惧中对他人之死无动于衷，死亡的意义与此同时被揭示出来："死亡的寂静并不使得对他人的呼唤、对他人之友爱和他人（带给我）的疗救的呼唤成为可能。"③利科准确地指出列维纳斯坚持的是人在与死的对抗中生存，是虽死（malgré-la-mort）而在、逆死（contre-la-mort）而在，而非海德格尔的"向死而在"。

"向死而在"预设的是死亡的确定性，海德格尔试图以朝向确定无疑的死亡来筹划个体自身的存在，赋予终有一死者能动的、自由的存在状态。而在列维纳斯看来，海德格尔的"死亡"是一个过于明晰、充斥过剩的"男子气概"的概念，它试图让此在承担起存在的诸多可能性，却遮蔽了死亡的被动性。死亡从来不是来自我们自身之物，它是主体的认知无从理

①〔法〕列维纳斯：《总体与无限：论外在性》，朱刚译，北京：北京大学出版社，2016 年，第 221 页。
②〔法〕列维纳斯：《总体与无限：论外在性》，朱刚译，北京：北京大学出版社，2016 年，第 221 页。
③〔法〕列维纳斯：《总体与无限：论外在性》，朱刚译，北京：北京大学出版社，2016 年，第 222 页。

解的神秘："死亡在海德格尔那里是自由的事件，然而，对我们来说，主体似乎在受难中达到了其可能的极限。它发现它自己以某种被动的方式，被束缚了、被溢出了。死亡在这个意义上就是观念论的界限。"①也就是说，面对作为事件的死亡，我们不再是事件的主体，死亡无法被观念穿透，它是完全彻底不可认知的事件，所以这里不存在海德格尔所谓的"筹划"或"先见"，也不会有"能动"或"自由"，更无人能够"承担"。作为事件的死亡是不以主体意志为转移的骤然发生："死亡不是纯粹的虚无，而是不可承担/设定的神秘，在这个意义上，也就是一种事件的事件性（éventualité），在突然闯入内在之同一（Même）这一点上的事件性，打断孤立的诸瞬间之单调和滴答声的事件性——全然他者的事件性，将来的事件性，时间的时间性（temporalité）。"②死亡属于不可预计的将来，无人能够从他自身所遭遇的死亡中全身而退，再去谈论他的死亡经验，我们顶多能称之为"被动性经验"，它抛弃事件的主体，在我们的认知之外兀自发生，不期而遇地降临于我们并牢牢抓住我们的存在本身。死亡作为他异性事件最终让我们得以直面存在的多元性（pluralié），从而领会外在于我们的他人对自我本身的奠基性意义："一个存在，只有已经通过受难而到达孤独的紧张状态，并处在与死亡之关系中，才能置身于一块领地，在这块领地中，与他者的关系变得可能。"③ 于是它打破了线性的时间之流，撕裂存在的帷幕，让一以贯之的"自我"产生异化。

二、"爱情如死之坚强"

在此基础上，列维纳斯对死之暴力的沉思走向对人类意志中善良的奠基。利科将其思路与海德格尔对观，并指出海德格尔的起点是自我面对死亡的焦虑（Angst），列维纳斯则从一开始就拒绝从对虚无的焦虑、从有限存在的终结出发去思考死亡，他选择道路是从时间开始处思考死亡，"毅然从与他人之死的相遇出发"④。"我"的意志是必死的，它在虚无与他人意志的双重逼迫下迈向死亡，但它同时在"我"自为的意志及行动中，被暴露给他人，这是死亡无法剥夺生命全部意义的根本所在，"意志暴露给死亡，但并不立即如此；它有时间为他人而在，并因此有时间重新发现意义，尽管有死亡。这种为他人的实存，这种对他者的欲望，这种从自我主

①〔法〕列维纳斯：《时间与他者》，王嘉军译，武汉：长江文艺出版社，2020 年，第 55—56 页。

②〔法〕列维纳斯：《时间与他者》，王嘉军译，武汉：长江文艺出版社，2020 年，前言 liv。

③〔法〕列维纳斯：《时间与他者》，王嘉军译，武汉：长江文艺出版社，2020 年，第 63 页。

④ Paul Ricoeur. "In Memoriam Emmanuel Levinas". *Philosophy Today* vol 40, Issue 3, 1996: 331.

义的引力中解放出来的善良，保存的仍然是一种人格的特征"①。意志在命定的死亡彼岸保存了意义充沛的存在领域。在他人面容中浮现的禁止谋杀的绝对律令，让"我"在与自身死亡的关系中获得"逆死而生"的意志，它超出死亡之外确保了一个富有意义的世界。这是列维纳斯从对死亡的沉思中得出的伦理教诲，利科在此基础指出对他人的哀悼让我们得以平静地看待"有人死亡"的事实，与激烈的复仇即新一轮的谋杀相对，"我"最终意识到与所有逝者一样的必死的事实，在死的绝对公正中特权走向终结，塔木德《托拉》"归到他父辈之中"所开启的关于死亡的智慧，让死的伦理教诲成为可能。

由此列维纳斯和利科以各自的方式呼应了《雅歌》的智慧："因为爱情如死之坚强。"②在沉重的操心（Sorge）之外，列维纳斯的伦理学以与他者面对面，以做"人质"的方式切近无限，这里"自我"始终保持沉默，他者的面容是"我"之意志的前提，我们与死亡的关系，一切对于死的"认知"或"意义"都来自印刻在他人面容中"不可杀人"的禁令，献身并忠诚于这道禁令，我们才有机会建立制度来对抗死亡的暴力。利科认为基于记忆的对死亡的哀悼，可能通过反思性的语义解释通向对死亡的超越，那就是不去操心，不去劳作，不再充满劳绩，忧心忡忡，畏惧存在或虚无。记住就是一种操心，而我们恰恰遗忘了遗忘本身，在固守过去的执念之外，还有一种作为在世存在的方式的积极遗忘，它是在记忆和哀悼之外的愉快和懒散。在利科看来，能解放本雅明历史天使那操心的注视的，能从《马太福音》和克尔凯廓尔的"百合与飞鸟"之缄默中学到的，就是这种迎向宽恕的遗忘："在操心的记忆的视域中的是不操心的记忆，忘了的和未忘之记忆的共同灵魂。"③对他人话语的解释，自我的反思意志奠定了记忆—遗忘的基础，宽恕之爱于是成为如死亡般强大的事件。

《雅歌》的诗句字面上是对爱欲之爱，即情爱的赞歌。列维纳斯认为在我们与他人的关系中，爱欲关系提供了一种原型，它让我们在面对绝对的他异性事件甚至是死亡时，仍然葆有生存的希望。我们的爱欲之所以成立在于它永远无法被满足，正是在所欲之物的退却中，在"我"遍求不得的痛苦中，爱欲才能如此强大。所以爱欲不是敌我斗争、不是我与你的融合，不是单向的占有，而是不可预知的、来自将来的神秘。以爱欲中的典

---

① 〔法〕列维纳斯：《总体与无限：论外在性》，朱刚译，北京：北京大学出版社，2016 年，第 225 页。

② 《圣经（和合本）》，南京：中国基督教协会，2007 年，第 1106 页。

③ Paul Ricoeur. *La Mémoire, L'Histoire, L'Oubli*. Paris: Seuil, 2000, p.656.

型动作"爱抚"为例，列维纳斯描述了这种神秘性。以爱抚表达爱意，尝试接触他者以达成交流，这在他看来只能归于失败，因为这仍属于融合、占有式的爱欲。我们在爱抚中寻找的是在现时缺席的他者，他恰恰是我们不可触及、不可获知之物："构成爱抚之寻找的本质的是，爱抚并不知道它在寻找什么。这种'不知道'，这种根本的无序，是其关键。这就像一个与躲避之物的游戏，一个绝对没有规划和方案的游戏，它与能变成我们的或我们之物无关，而只与某种别的东西相关，这种东西永远他异，永不可通达，一直在到来（à venir）。"①爱欲的他异性让其与死亡一样，成为将来而未来的事件，我们无从知晓、无法逃避它的入侵，但与死亡对主体的彻底破坏不同，爱欲保全了自我："通过爱欲，主体依旧是主体。爱不是一种可能性，它不源于我们的主动性，它也没有理由，它侵入我们并刺伤我们，但是我（Je）却在其中存活。"②作为纯粹的他异性事件，爱与死同样让我们的自我（le moi）面临被颠覆的危险，但在我们对爱欲之物无尽的追寻中，也就是"我"与"你"的接触中我仍是"我"，正是"你"的他异性让我仍是"我"成为可能，死亡却让我们不再是其所是，能其所能。在此列维纳斯将爱欲视为战胜死亡的超越性事件。

于是我们看到 20 世纪 50 年代的列维纳斯声称爱欲与死一样强大，晚期阶段他则认为爱如死一样强大甚至是不够的，为他人而死的神圣之爱压倒了死亡，也超越了爱欲之爱。在 1983 年 9 月 6 日给单士宏（Michaël de Saint-Cheron）的信中，列维纳斯坦言："爱应该比死更有力——而且没有比让一个人为另一个人而死的爱更有力的爱，我可以从以斯帖女王准备为其他生命牺牲的教诲中学到它（《以斯帖记》第 4 章第 16 节）。"③这里"我"已成为他者的"人质"。人质显然表露出一种不平等、不公正的关系，但在列维纳斯看来，我对他者负有的责任之重让我可以坦然承受这种不公正性，甚至超越利害的考量。成为人质并非来自他者的强迫，而是在知晓全部危险之后的自我选择，即自愿成为的无条件的人质。也就是说，在光荣地自愿为人质的爱中，替代他人而死都不再令人恐惧，更无法毁灭我们自身，正义之人以这种独特的方式获得神圣的幸福。这种过于强大的神圣之爱，为他人而死的爱，被利科视为一种过度、夸张的哲学，甚至是

---

① 〔法〕列维纳斯：《时间与他者》，王嘉军译，武汉：长江文艺出版社，2020 年，第 84 页。
② 〔法〕列维纳斯：《时间与他者》，王嘉军译，武汉：长江文艺出版社，2020 年，第 84 页。
③ 〔法〕单士宏：《列维纳斯：与神圣性的对话》，姜丹丹、赵鸣、张引弘译，上海：华东师范大学出版社，2018 年，第 9 页。

"言语上的恐怖主义"①。在利科对爱的分析中，爱的言语表达的不仅是对优越者赞扬，它同时是一种命令的话语，即"爱我！"的呼求。爱不仅涉及我与你，在爱的命令中包含了对自身之爱、对第三方的邻人之爱。爱的言语同时具有隐喻的力量，所以利科并不基于爱欲的维度谈论爱："即使《雅歌》的编者只为歌颂爱欲创作这首诗篇，但在历代诵读者的解释中，特别是对其中伟大的神秘性所做的解释中，原初的诗句成为对精神之爱的类比。这让《雅歌》成为爱欲的典范式隐喻。"②爱于是成为正义的通道，它在对仇敌的爱与宽恕中超越敌我之分。在对爱与死之力量的权衡中，源头处的自我与他人（autrui）的伦理关系问题浮出表面，这正是列维纳斯与利科在伦理学上的根本差异。

三、自我与他者的伦理位置

对列维纳斯而言，"我"（Je）是因他人的牺牲而幸存的，幸亏（grâce à）那无限他人（illéité infinie）的非存在，或正是由于他人的恩典，才保全了我自身。由自我而生的"主体"并非凌驾于"你""他""它"之上的特别存在物，"我"于他人是可替代（la substitution）的人质："通过替代，被肯定的不是自我的个别性，而是它的独一无二（unicité）。"③正是因为不可置换的"我"必须无条件地应承作为无限的他者，回应并承受"他"的苦难，并承受"他"对于"我"的应承，直至成为以自身替代他者的人质，才成其为一个独一无二的"我"，相互应承的兄弟关系（la fraternit humaine）先于一切主宾结构的支配关系或"帝国主义"的自由。

列维纳斯将保罗·策兰的诗句用作晚期重要著作《别样于存在或超出本质》（1974）第四章的题词："我为我时，我便是你。"（Ich bin du, wenn ich ich bin），此句近乎完美地道出了列维纳斯伦理学的全部秘密，但显然他并不认同马丁·布伯式的"我—你"关系，"我—他"甚或"您—我"都无法描述利维纳斯彻底的他者伦理之优先性，可以说是无限的复数的"您"成全了我之为我："我（Le soi）从头至脚都是人质，它比自我（Ego）更古老，且先于诸多原则······正是因为存在人质的状态，这个世界中的怜悯、同情、宽恕与亲近才是可能的，即使人们很少发现。才能有那简单的'先

---

① Paul Ricoeur. *Autrement: Lecture d'Autrement qu'être ou au-delà de l'essence d'Emmanuel Levinas*. Paris: Presses Universitaires de France, 1997, p.26.

② Paul Ricoeur. *Amour et Justice*. Paris: Seuil, 2008, p.67.

③ Levinas. *Dieu, la Mort et le Temps*. Paris: Grasset, 1993, p.213.

生您先请'。人质的无条件性不是联结的极致，而是所有联结的条件。"①所有他人的苦难，甚至是文学的虚构人物，都与"我"有关，若非走到如此的极限处境，为他人的赎罪，同情或公正都是不可能的。我们才能知晓为何对他人的痛苦无动于衷是非人的，才不至于在杀死兄弟后，面对神的面容仍然说出："我岂是看守我兄弟的吗？"（《创世记》第4章第4至9节）对互惠性（réciprocité）或相互性（mutualité）的重视则让利科止步于对彻底的他者伦理的承认，他认为关键在于自我如何与他者建立伦理关系。利科并不信任单向度的伦理学，"我"完全成为他人的人质而不汲取任何交互关系甚至是危险的，而这正是列维纳斯伦理学的要义："列维纳斯的全部哲学就是奠基在他者在主体间关系中的首创性之上的。说真的，这一首创性并没有确立任何关系，因为在一个被区分条件界定的我的眼中，他者代表的是绝对的外在性。在此意义上，他者让自身免去了一切关系。"②他者对于自身而言在伦理上具有优先性，这有助于打破自我的封闭状态，但利科认为不能到此为止，认知意义上"我—你"（moi-tu）的不对称和伦理意义上"你—我"（tu-moi）的不对称，这双重的不对称性让互惠的交互关系成为可能，这是反抗死亡的暴力，建构充满友爱的共同生活的根本。

　　他者作为绝对的外在性有效地抵御了胡塞尔"意向性"的再现哲学，向自身再现某物就是把对象吸纳到自身之中，这已经是对对象他者性的否定。对列维纳斯而言，他者在伦理的体制中证实了自身，他人的面孔位于自我之上，它不是我可以纳入再现领域的一种显现（apparaître），面孔带着一种声音显现，即自西奈山而来的"禁止杀人"的声音。利科试图在此处确立自我的位置："那么，我呢？正是在我之中，从他者开始的运动走完了它的全程：他者把我构成为负责任的，也即有能力回应的。这样，他者的话就被放置到话语的根源处，而我就是据此把自己视为我的行动的根源。"③就爱而论，没有"自爱"也就没有对他人的友爱，相互性在这里意味着《尼各马可伦理学》的"每个人把他人当作他所是的人那样来爱"。列维纳斯晚年谈及与利科的差异时指出：

　　　　我寻找这样一种关系，在其中，我对他人的义务以及面对他人的觉醒，我心系他者的挚爱，都不是一种执着，不是一种要求回报的慷

---

① Levinas. *Autrement Qu'être Ou Au—Delà De L'Essence*. Paris: Kluwer Academic, 2006, p.186.

② 〔法〕保罗·利科：《作为一个他者的自身》，佘碧平译，北京：商务印书馆，2013年，第280-281页。

③ 〔法〕保罗·利科：《作为一个他者的自身》，佘碧平译，北京：商务印书馆，2013年，第489页。

慨。以至于我总是认为，在于他人的关系中有一种完全的无偿，绝对无私的因素，我也会质疑在这种关系中呈现的互惠的相互性。保罗·利科在许多方面赞同我，但是，他却认为相互性的取消是一种缺失，在这种观念里有一种对自我的不公正。我非常理解他的理由，但我也明确地认为这处在纯粹的关系、面向他人的慷慨的根基处，是一种所谓神圣性的关系。仿佛神圣性即是与他人关系的行为的至高尊严，这就是人们称作对邻人的爱或尊重。①

这种独一无二的对他人之爱，在犹太教礼拜仪式被三次道出的"神圣"（Kadosh），我是他人的无条件的人质（kedousha），在这种灾难性的悲剧命运中列维纳斯看到的是至高的神圣感。利科排除了列维纳斯所谓"神圣性"，这彻底的为他人的善良，以正义导师般的面容对自我进行规范。来自他者的召唤和命令在利科看来过于"道德"，以至于它始终被战争、恶与死的暴力纠缠。利科特别提及列维纳斯从《总体与无限》序言的开篇中就出现了战争的阴霾，战争不仅因其带来道德的荒谬而成为伦理学问题，它直接就是存在论的事件："对于哲学思想来说，存在显示为战争；而战争则又影响着存在——不仅作为最明显的事实影响之，而且还作为实在的显现本身或真理影响之。在战争中，现实把掩盖着它的词语与影像全部撕碎，以便在它的赤裸与严酷中凸显自身。"②但与服从义务相比，利科认为"我"的自发的仁慈，"我"给予他人的自发关心更加重要。在《作为一个他者的自身》的终章，利科以对列维纳斯的批评宣示了"自我"的主权："难道向我说'不要杀生'的他者的声音没必要变成我的声音，以至于成为我的信念，这个信念把'我在这里！'的宾格等同于'我站在这里'的主格？最后，为了居中调节自身对他者的开放和他者的声音在自我中的内在化，语言难道没有必要提供它的交流对策，以及互惠性的对策。"③以语言为中介的交流在此成为自我与他者建立联系的根本方式。语言（la langue）、言语（la parole）、语词（le mot）、话语（le discours）对于理解存在及我们切身相关的意义在利科看来已经超越了知识论的维度，成为一种"信心"。在他看来，早期胡塞尔的意向性理论仍然存留着柏拉图主义的理念论倾向，所以必须将解释学嫁接在胡塞尔现象学的意义理论和我思理论

---

① 〔法〕单士宏：《列维纳斯：与神圣性的对话》，姜丹丹、赵鸣、张引弘译，上海：华东师范大学出版社，2018年，第26—27页。

② 〔法〕列维纳斯：《总体与无限：论外在性》，朱刚译，北京：北京大学出版社，2016年，第1页。

③ 〔法〕保罗·利科：《作为一个他者的自身》，佘碧平译，北京：商务印书馆，2013年，第494页。

之上，把解释学的多义性引入语义学中，取代胡塞尔现象学对单义性的执着，人的多重意向活动又暗含着自我认识的问题，这样一种反思的解释学就被建立在人之生存（existence）的基础上，以语言为中介的解释活动让自我与他人的交流成为可能，这种交流中存在的是交互性的平等关系，并以主体间的相互承认为目的。

列维纳斯实际上认为在"我—你""我—他"之类关系中的交流是不可能的。我们自以为顺畅无碍的交流实际上是把他者视为我所同情着的另一个自我，他者的孤独、神秘及其根本的他异性则被掩盖。列维纳斯在挚友布朗肖（Maurice Blanchot）的虚构作品《亚米拿达》（1942）中，读到的正是与他者交流的不可能性。当托马被毫无征兆地召唤进陌生的房屋时，他和房子的仆人、侍者、员工们的交流艰难到令人难堪的地步。所有人无从知晓这些房间存在的意义，没有任何必须要从事的工作，不同职能的人的身份似乎是可替代的，但没有人试图逃离这些房间。这种社会关系上的彻底互易（réciproque）在列维纳斯看来根本没有交流可言，它荒诞地呈现了将他者视为可理解的另我（alter ago）的虚妄，他者之所以为是他者，在于他恰是我所不是者。我们看到在作品中人尝试交流的长篇独白之后，听者的反应不是沉默，就是顾左右而言他。布朗肖以"托马"的话语直接表达了这种交流中的荒诞："当我的话注定要说给一个没有任何思想能介入的地方听的时候，我还会觉得那些由我的思想拷贝出来的一字一句有任何重要性吗？当话语的意义局限于我所生活的这个环境，我还会渴望传播它们吗？我更想要做的应该是以我目前不知道的某种形式，通过对话语的遗忘，到达那个我非去不可的地方吧？"①用能被理解的方式以话语为中介的交流被呈现为彻底的失败，正如托马的"猜测"，他者在我眼中将是一个完全不同于我的存在，就像被他者接受时的讯息已与我说出的讯息本身完全不同。

面对他者去交流自身，这一行为意味着在言语中将自己暴露给他人，不是经验意义上的言语，言语直接就是甘冒牺牲之险的应承，只有心甘情愿地冒被误解、被拒绝之险，充满不确定性的交流才是可能的："在根本上，唯有在牺牲中才能有交流，而牺牲就是去切近那些需要对其做出应承之人。只有作为一种危险生活，一种美好的甘冒之险，与他人的交流才具有超越性。"②这就是列维纳斯企望的"超越性的交流"，布朗肖在献给列

---

① 〔法〕莫里斯·布朗肖：《亚米拿达》，郁梦非译，南京：南京大学出版社，2016 年，第 204—205 页。

② Levinas. *Autrement Qu'être Ou Au—Delà De L'Essence*. Paris: Kluwer Academic. 2006. p.190.

维纳斯的论文《无知的知识》（1961）中，称之为自我与他者间的超验关系："在自我和他者之间有一段无垠的，某种意义上不可逾越的距离……他人是极其神秘的——因为他就是陌生人（l'Étranger），未知之人。"①列维纳斯认为与他者的交流虽然建立在语言的基础上，但绝非经验意义上的语言、作为符号的语言，而是超越性的语言，让我们可以走出自我真正与他人交流的语言，这就是应承（responsabilité），对他人语言的回应和承担奠定了交流的可能性。如果不去冒没有回应之险无条件地去应承，只是自顾自地向他人言说，交流就不可能发生。

利科在列维纳斯的伦理学中瞥见的是极端的、不容置疑的伦理责任，这不可承受的生命之重有可能将自我和他者置于险境，自我的巨大阴影使利科更亲近理性主义的美德伦理学。列维纳斯则是在死的绝境中出人意表地重申义务和责任，作为第一哲学的伦理学就是对他人的义务，友人布朗肖准确地领会到列维纳斯的用心，"在无人期盼道德之'善'的时代，这是意想不到的，更为勇敢的肯定。而你急速呈现它们的方式，让它们显得更为凶猛。"② 这份他者伦理学的"过度""夸张"或"唐突"让列维纳斯的论证显得刻意甚至主题化，却不失持久的影响力。返回列维纳斯与利科之争，意在理解他们的各自观点及其差异，这让我们获得继续思考爱与死亡之伦理性的契机。

第二节 事后的沉默与宽恕：利科对阿甘本

奥斯维辛后的诗学被灾异事件的阴影缠绕，事件逼迫诗学重新开始思考，在利科与阿甘本的诗学中，审美主义的野蛮性暴露无遗，支撑文学存在的是它的见证功能，只有文学才能见证"见证的不可能性"。文学本身也在奥斯维辛之后获得了新的语言，一种死语言、非语言和沉默，它不寻求任何交流。我们需将自己毫无保留地投入事件，在一切对奥斯维辛的解释、再现、和反思中与其保持初次遭遇时的惊颤。成为我们必要的伦理选择；在希望的议题上，阿甘本寄望于爱的潜能，爱意味着毫无保留、无所顾忌地投身于奇遇—事件，利科则寄望于艰难的宽恕，为了能重新生活而选择对那些不可遗忘之事进行遗忘，文学的叙述兼具记忆与遗忘的辩证功

① 〔法〕莫里斯·布朗肖：《无尽的谈话》，尉光吉译，南京：南京大学出版社，2016 年，第 99 页。译文有改动。

② 〔法〕莫里斯·布朗肖：《无尽的谈话》，尉光吉译，南京：南京大学出版社，2016 年，第 104 页。

能。对两人思想的细致辨析，有助于我们理解事件诗学发生的历史契机。

一、奥斯维辛：不可思之事

以奥斯维辛为标记，文学在断裂的历史中被逼上绝路，阿多诺甚至在《文化批评与社会》（1951）中提出经典的"奥斯维辛之后"命题：写诗是野蛮的①。作为事件的奥斯维辛的独异性在于它是人们无从经验之事，不管人们如何哀叹"不可理喻""不应该""要批判、反思、超越"，奥斯维辛如其所是地出场，它打断进步主义的幻想，将未来推入未知的结局，任谁也无法保证类似事件不会重现："趋向形而上学的能力瘫痪了，因为实际发生的事情摧毁了思辨的形而上学思想与经验一致性的基础。"②反思性的思想面对是不可化约的苦难，无从猜度的情感和以不同方式侮辱的肉身，它成为无法被诗化的"绝对否定性"。在晚期的《否定辩证法》（1966）中，阿多诺隐晦地"承认"奥斯维辛之后不让写诗也许是错误的，但这只是"也许"："奥斯维辛之后，在情感上，我们反对任何关于此在肯定性的空谈、反对此在无罪于牺牲者的肯定性的断言、反对从牺牲者的命运中榨出任何一种被如此耗尽的意义。"③阿多诺指向的是那些仅会宽慰、赎罪、神秘化罪恶的文学，奥斯维辛真正的启示在于启示的不可能性，它是同一性的哲学、诗学无法对象化之物，任何主体在它面前都是有罪的，甚至是那些幸存之人。

阿多诺的追问在此处达到极限：奥斯维辛之后是否还应该活着？那些劫后余生的人，仅凭偶然得以幸存的极少数，依靠冷漠和遗忘继续生活，不能如此的人只能再次被它捕获。冷漠在阿多诺看来是资产阶级主观性的基本原则，又是奥斯维辛得以发生的根源，幸存者于是向施暴者偏移。不论阿多诺的意识形态批评是否过于激进，我们不得不承认慰藉、宽容、赎罪、正义等词汇在此时的浮夸。奥斯维辛之后直至当前的时代，在巴迪欧看来见证了任何一种文化理念的失败，在对《否定辩证法》的解释中，他指出阿多诺的美学判断实际上是事关存在的判断："我们只不过是在奥斯维辛幸存下来的人们。在这样的范畴中，鉴于存活的主体只是一个幸存者，而作为一个幸存者，他永远要被迫为死者哀恸，那么，正义是不可能归还给奥斯维辛的死者们的，他们的死亡只会是毫无意义的，不会得到任何救

---

① Theodor W. Adorno, "Cultural Criticism and Society", in *Prisms*, trans. Samuel and Shierry Weber, Cambridge: The MIT Press, 1981, p. 34.

②〔德〕阿多诺：《否定辩证法》，王凤才译，北京：商务印书馆，2019 年，第 413 页。

③〔德〕阿多诺：《否定辩证法》，王凤才译，北京：商务印书馆，2019 年，第 412 页。

赎。由于正义不能被履行，有罪就变得不可避免。"①这就是客观的现实性，在奥斯维辛之后，世界已经彻底改变，除了每个幸存者尽力用行动保证类似事件不再发生，其他的举动，尤其是审美活动，显露出无法掩盖的虚伪，甚至会因为无力理解奥斯维辛事件的本质，走向对它的遗忘和背叛。从否定辩证法得出的论断于是比之前更加决绝："奥斯维辛之后的所有文化，连同对它们的急切的批判，都是垃圾。由于文化在其故乡中毫无抵抗地发生的事情之后得到了恢复，文化完全变成了对它曾潜在地所是的意识形态。"②

此时让我们回到诗学问题。诗化的语言可以穿透不可思之事吗？大屠杀文学、诗歌、回忆录、访谈、评论、历史叙述、证词、心理分析记录等文本形式可以在奥斯维辛之后赎回被遮蔽和遗忘的存在吗？当我们在风和日丽的一天，坐在书桌前舒适的人体工学椅上，冷静地或激愤地敲击键盘，搜肠刮肚地再现奥斯维辛时，我们的脸上显露的可能正是野蛮之相。于是文学成为被伊格尔顿和米勒称为"美学意识形态"的事物，因为我们需要将事件审美化，好让我们开始毫无歉意地继续偷生。面对奥斯维辛，来自德国的大师们许诺的"去蔽""澄明""绝对""理念之感性显现"等诗性神话失去信用，我们唯一还能用来支撑文学存在的只剩下见证的功能。法国文学评论家、诗人穆沙（Claude Mouchard）将其界定为"见证文学"："这是一种20世纪兴盛起来的文学体裁，指的是那些遭遇过有组织、大规模、毁灭性的政治暴力的人，为记录和思考自己惨痛的经历而写下的作品。"③实际上，奥斯维辛之后的文学都已成为"见证文学"。在保罗·利科看来，文学虽然终究无法成为具有法律效力的见证，但也只有文学才能见证"见证的不可能性"。成为见证者，似乎注定成为普里莫·莱维（Primo Levi）、让·埃默里（Jean Améry）等幸存者的宿命，他们的个体叙事与审判、历史编纂等行为一道构成对大屠杀的见证。在《否定辩证法》出版的同年，埃默里在《罪与罚的彼岸：一个被施暴者的克难尝试》（1966）中将自己的写作指认为"证词"而非解释，他试图从酷刑和死亡经验的细节中，贡献反思性的"启蒙"精神。他从具体事件出发，将事件还原为事件不加任何"澄清"（Abklärung）：

> 我出版这本小书时，没有什么得到了澄清，今天也没有，而且我

① 〔法〕阿兰·巴迪欧：《瓦格纳五讲》，艾士薇译，郑州：河南大学出版社，2017年，第66—67页。
② 〔德〕阿多诺：《否定辩证法》，王凤才译，北京：商务印书馆，2019年，第419页。
③ 〔法〕克洛德·穆沙：《谁，在我呼喊时——20世纪的见证文学》，李金佳译，上海：华东师范大学出版社，2015年，第165页。

希望，永远也不要。澄清，似乎是那些构成历史行为的事实了解了、搞定了。我的书就是要阻止这样的事情发生。没有任何东西被解决了，没有任何冲突被调停了，没有脑海中的翻滚（Erinnern）变成了单纯的记忆（Erinnerung）。发生了的，就是发生了。事情虽然发生了，并不是就得这样简单地容忍。我反抗，反抗我的过去，反抗历史，反抗将不可理喻的事情以历史的方式冷藏，以让人愤怒的方式歪曲。没有任何东西愈合了。①

在难以卒读的《酷刑》一章中，埃默里以文字和沉思的方式再次走入曾令他崩溃的拷问室，还原用刑的过程和内心体验，而这就是他唯一能做出的反抗。在利科看来，与历史编纂学一样，集中营幸存者的见证同样存在危机："一个见证要能被接受，它必须是适宜的，这就是说，必须尽可能地剔除那些会产生恐惧感的极端怪异之处。幸存者的见证是难以满足这一严苛的条件的。难以交流的另一个原因在于见证者本身同事件之间没有距离，他们都是事件的参与者，没有'旁观者'。"②而没有旁观者的第三方见证是无效的。于是我们虽然可以出于怜悯和同情去相信幸存者的见证，但在利科看来这里的相信或理解又转变成了它所反对的无仲裁的审判，绝对的谴责。策兰（Paul Celan）最切近地道出了见证的危机：无人/为这见证/作证（Niemand/zeugt für den/Zeugen）③。作为不可思之事，奥斯维辛是否也就是不可歌之事？就此而言，利科坚持文学叙述的中介性，因为我们连形成关于奥斯维辛事件的概念都来自叙述性的语言，历史中发生的事件只有在叙述中才能得到呈现，进而被旁观者理解。我们可以不信任官方的历史编纂学，也不信任个体的灾难史叙述，更不去信任诗人的事后呓语，但除非通过他人的叙述，我们如何切近事件的真理，如何反思性地理解这些不可能的见证？所以利科将事件视为缺少反思，并不自明的概念："由过去本身所构成的这一不可见性（invisibilité）的光晕包围着事件，并将事件交托给一些中介，这些中介不是感知的对象，而是研究的对象。"④

---

① 〔奥〕让·埃默里：《罪与罚的彼岸：一个被施暴者的克难尝试》，杨小刚译，厦门：鹭江出版社，2018年，第10页。

② 〔法〕保罗·利科：《记忆，历史，遗忘》，李彦岑、陈颖译，上海：华东师范大学出版社，2017年，第231—232页。

③ Paul Celan. "Aschenglorie". in *Breathturn*. trans. Pierre Joris. Los Angeles: Sun & Moon Press, 1995, p.179.

④ 〔法〕保罗·利科：《记忆，历史，遗忘》，李彦岑、陈颖译，上海：华东师范大学出版社，2017年，第203页。

也就是说事件在被中介或进入思辨逻辑中，在被叙述时，才能使人们感知、理解这一事件成为可能。在事件之后，在发起新的选择、行动，即重新开始生活之前，我们所需的正是关于事件的诗学。

如德勒兹所言，事件概念并不是指某个过去的事实，当"事实"产生对线性时间之流（flow）的扰乱，打开时空的锁闭空间，在与主体的相遇重新生成为事件时，我们才能思考一种关于事件的诗学。胡塞尔指出了事件的悖论特性："事件不会将自身作为一个特定时刻整合到时间流之中，但它极大地改变了存在的整体风格。"①事件开启了过去与未来之间的差异，打开的是一个全新的世界。主体及其开启的事件向无限的可能性和偶然开放，人作为时间性的存在，在创造事件、逾越程式的活动中展开自己的命运："对意外事件的开放对人类的存在而言是构成性的，这种开放性赋予了人类一种令其生活成为冒险，而不是按照程式的规划以既定的方式展开的命运。"②事件为诗学带来的正是这样一种震惊体验。

二、文学与沉默

与利科相对，在《奥斯维辛的剩余》（1998）中阿甘本认为依赖文学见证事件的功能是徒劳的，策兰（Paul Celan）最切近地道出了诗歌的见证危机："无人/为这见证/作证（Niemand/zeugt für den/Zeugen）"③。文学和批评的任务是从无言中听到声音，从不能承受之事中直面存在的裂痕，即移动在有罪与无罪、可见的历史叙述与不可见的事件本身、在场的见证者与不在场的我们之间，在人与非人、言说与沉默之间，窥见被奥斯维辛撕开的裂痕："质询这裂痕，或者，更确切地说，去聆听裂痕。"④那么我们该如何聆听？阿甘本实际上仍然将文学的见证，他人的讲述视为必要的中介。

在莱维的讲述中，集中营囚犯中特权阶层"囚犯特遣队"（Sonderkommandos）的奇异存在引发了阿甘本的沉思。特遣队集中展现了集中营的"灰色地带"，他们既是囚犯又是党卫军的"助手"，他们的任务是维持囚犯秩序、负责毒气室和焚尸炉的日常管理、处理尸体等，同

---

① 〔德〕胡塞尔：《欧洲科学的危机与超越论的现象学》，王炳文译，北京：商务印书馆，2001 年，第 30 页。

② 〔美〕达斯杜尔：《事件现象学——等待与惊诧》，孙鹏鹏、田瑞译，汪民安主编：《事件哲学》，南京：江苏人民出版社，2017 年，第 109 页。

③ Paul Celan. "Aschenglorie", in *Breathturn*, trans. Pierre Joris, Los Angeles: Sun & Moon Press, 1995, p.179.

④ Agamben, Remnants of Auschwitz. *The Witness and the Archive*, trans. Daniel Heller-Roazen, New York: Zone Book, 1999, p.15.

时他们因为掌握着集中营中的真相，最终难免和大多数因犯走向共同的命运。但因为有用，他们可以享受一些"特权"。让莱维印象深刻的是特遣队成员之一的尼兹利（Miklos Nyiszli），这位最终幸存的匈牙利医生讲述了在工作间隙他参加的一场党卫军与特遣队之间的足球赛："一对球员代表守卫焚尸炉的党卫军，而另一对球员代表特遣队。其他党卫军士兵和特遣队员观看着这场比赛，支持着自己的球队，打赌，鼓掌，为球员加油，似乎这场比赛不是发生在地狱的大门口，而是平常的村庄广场上。"①这在一般因犯那里是无法想象之事。这场足球赛作为死亡阴影中的"平常一日"，透露的共谋的默契，反常中的和谐，在阿甘本看来包含了奥斯维辛的全部秘密和最真实的恐怖。在尼兹利—莱维的讲述中，阿甘本得到了真实的启示：奥斯维辛像这场真实举办过的足球赛一样，仍在进行，灰色地带近在咫尺，与每个人息息相关。每一个劫后余生者，如果不尝试理解这足球赛中的掌声，听故事一样对他人的痛苦无动于衷，对暴力习以为常，我们就仍然活在奥斯维辛、南京、哈尔滨平房区、卢旺达、雅加达带来的耻辱中，当事件卷土重来时，立刻做回当年那场足球赛中的观众，为成为非人而大声喝彩。

　　奥斯维辛之后，文学需要全新的语言和叙述方式来对抗旧的美学建制，与之相对，"之前"的文学被置于异质的视域中得到新的理解。在米勒看来，奥斯维辛之后的文学批评家应该思考的是文学见证事件的独特方式，文学可以预见和见证奥斯维辛、美国主导的战争等灾难性事件，有效的见证越接近事件本身，在叙述上越加复杂。卡夫卡的小说在米勒看来是对奥斯维辛的一种预见，叙事上的延迟性处理，开篇就确立的不详氛围，对文学阐释的抵制等预言着奥斯维辛的必然，卡夫卡的语言成为施行性的预叙。在《审判》和《变形记》的开篇，我们看到的就是不可预见的事件确实地发生时的情形："一定有人诬告了约瑟夫·K，因为，他没干什么坏事，一天早晨却突然被捕了。他的房东格鲁巴赫太太的厨娘每天早上八点钟本应给他送早晨来的，这天却没有露面，这种事过去从未发生过。"②过去从未发生过的还有中格里高尔·萨姆沙从不安的睡梦中醒来后，发现自己变成甲虫（《变形记》）；K在夜间入村发现根本找不到被积雪、浓雾和黑暗遮蔽的巨大城堡（《城堡》）；以及卡尔·罗斯曼在女仆为其生子后被父母送往美国（《失踪者》）。后文全篇都是他们在全盘接受这个事件后徒劳的挣

---

①〔意〕普里莫·莱维：《被淹没与被拯救的》，杨晨光译，北京：中信出版社，2017年，第52页。
②〔奥〕卡夫卡：《诉讼》，章国锋译，叶廷芳主编：《卡夫卡全集》（第3卷），石家庄：河北教育出版社，1996年，第3页。

扎，也就是说他们在以逃避的方式延续事件的发生，顺从它甚至耻辱地接受一切后果。"我们不愿轻易相信《审判》和《变形记》开头的设定，就好比我们不愿接受对大屠杀的简单陈述。"①然而不管我们愿意与否，一切都如其所是地发生了。

更重要的是，文学本身在奥斯维辛之后获得了新的语言，阿甘本称其为死语言、非语言，或沉默，可以说见证的可能性即诗歌的终结，事件的诗学从诗歌的终结处开始，用死亡的语言在意义的空白中发声，它不吁求任何沟通或交流。在《诗歌的终结：诗学研究》（1996）一书中，阿甘本讨论了意大利诗人帕斯克利（Giovanni Pascoli）使用"死语言"的方式。帕斯克利的诗歌中充满了被废弃的生僻词汇，语义含混到不可理解的拟声词，他在"正常"的诗歌语言之外，实践了一种新的诗学，去写诗或思考就是去体验这样的语言，即说出死去的语言。能赋予思想更强大生命力的正是死的语言。"直到……直到我飞入天空，在你们之间有人……也曾见过我"，这样的诗句最终以不可解的"chio chio chio"作为结尾，语义清晰的诗句逐渐模糊，诗歌可见的意义被纯粹的声音中断并走向终结。在另一首诗中，帕斯克利用生者和死者共用的名字结束诗篇：di Mong, Mosach, Thubal, Aneg, Ageg, Assur, Pothim, Cephar, Alan, a me!这些人名既是拟声词又是逐渐失去其明确所指的字母组合，这些刻意选择的罕见人名，读者很难识别的声音，让诗歌的语言离开语义维度回归原初的纯粹性。在无意义的字母组合构成的"黑点"中，完成了对声音与意义的跨越，阿甘本称其为死语言的诗学或拟声诗学："字母位于声音的死亡（拟声词）和语言的死亡（语意不清）之间。"②

阿多诺同样指出艺术只有拒绝虚假的沟通才能保持完整性，在他看来，策兰作为奥斯维辛之后德国最伟大的诗人，使用的是非生物的语言："他的诗歌充满一种愧疚感，一种源自无力体验或升华苦难的愧疚。策兰的诗歌尝试以沉默言说极端的恐惧，从而使其真正的内容化为否定性的。它们模仿一种潜藏在人类的无能唠叨中的语言，一种甚至潜藏在有机生命层次下的语言：属于石头和星星的死语言。"③在策兰诗中我们看到的是对

①〔美〕J.希利斯·米勒：《共同体的焚毁：奥斯维辛前后的小说》，陈旭译，南京：南京大学出版社，2019年，第96页。

② Agamben.*The End of Poem: Studies on Poetics*. Trans. Daniel Heller-Roazen. Stanford: Stanford University Press, 1999, p.71.

③ Theodor Adorno. *Aesthetic Theory*. Trans. Robert Hullot-Kentor. London and New York: Continuum, 2002, p.322.

母语的无言，带血的母语只能被隐喻遮掩，以至于逐渐在扭曲中走向沉默，如这首《图宾根，一月》："会来，会有人来，会有一个人进入世界，今天，留着/族长的/稀疏的山羊胡：他可以，如果他愿意谈论这个/时代，他/可以/只是咿咿呀呀，一个劲地，一个劲地/咿呀下去。（'pallaksch, pallaksch.'）"词与物之间的决绝对立让声音逐渐隐去，浮出表面的是全新的、属于沉默的语言，pallaksch 即荷尔德林精神失常后的口头禅。奥斯维辛之后诗人们的那些不可分辨的呢喃，咿咿呀呀或支支吾吾，阿甘本称之为"黑暗的、损坏的语言"①，文学只有以死语言，以沉默来告别古典的诗性话语，才能真正构成见证，去见证见证的不可能性。策兰等诗人用沉默和死亡的语言来创作并不是标新立异，形成某种所谓的独创性风格，实际上他们是不得不如此。对于他们而言，诗人的语言无法逾越奥斯维辛式的事件，如果诗歌在奥斯维辛之后还可以存在，那它必须是沉默的诗篇，因为事件带来的罪恶、耻辱和绝望早已超越诗化的语言，再用"之前"的语言进行创作，实际上意味着这场事件从未发生，也就是说意味着逃避与背叛，即阿多诺的"野蛮"。可以说，事件本身在改变诗歌的语言。

诗歌的语言作为人的独创符号，人类理性之光，现在只余灰烬。犹太诗人沃尔夫斯凯尔（Karl Wolfskehl）在《流亡之歌》中宣布奥斯维辛之后属人的语言已经死亡："无论你们是否有千言万语：语言，语言已经死去。"在语言的尽头，诗人陷入沉默，斯坦纳（George Steiner）认为诗人只有两种选择："努力使自己的语言成为代表，表现普遍的危机，传递交流活动本身的不稳定和脆弱；或者选择自杀性的修辞——沉默。"②这就是非人的诗学，前者有贝克特的"无言剧"，后者有策兰的诗歌，还有我们在卡夫卡那里看到的对奥斯维辛的预见。《塞壬的沉默》（1919）早已描述了这种沉默。在卡夫卡对奥德修斯故事的改写中，塞壬的歌声不仅可以穿透水手耳中的蜡，甚至可以将沉默作为武器："塞壬们如今有一种比她们的歌声更为可怕的武器，那就是他们的沉默。虽然未曾发生过，但也许可以想象，有人似乎曾经逃脱她们的歌声，但绝逃不过她们的沉默。"③但奥德修斯们却愚蠢地相信单凭自己的力量就能战胜塞壬，而他们之所以能逃

---

① Agamben. *Remnants of Auschwitz: The Witness and the Archive.* Trans. Daniel Heller-Roazen. New York: Zone Book, 1999, p.37.

②〔美〕乔治·斯坦纳：《语言与沉默：论语言、文学与非人道》，李小均译，上海：上海人民出版社，2013 年，第 60 页。

③〔奥〕卡夫卡：《塞壬们的沉默》，洪天富译，叶廷芳主编：《卡夫卡全集》（第 1 卷），石家庄：河北教育出版社，1996 年，第 398 页。

出歌声的支配只是因为盲目和幸运，塞壬看到绑着奥德修斯的铁链和水手耳中的蜡，以至于忘记了歌唱，奥德修斯则自我催眠式地认定塞壬正在歌唱。理性的狡计暂时性地躲过一劫，但终究没人能永远抵抗塞壬的沉默，即语言本身的灰烬。

三、事件即奇遇

阿甘本进而通过《奇遇》（2015）一书，从对词与物、事件与叙述的诗学研究进入到对诗与人的存在论探索。奇遇（aventure，âventiure）指向有奇迹意味的事件，在骑士传奇《狮子骑士伊万》中，"奇遇"被骑士定义为他所追寻（trover）的对象。阿甘本指出古法语 trover 一词不仅有寻找的意思，而且它最初是一个诗歌传奇中的惯用术语，指"作诗"，于是骑士在寻找奇遇，正如诗人在寻找他诗歌的主题，骑士的奇遇也是诗人自身的奇遇。奇遇可以是必然的命运或偶然的相遇，它可以是突然降临的事件也可能是可以预见的事实，但为我们所理解的奇遇总是首先构成一个语言本身的事件，仅在诗人的叙述活动中显现："奇遇在故事中间出现，因为它不像缪斯那样是一种在叙述之前存在并把言词赋予了诗人的神圣潜能：不如说它就是叙述，它只活在叙述中，并且只通过叙述而活。"①而能成为奇遇的就是事件。迪卡诺（Carlo Diano）的事件现象学认为事件并不是发生过的事情，而是对某人发生之事、无法预料之事在某处发生，但唯有当它是针对某人、为了某人而发生，并被某人在一个确切的地方察觉到它的瞬间，才有真正的事件。阿甘本进而指出与奇遇一样，事件总是语言的事件，是一场和表达事件的语言密不可分的奇遇，事件—奇遇本身要求被人说出，它不仅是骑士们的奇妙历险，同时也是诗人用叙述进行的冒险，对于既非主人公也非诗人的我们而言，事件本身在邀请我们进入其中，在诗人的叙述和主人公的命运中感同身受地展开冒险。

我们于是成为欲求事件、被事件和奇遇所召唤的主体。在阿甘本看来，不是我们自由地选择某个事件，投身其中并将故事引向终点，是我们不得不卷入事件："对事件的欲求只是意味着，把事件感受为一个人自己的事件，在其中展开冒险。"②关于存在论意义上的事件概念，阿甘本的思考建基于晚期海德格尔的 Ereignis。早在 1982 年论文《Se：绝对者与 Ereignis》中，阿甘本已经开始通过对海德格尔 Ereignis 概念的阐发，思考人类社会

---

① 〔意〕阿甘本：《奇遇》，尉光吉译，重庆：西南师范大学出版社，2018 年，第 51 页。
② 〔意〕阿甘本：《奇遇》，尉光吉译，重庆：西南师范大学出版社，2018 年，第 87 页。

实践与事件的关联。Ereignis 作为一般名词，就是指事件，海德格尔将其用为动词 eignen（具有）和形容词 eigen（本已的）。在阿甘本的阐释中，这一概念在海德格尔的思考中存在着一种过渡："在《存在与时间》中，Ereignis 被定义为事件和存在的相互具有、共同归属，而在《同一与差异》中，存在与人又被引回他们的专有性。"①海德格尔在《同一与差异》中认为 Ereignis 不是一般意义上的事情、事件，而是独一无二的发生，事件超越了存在与存在者之间的存在论差异，投入事件意味着存在与人的相互"具有"："现在要紧的是淳朴地经验人与存在在其中得以被相互具有的这种具有（Eignen），即转投入我们所谓的事件之中。"②在本源处的不是存在或人这样的存在者，而是人和存在共同存在这一事件，对人而言，最切要的莫过于语言事件的发生。在阿甘本看来，我们在生存论的事件中讨论的最重要的问题就是人的生成事件："事件，既是人类起源学的，也是存在论的，既和人的生成言说相一致，也和存在向着言语的降临，以及言语向着存在的降临，相一致。"③

借此我们可以理解海德格尔对诗与思的语言事件的沉思，语言不是工具，"而是那种拥有人之存在的最高可能性的事件"④。阿甘本进而指出事件与奇遇的类似性，事件和言语在奇遇中呈现自身，奇遇也总是需要被一个与其相遇的主体道出。所以阿甘本直接将奇遇（avventura）视为 Ereignis 一词的准确翻译，Ereignis 即奇遇，意味着生而为人者，一开始就被抛入存在的事件中，不仅作为一个生物存在，一个会言说的动物存在，它注定要投身于一场永不停息的、看不到结局的奇遇。我们在言说和行动创造的事件中生存，这意味着我们并不是完全凭借自己去创造自己的"命运"，我们活在一切发生过的事件—奇遇之中。作为共同体，马克思所说的"类存在"，我们本就与他人的事件—奇遇休戚相连。这奇遇可能是远离我们的历史事件，也可能是他人的生活故事，可能是对事件的叙述，或者是一首与历史无关的诗篇。与之遭遇后，他人的事件在我们的解释、理解和审美活动中持续发生，以至于成为先于我们，并内在于我们的事件，为我们自己"开创"的一切事件奠基，这遭遇本身就是我们的奇遇。可以说，事件—奇遇

---

① 〔意〕阿甘本：《潜能》，王立秋、严和来等译，桂林：漓江出版社，2014 年，第 189 页。

② 〔德〕海德格尔：《同一与差异》，孙周兴、陈小文、余明锋译，北京：商务印书馆，2014 年，第 42 页，译文有改动。

③ 〔意〕阿甘本：《奇遇》，尉光吉译，重庆：西南师范大学出版社，2018 年，第 93—94 页。

④ 〔德〕海德格尔：《荷尔德林诗的阐释》，孙周兴译，北京：商务印书馆，2000 年，第 41 页，译文有改动。

是一种馈赠，不论这礼物是好是坏，它提供让我们继续生活下去的智慧。

奥斯维辛同样当作如是观。在集中营中遭遇的一切对亲历者而言也是一场从未经历过的、超出想象的奇遇，他们的奇遇不是为了构成一场供人观看的悲剧而发生，他们只是不幸地被投入奥斯维辛。幸存的我们对其担负着伦理责任，我们应该将其视为一个我们自己的事件—奇遇。对于阿甘本而言，奥斯维辛就是一个曾经发生并一直持续到当下的事件。集中营不是监狱，就其本质而言是一个收容所，用来在战时对"非人"进行"处理"。1933 年 3 月为了庆祝希特勒在选举中获胜，希姆莱（Himmler）在达豪（Dachau）创造了"政治犯集中营"，并将其委托给党卫军，于是完全不受监狱法、刑法的监督之外的收容所诞生。显然它是在紧急情况下设立的制度，其中常规法律被悬置，即在正常的法律状态之外，制造出来的例外状态："如果说，主权权力是建立在对例外状态加以绝断的能力之上的话，那么收容所就是例外状态在其中得到永恒实现的结构。"①在最高独裁权力的统摄下，例外状态可以无条件地变为常态，于是集中营对"非人"无休止地折磨和屠杀在"例外"中获得合法性，成为合法—非法、合理—不合理、人道—不人道等区分不再有意义的"无法地带"②。拜其所赐，在那里人类被完全剥夺做人的资格，真正的非人以民族国家行政主权、种族生物霸权的名义，将常人变为"非人"，其中任何行为都不违法，绝对的权力将原本的公民还原为无任何政治身份的"赤裸生命"。阿甘本坚持认为，当现代民族国家政治体系产生危机，国家进而完全接管民族出身的生物学生命时，我们时代的收容所—集中营随之诞生，收容所于是成为现代政治本身的结构性事件，只是在不断变化着面貌的当代法则（nomos）：它们是 1991 年意大利警方收容阿尔巴尼亚非法移民的足球场，是维希政府把犹太人移交德国人之前用来收容他们的环形跑道，是波黑内战中塞族与穆族建立的发生过大规模种族强奸的收容所。在其顶点处是 1989 年的蒂米什瓦拉（Timisoara）事件。这起导致罗马尼亚齐奥塞斯库政权垮台的事件，是叛乱的秘密警察与媒体的合谋，为了让旧政权的种族灭绝"罪行"成立，他们将刚入土或放在太平间的尸体取出并撕裂，将镜头下的所谓大屠杀现场装扮地格外逼真，通过西方媒体的"客观"报道后，结局自然是群情激奋，"革命"成功。阿甘本将其称为景观社会的奥斯维辛，并戏仿阿多诺的著名格言："有人说奥斯维辛之后像原先那样写作与思考已是不可能，同理，

①〔意〕阿甘本：《无目的的手段：政治学笔记》，赵文译，郑州：河南大学出版社，2015 年，第 51 页。
②〔意〕阿甘本：《例外状态》，薛熙平译，西安：西北大学出版社，2015 年，第 53 页。

蒂米什瓦拉之后，像原先那样看电视也将不再可能。"①奥斯维辛事件从未远离我们，它是我们正在与之遭遇的事件—奇遇，而我们与之遭遇的方式是将他人的奇遇视同我们的奇遇。将自己毫无保留地投入其中，就是承认我们仍然生活在奥斯维辛的阴影中，在一切对该事件的解释、再现和反思中与其保持初次遭遇时的惊颤，只有这样我们才能说"作为一个人我活着"。

四、爱与艰难的宽恕

　　阿甘本对事件—奇遇概念的阐发，让我们同时见到事件本身的轻逸与沉重。我们与之遭遇的可能是奇迹般的创造性事件，如成全幸福人生的"幸事"，打开生命深度的文学创作；此外我们也必然与不可承受、不可再现之事相遇，它们是曾经发生且仍在发生的灾异事件，全然非人的人类行动。生命已身处生成的事件之中，向着未来事件的降临而延展开去，这是一个我们不可预料、喜忧参半的未来。从奥斯维辛之后人类仍放任它继续发生的现实来看，阿甘本认为令它得以滋生的西方民主政治及其晚期阶段根本无力改变事件的结构性轮回。也许正是在绝对的无望之中，阿甘本将希望寄予爱（amore）的潜能，爱意味着毫无保留、无所顾忌地投身于奇遇和事件。

　　在阿甘本对《形而上学》的释读中，亚里士多德学派潜能理论的关键在于它包含了一种主体性的考古学，它以"能力"为一个生命中的非—存在的命名，也就是说，潜能不只是能力的实现或持有，有某种潜能同时意味着有某种丧失（sterēsis），于是所有潜能都是非潜能，即不付诸行动的潜能："人是持有自己的非潜能的动物，其潜能的伟大是被非潜能的深渊所度量。"②在阿甘本看来，潜能从存在论上不再依附于现实，它甚至比现实更具原初性。阿甘本的"爱"是人的纯粹潜能/非潜能，完全敞开自身置入事件，献身于爱之奇遇，成为灾异事件之后的生存希望。爱作为事实性的激情，被阿甘本视为可以阐明海德格尔 Ereignis 概念之物，爱的激情在自由中打开了此在的根基："在爱中，爱者与被爱者在他们的遮蔽中，在一种超越存在的永恒的事实性中被阐明。"③在他的弥赛亚主义哲学中，爱的潜能/非潜能无法被抹除，正是微弱的存在具有抵抗灾变的力量。

　　似乎是在向中世纪象征寓意诗学的传统回溯，阿甘本用男女之爱寓托

---

① 〔意〕阿甘本：《无目的的手段：政治学笔记》，赵文译，郑州：河南大学出版社，2015 年，第 111 页。
② 〔意〕阿甘本：《潜能》，王立秋、严和来等译，桂林：漓江出版社，2014 年，第 300—301 页。
③ 〔意〕阿甘本：《潜能》，王立秋、严和来等译，桂林：漓江出版社，2014 年，第 340 页。

形而上之爱。在爱情中我们每每体验到自己无力去爱，而这恰恰是我们追逐爱情的动力。当爱人之间的秘密越来越少，以至毫无神秘感可言时，我们可能会感觉激情或爱情本身在逐渐淡去。但同样是在这样的时刻，诞生了守护灵（genius）式的"神魔"（demon），它不是自我，而是居住在我们身体内而又最陌生的潜能，一种不受我们掌控的力量①，爱人间共享的神魔将他们带入一个更加幸福的生命形态，一种不属于动物、人或神灵的全新生命。所以我们应该不惜一切代价地忠实于自己的神魔："诗化的生命是这样的生命：它，在每一场奇遇里，顽固地维持着它同某个东西的关系，而那个东西，不是一种行动，而是一种潜能，不是一个神灵，而是一个半神。"②永恒的爱情总是无望的，但也只有在爱之中，希望才可能浮现。获得爱情和希望并不是以它在现实中的实现来衡量的，是我们对爱情的欲望和想象，让爱情早已如愿以偿。在最好的情况下，我们对爱情的渴望让神魔进入全新的生命阶段，爱的潜能在此超越了奇遇，这也是一切希望和救赎得以存在的逻辑。

　　拥抱奇遇或事件的爱在阿甘本这里成为突破生命政治的契机，即在一种现实的不可能性中寻找生机。与福柯历史主义的生命政治（biopolitics）概念相对，阿甘本的生命政治是一个更加绝望的版本：生命的政治化导向赤裸生命的普遍发生，当少数"异端"被驱离人类的政治生活共同体时，他们将旋即成为只有动物性的自然生命。在《神圣人》中，阿甘本指出希腊语中有两个词对应着英语中"life"："'zoē'为一切活着的存在（如动物、人或神）共有的'活着'这一事实；'bios'为个体或群体适宜的生活方式。"③赤裸生命诞生于 zoē 置入 bios 之际，即抹去个体肉身生命与其在群体中政治生命之间差异的时刻。奥斯维辛正是这种生命政治的"典范"，而在奥斯维辛之后，它仍然结构性地存在于现代政治中，以至于现代人无不随时有成为赤裸生命的风险。换言之，奥斯维辛绝非偶发的事件："集中营是一个当例外状态转为常态时敞开的空间。"④更进一步，阿甘本的激进性在于对当下状况的判断，他指出在现代政治共同体中奥斯维辛的幽灵仍在游荡，至高权利对赤裸生命拥有生杀大权已成"常态"。于是，抵抗此种生命政治

---

①〔意〕阿甘本：《渎神》，王立秋译，北京：北京大学出版社，2017 年，第 8—9 页。

②〔意〕阿甘本：《奇遇》，尉光吉译，重庆：西南师范大学出版社，2018 年，第 110 页。

③ Agamben, *Homo Sacer: Sovereign Power and Bare Life,* trans. Daniel Heller-Roazen, Stanford: Stanford University Press, 1998, p.1.

④ Agamben, *Homo Sacer: Sovereign Power and Bare Life,* trans. Daniel Heller-Roazen, Stanford: Stanford University Press, 1998, pp.168-169.

并使之无效，成为未来政治的关键。

　　无法得救与已然得救的正是同一个我们，放在奥斯维辛的背景下，阿甘本提醒我们的是在事件之后，在无望的希望中保持信心。希望的对象正是那些我们无法预知而又坚信不疑的承诺，此时阿甘本引述的是《罗马书》中的名句："我们得救是在乎盼望；只是所见的盼望不是盼望，谁还盼望他所见的呢？"（第 8 章第 24 节）显然阿甘本此处的逻辑是弥赛亚式的，祈向弥赛亚主义的救赎之神，将人类从历史暴力的轮回中拯救出来。必须指出的是，与一般意义上的乌托邦主义或终末论不同，阿甘本对爱之潜能的确信，对未来全新的共同体的希望，建立在救赎的事件正在到来且随时到来（the coming）的基础上。未来事件是无从预料、无法制造的当下现实的潜能，它随时可能与我们迎头相撞，打破一切人为区隔，确立 bios 融入 zoē 中的生命形式（form-of-life）。这是阿甘本独特的弥赛亚主义，诉诸于实践地改变政治生活的原初结构，用作为潜能的"来临中的共同体"对抗结构性的生命政治。

　　也正是在此处，阿甘本迎来朗西埃（Jacques Rancière）的强力批评。在朗西埃看来，阿甘本对奥斯维辛事件的思考是对灾难性事件在政治和艺术上的无限期延长，将其场景复现于当下的日常生活（如上文足球赛的例子）："这个情境似乎是本体上命运的完成，它完全清除了异议的可能性，也清除了未来救赎的希望，从而不再等待一场没有多大可能的本体上革命的降临。"①阿甘本是在谴责这种例外状体的常态化，并诉诸弥赛亚的随时降临。朗西埃激烈地批评了当前政治和艺术的此类"伦理转向"，因为恰恰是对无法弥补之事的无尽哀悼，以及对不可希望之事的无限期等待，让事件本身的激进性荡然无存。朗西埃诉诸让政治和艺术回归不稳定、不明朗、充满歧义的差异状态，而所有执着于创伤性事件或弥赛亚式救赎的思想只是看似激进，实则趋于同一，因此在根本上是保守的。阿甘本式的爱终究无力在灾异事件中保护生命的周全，爱的潜能能让我们忠于自己、无畏地投身事件或奇迹，却无法做到对群体生命的基本维系。这也让在全球新冠肺炎疫情中大谈国家将例外事件常态化的阿甘本四面楚歌，甚至出现"告别阿甘本"的声音。

　　面对"奥斯维辛之后"的难题，与阿甘本的无望之希望相对，利科转而寄望于实际的应对策略，即宽恕问题。在考察法律层面三个相关联概念

---

① 〔法〕雅克·朗西埃：《美学中的不满》，蓝江、李三达译，南京：南京大学出版社，2019 年，第 136 页。

惩戒（sanction）—再造（réhabilitation）—宽恕（pardon）时，利科反思了宽恕超越法律价值和伦理价值的意义。一般而论，没有人可以替他人宽恕，因为能去宽恕的只有受害人，宽恕是被禁止赋予他人的能力。但当宽恕涉及记忆问题时，我们不能简单地将宽恕等同于遗忘："宽恕的'目的'不是消除记忆，不是遗忘；相反，它的目的是清除债务，这与消除遗忘的'目的'不可调和。宽恕是对记忆的一种治疗，是哀悼仪式的终点。从债务的重负中解脱，记忆为这伟大的目标而获得自由。正是宽恕给了记忆一个未来。"[①]"禁止遗忘"作为希伯来的戒律，在利科看来是对记忆的对象，即事件的重视。虽然有我们永远无法经历的事件，但记忆可以将这先于我们存在的他人故事转变为我们的"事件"。甚至我们关于犯错和罪恶的观念都源于对事件的叙述性见证。如在亚当神话提供的是人类犯错的初始事件被叙述后，在我们的理解中原罪成为超历史的偶然的恶。而在面对历史事件时，记忆对过去的见证由于其叙述性而备受质疑。利科则认为我们不能拒绝对事件的记忆，对于脆弱的历史知识而言，记忆是发源地：

> 历史能够放大、补全、纠正甚至驳斥记忆对过去的见证，但是不能废止它。为什么？因为，在我们看来，记忆仍然是构成过去之过去性的终极辩证法，亦即'不再存在'和'已经存在'之间的关系的守护者，前者以过去的已经结束、消失的特征为标志，后者表明过去的原初和在此意义上的不可毁灭性的特征。对过去图像的识认和口头证词，建立在前谓述的——甚至前叙述地——相信某件事确实发生过之上。这方面，诸如 20 世纪的大屠杀和滔天罪行的这类事件，在表象的范围内，是所有在身心上留下创伤印记的事件的典型：它们申明，它们存在过，并且以此名义，它们要求被述说，被讲述，被理解。[②]

历史学家的叙述所构建的历史知识并不足以领会历史的全部意义，他们的叙述同样依赖对事件做出见证的芸芸众生。记忆作为对事件的见证，让不可回溯的事件具有再度"发生"的契机，而它被讲述，获得可供他人理解的叙述结构，让我们理解事件成为可能。记忆固然重要，但如何被记住才是关键，既然我们是在叙述的中介作用下理解我们未曾经历的事件，那么我们就不能只依赖于记忆，因为叙述本身已经是一种选择，叙述的技

---

① Paul Ricoeur. *Le Juste*. Paris: Seuil, 1995, p.207.

② 〔法〕保罗·利科：《记忆，历史，遗忘》，李彦岑、陈颖译，上海：华东师范大学出版社，2017年，第 667 页。

艺即在遗忘某些事件的基础上形塑一个核心事件，甚至可以说不曾遗忘就不曾铭记。这里利科区分了遗忘的两种形式，消极的遗忘和积极的遗忘。不去探究、理解曾经发生过的灾难性事件，当事件从未发生，这是消极的遗忘；积极的遗忘则是一种选择性遗忘："积极的遗忘并不与事件本身相关（事件的痕迹必须被小心谨慎地加以保存），而是与罪责相关，它的负累麻痹了记忆，紧接着也麻痹了创造性地筹划将来的能力。"①对利科而言，我们需要遗忘的不是事件，不是在事件中产生的极端的愚昧和暴力，而是遗忘事件对现在和将来产生的不详意义，事件的阴影可能会让我们与施暴者陷入相同的陷阱，走上野蛮的报复或"正义"的复仇之路，让重新开始生活变得举步维艰。黑格尔在他的"法哲学"中曾将"复仇"视为一种形式上的主观意志，在每一次侵害中体现出它的无限性："复仇由于它是特殊意志的肯定行为，所以是一种新的侵害。作为这种矛盾，它限于无限进程，代代相传以至无穷。"②为了打破这种无限循环，我们需要的是在记忆和遗忘中走向宽恕，利科称之为艰难的宽恕（oubli difficilc）。宽恕不是自己感动自己式的无脑宽容，它只存在于事件始作俑者的请求之中，他们同时承担着不被宽恕的风险。宽恕虽然艰难，但它是解开历史的死结，拥抱未来的希望。

利科指出，在黑格尔《美学》对《安提戈涅》的经典阐释中，我们看到的是极端情境中两种正义之间你死我活的斗争，它的最终结果必然是共同走向死亡，这里没有宽恕。而在《精神现象学》中，黑格尔强调的是"判断意识"与"行动意识"之间的相互宽恕（Verzeihung）。对于判断意识而言，已经发生的事件不是一成不变的既定事实，它在放弃自身片面性时撤销了事件的现实性，这让精神跨越现实走向绝对，于是"医治精神的创伤，不留丝毫疤痕"成为可能。这就是宽恕的契机，宽恕意味着和解："和解这个词就是这样一种实际存在着的精神，这种精神在它的对方中，亦即在作为绝对存在于其本身的个别性的那种纯粹自身知识中，直观地认识到作为普遍本质的那种纯粹自身知识，——这种精神就是一种相互承认，也就是绝对的精神。"③利科从黑格尔作为宽恕的承认中看到的是在事件之后的共同生活，为了继续共同生活，我们必须忍受不必要的纷争，并在差异中寻求协商的可能性。但宽恕绝不意味着将事件从历史中抹除，宽恕甚至首先就需要面对现实的勇气，接受无法清偿的罪责，承担全部的事实及其灾难

① 〔法〕保罗·利科：《过去之谜》，綦甲福、李春秋译，济南：山东大学出版社，2009 年，第 67 页。
② 〔德〕黑格尔：《法哲学原理》，范扬、张企泰译，北京：商务印书馆，1979 年，第 107 页。
③ 〔德〕黑格尔：《精神现象学》（下卷），贺麟、王玖兴译，北京：商务印书馆，2011 年，第 199 页。

性后果，坦然承认我们是无偿还能力的负债者。

　　艰难的宽恕意味着仇恨、报复的中断，而这正是政治的开端。如果开启新的政治空间是必要的，那么艰难的宽恕就成为公民的共同责任。在持续的愤怒和冷漠的两极间，历史将仍被封闭在无休止的仇恨和消极的遗忘中而无法自拔。利科认为政治就建立在对不遗忘的遗忘（oubli de non-oubli）之上，我们选择艰难的宽恕，选择对那些不可遗忘之事的遗忘，是为了能重新生活。文学的叙述在诗性的话语中透露了记忆与遗忘的辩证法："只有诗歌保存不遗忘（non-oubli）的力量，它躲避在埃斯库罗斯表述的'灾难永不餍足'（《欧墨尼得斯》976 行）的痛苦中。"[1]诗歌也能用"无法遗忘的伤痛"（《厄勒克特拉》1246—1247 行），道出政治忘记无法忘记之事的意志力。正如阿提卡地区的民众祭祀时提到复仇女神之时，用意为"仁慈"的欧墨尼得斯（Εὐμενίδες）代替意为"愤怒"的厄里倪厄斯（Ερινύες），悲剧的智慧同时提醒我们要净化恶意的愤怒，获得一种神圣的仁慈："以《俄瑞斯特斯》为首的希腊悲剧教育我们：厄里倪厄斯（复仇诸女神）和欧墨尼得斯（仁慈诸女神）一体两面。"[2]欧墨尼得斯在沉睡中，罪恶将她们唤醒，利科借用黑格尔《法哲学原理》中的隐喻提醒我们"报复只是指犯罪所采取的形态回头来反对它自己"[3]，罪恶唤醒的不只是"复仇"的愤怒，还有"仁慈"的宽恕。只有达成艰难的宽恕，事后的记忆、遗忘、哀悼、惩戒、审判等人类实践才具有仁慈的意味，如此我们才能期待一个全新的未来。

　　阿甘本对"奥斯维辛之后"问题的推进表明事件性成为当代诗学无法回避的问题，这意味着一种诗学观念的更新。利科则寄望于艰难的宽恕，为了能重新生活而选择对那些不可遗忘之事进行遗忘，文学的叙述兼具记忆与遗忘的辩证功能。事件的诗学邀请我们虚心聆听符号的声音，让被文学铭记和沉思的事件成为通向共同生活的道路，走向兼具记忆与遗忘、言说与沉默、爱与恨之能力的主体性。作为劫后余生之人，我们需要这样的诗学—智慧来抵抗来临中的灾异事件。

---

　　① 〔法〕保罗·利科：《记忆，历史，遗忘》，李彦岑、陈颖译，上海：华东师范大学出版社，2017年，第 670 页。

　　② Paul Ricoeur. *Le Juste*. Paris: Seuil, 1995, p.208.

　　③ 〔德〕黑格尔：《法哲学原理》，范扬、张企泰译，北京：商务印书馆，1979 年，第 106 页。

第三节　独异性事件及其深渊：利科对利奥塔

利科与利奥塔（Jean-Francois Lyotard）各自确立的事件理论有效地反抗了结构主义封闭的事件观，但在"事件"的能指背后，他们在哲学与诗学中的深刻差异，还有待细致分辨。在利奥塔的"后现代"哲学话语中，事件（événement）概念至关重要①。从《现象学》（1954）开始，利奥塔在著述中频繁使用"事件"思想，用"异识"（différend）②对抗总体化的结构与宏大叙事，并尝试在"后现代"语境中赋予艺术事件的品格。与他相对，保罗·利科作为后结构主义暧昧的对话者，同样以事件作为反思性解释学和诗学的关键概念。

一、事件的"异识"与"分歧"

早在利奥塔的博士论文《话语，图形》（1968）中，利科已成为反思的对象。利奥塔认为在利科的现象学—解释学中，"文本"仍是在封闭性的系统中被赋予了所有"意义"（le sens），于是"自我"对文本的无限解释或文本向我们的开放确保了意义的获得，承认文本、语言、象征的符号是"产生思想"③的意义之源，解释学于是满足于使意识通往交流、理解和倾听的道路。但文本话语中意义的绝对超量（l'excès）及其解释活动的必要有限性（la finitude）被忽视了："话语的蛮横继续存在"④。在为利奥塔带来国际性声誉的《后现代状况》（1979）中，对思辨叙事、元叙事的批判顺带将解释学话语置于极为尴尬的境地，作为知识的合法化叙事之一，解释学话语被视为思辨语言自我确证的游戏："当代的解释学话语正源自这种预设，它担保存在着需要被认知的意义，于是它就使历史（特别是知识的历史）具有了合法性。"⑤解释学话语作为寻求共识（consensus）、寻找更优解释的语义活动，在利奥塔看来扮演着在真理退场后的合法解释者，自我合法化

---

① 在《利奥塔词典》的"事件"词条中，Anthony Gritten 指出虽然利奥塔没有像鲍德里亚或德波那样，形成关于事件的明确理论，但在他论崇高、当代艺术、技术科学、精神分析、语言等主题的作品中，围绕事件概念的积极探索，深刻地推进了事件理论。见 *The Lyotard Dictionary*. ed. Stuart Sim. Edinburgh: Edinburgh University Press, 2011, p.71.

② 汉语学界已有"歧见""异识""纷争""歧争"等多种译法，本文采用的"异识"可与哈贝马斯等哲学家的"共识"论相区别，（周慧：《利奥塔的"异识"论》，《哲学研究》2015 年第 8 期）。

③ Paul Ricoeur. *Finitude et Culpabilité* II: *La Symbolique du mal*. .Paris: Aubier Montaigne, 1960, p.323.

④ Jean-François Lyotard. *Discours, Figure*. Paris: Klincksieck, 1971, p.12.

⑤ Jean-François Lyotard. *La Condition Postmoderne: Rapport sur le Savoir*. Paris: Minuit, 1979, p.59.

为一种大学知识话语。在"解释学话语"这个短语的注释中，利奥塔略显突兀地将其直接对应到当代解释学代表作——利科的《解释的冲突——解释学论文集》（1969）和伽达默尔的《真理与方法》（第二版，1965），并未给出任何引述或说明。可见在利奥塔看来，利科以语义迂回为中介的反思解释学、伽达默尔将理解看作此在存在方式的哲学解释学，作为当代解释学的"权威"都以同一化的合法化叙事，使自身成为规范性的大学知识话语。

通过解释活动达成共识，这在利奥塔看来并不是哲学的内在追求。哈贝马斯在对合法化危机的论述中，将人视为主观性—客观性的矛盾物，即一面是企图、愿望、快乐、痛苦的主观性，一面则追求普遍性的表述和规范。普遍性即认知的客观性和规范的合法性，这在哈贝马斯看来奠定了现实社会和世界中"共同体"的基础。利奥塔指出这里合法化问题被限定在普遍性中，哈贝马斯预设了认知主体合法化与行动主体合法化的同一，但述行之间，理论与实践之间的断裂是可能的。此外关键问题在于："哈贝马斯坚持把'共识'（Gemeinschaft）视为人类生活唯一可能的视域。"①不仅不是唯一，利奥塔一开始就否认达成基于交往理性（communicative rationality）的共识的可能性。从《后现代状况》到《异识》（1983），共识的标准（critère d'accord）遭遇根本性的质疑，利奥塔挑明不可能有共识，人们做出判断但不使用任何共同标准。

利科不仅大段谈论利奥塔的"后现代"理论，指出后者敏锐地洞察到话语之间的不可调和，但同时回应了利奥塔对解释学的上述质疑。利奥塔宣称在差异和非同一的"小叙事"中，无法克服的分歧将构成一种正义实践，以去合法化（délégitimation）话语取代合法化话语的浮夸修辞。但在利科看来，共识的可能性是一切哲学的基础："但如果共识的标准本身就有争议，那我们如何才能解决一场争论，就像这里挑起的与哈贝马斯之争？更重要的是，当我们规避了初始问题，即对生活于其中的时代进行描绘的可能性后，我们甚至无法开始一场论争。"②所以即使是利奥塔提出的"后现代"概念本身就面临着自我瓦解的矛盾，"后现代"的自我指称，对"我们的"这一主体的吁求，显然也具有一种强烈的修辞意味，也必将遭遇利科所谓的"述行矛盾"（contradiction performative）。类似于相对主义、怀疑主义的历史解释学，纯粹"历史化"的观念认定一切共识只是徒劳，永恒的

---

① Jean-François Lyotard. *La Condition Postmoderne: Rapport sur le Savoir*. Paris: Minuit, 1979, p.106.

② Paul Ricoeur. *La Mémoire, L'Histoire, L'Oubli*. Paris: Seuil, 2000, p.412.

"异识"是绝对的，而在这样的持续纷争中，任何一方都可以用意识形态的名义，将对方的解释斥为"立场"使然，这在利科看来只能造成对任何解释的"无力的怀疑"。他进而指出："是否认为一切论断都具有相对性的论点本身会在自我指涉中自行摧毁，问题随之而来。"①也就是说，"异识"无力进行任何论争，因为它仍在用多元解释的方式制造"异识"。提出"异识"就已将自身置于诸多解释之中，而利奥塔似乎认为"异识"作为真实的状态，与其他合法化话语没有任何关联，这就是陈述本身的"述行矛盾"。

在利奥塔最重要的著作《异识》中，异识成为一种普遍性的话语—实践悖论：在任何争论双方所进行的语言游戏中，实际发生的是一种陈述、连接短语（phrase）的活动，短语有发言者（addressor）、接受者（addressee）、指涉物（referent）和意义（sense）四个要素，四要素之间不同的关系模式形成不同的话语体制（phrase regimens），如指示、指令、显示、请求、描述、论述、命令等；此外还存在着不同的话语类型（政治的、伦理的、法律的、文学的等）组织短语体制之间的关系，并对连接短语的独特方式存有相应的评价标准，这样每个话语类型都禁止某类型的连接，如在科学话语中，我们无法将"地球土地面积约 1.49 亿平方千米"与"大地女神叫盖亚"这样的短语连接起来，强行连接的后果是被排除出科学话语。当一个短语，即一个语言游戏将自身的规则和价值强加在另一种语言游戏之上，并阻止对方保持自身的言说方式时，异识发生，利奥塔称之为语言的一种不稳定状态："某些必须放进短语中的事物还尚未放入。"②对短语的沉默本身也构成了一种连接方式。当短语之间的连接发生"错误"和阻塞时，异识将在进行短语连接活动的主体置于不安甚至危险的境地，因为我们通过必要的判断进行的连接总是排斥所有其他的短语，特定的话语类型只允许使用自己的短语，而任何连接都是在对用一个短语回应上一个短语，用一种选择终结无限多的连接方式，压抑不同的声音涌现的可能性。所以短语和异识问题最终归结为事关现实世界的政治问题，异识就是处于争执中的短语："与争论（litige）不同，异识是两方（至少）之间的一种冲突（conflit），而且由于缺少适用于冲突双方的论说的判断标准，因此，这种冲突是不可能被公正地化解的。"③异识在利奥塔看来可能是一种糟糕的语言与现实状

① Paul Ricoeur. *La Mémoire, L'Histoire, L'Oubli*. Paris: Seuil, 2000, p.399.

② Jean-François Lyotard. *The Differend: Phrases in Dispute*. Trans. Georges Van Den Abeele. Manchester: Manchester University Press, 1988, p.13.

③ Jean-François Lyotard. *The Differend: Phrases in Dispute*. Trans. Georges Van Den Abeele. Manchester: Manchester University Press, 1988, xi.

况，但它的发生却肯定并加强了话语之间不可化约的异质性，同时为新的短语连接和公正提供了可能。于是对异识的发现、见证和言说成为知识人的当代任务。

争论并不会引发交流和理解，解释的冲突更不会走向共识。针对利奥塔的决绝姿态，利科首先将《异识》中的短语、话语类型分析解释学化，他指出利奥塔在提出、解释"话语类型"时所遵循的话语制度就是"争论"，不论态度是否强硬，争论意味着提出自己的不同观点。利科认为与利奥塔反对的争论类似的概念是分歧（dissensus），他接下来通过对法官和历史学家之间话语分歧的讨论，同样强硬地捍卫了共识的可能性。以奥西尔的《大众暴行、集体记忆和法律》（1997）为例，利科开始审视 20 世纪后半叶国际大审判中分歧的发生及其意义。奥西尔关注的是在审判、辩护、解释和判决的复杂过程中，产生分歧的必然性及其政治伦理意义。漫长的公开诉讼中法官与律师之间，法官与历史学家之间，以至于他们各自内部之间都在用"分歧"进行对话，而正是这些被公开的分歧，避免了无尽的怀疑主义，让审判成为对自由主义价值的伦理至上性的见证。就此而论，那些为无耻罪行进行的辩护，仍是以其自身的自由言论确证了审判的无上尊严。审判于是被利科视为对不可见之事的公开重演，它通过公共讨论让分歧的发生过程进入一般公民的视野，在舆论和集体记忆的层面分歧具有严肃的教育功能："进入公共领域的史学家之争已成为生成民主之分歧的一环。惩戒的独异性（singularité exemplaire）只能由一种开明的舆论来塑形，这种舆论将对罪行的回顾性裁决转化为阻止其再现的承诺。通过被放回承诺范畴之中，对于罪恶的沉思可以离开无尽的哀悼和感人的忧郁，更重要的是，摆脱归罪（inculpation）—脱罪（disculpation）的恶性循环。"[1]分歧最终指向"负责的公民"接受历史记忆的方式问题，与以审判的权威强制达成社会共识不同，让公民看见分歧，理解分歧并加入其中，学会在面对作为独异事件的罪行时，从分歧、判断走向承诺，即对不可让事件再次发生的确信。

如果说利奥塔的异识描述的是后现代社会的一般状况，他在语言游戏、短语连接以及现实的政治历史事件的扭结处发现的是哲学的终极任务，利科则在事件带来的分歧中发现了政治步入良性循环的可能，在历史解释和法官的判决之外，还存在作为第三方的公民，最终是公民经过"分歧"产生的"确信"验证了刑事审判程序的公正性以及历史学家使用档案材料时

---

① Paul Ricoeur. *La Mémoire, L'Histoire, L'Oubli*. Paris: Seuil, 2000, p.436.

的忠实性。利科的"公民"是民主宪政、"自由主义"价值的守护者，他是事件最终的仲裁者，而这在利奥塔看来无疑又是在用一种"指示"或"命令"的话语体制，暴力地将自由主义政治理念（一种话语类型）合法化。这里利科的分歧似乎存在成为程序正义的危险，它只是最终达成单一的确信和共识的工具，而事件本身常常走向分歧—共识式良性循环的反面；利奥塔的异识则规避了建立在特定政治立场上的实际治理，却在哲学家与异识的危险嬉戏中被自己发明的话语体制和类型捕获。在绝对的差异中，他们的"共识"在于对事件概念的重塑，一个事件（政治的、伦理的、艺术的）能够颠覆一个人甚至世界。这如何可能？利科与利奥塔给出了各自的解答。

二、事件的独异性

前文已经提及，对 20 世纪 50 年代以来法语思想中的事件哲学而言，海德格尔关于 Ereignis 的阐释尤为关键。后期海德格尔将 Ereignis 视为内在于时间的发生事件。问题在于海德格尔对事件的具体解释中，现代性事件的发生被放在颇为被动的技术—集置中加以理解，在他对技术本质的质询中，现代性事件可能被视为技术之"集置"（Gestell）或"促逼"（Herausfordern）的当下版本，走向"诗与思"的反面。晚年的海德格尔坚持认为，技术能够"制作"人类的时代意味着人屈从于某种权利，人在其面前失去自由："在技术的本质中，一个深沉的秘密（Geheimnis）正在显露。我称其为'事件'（Ereignis）——从中您可以得知，根本就谈不上对技术的抵抗或裁判，关键在于理解技术与技术世界的本质。"①技术制作人类已被海德格尔视为现代人的命运，事件的特殊性及其对人的冲击陷入泛化的境地。

利科认为海德格尔的存在论过于轻易地将历史现象的特殊性归之于技术的现代性，这样就有可能将奥斯维辛（Auschwitz）与古拉格（Gulag）等同起来，将其化约为现代性的技术后果。代价则是抹去了奥斯维辛或古拉格的独异性，也就是说在无形中否定了每个事件的独一无二（unicité）和无从比较（incomparabilité）。在此利科谈到了事件的独异性（singularité），能称之为事件的总是一个不可替代的当场发生，是在历史的具体时空中只发生一次之事，两个事件即使表面相似，但也不可能相互等同，事件及其

---

① 〔德〕海德格尔：《讲话与生平证词》，孙周兴、张柯、王宏健译，北京：商务印书馆，2018 年，第 843—844 页，译文有改动。

叙述都是如此:"所有如按历史计划打造般的单纯发生的事件,所有在时空中无法被重复的事后叙述,所有库尔诺(Cournot)意义上的偶然因果序列,都是独异的。"①库尔诺的数理统计学所极力排除的偶然因素在利科看来构成了一种无法化约的独异事件,不可重复的事件让对于它的演绎(法庭审判)和叙述(历史的与文学的)具有深刻的伦理意味,独异性在此不仅意味着事件本身的特征,它同时指向我们作为见证者的独异体验,利科称之为事件的道德独异性(singularité morale)。奥斯维辛事件的道德独异性就在于它的不可比较与不可重复,正因为每一个罪行都需要被个别对待,理解其差异才能让道德判断对于每个人而言是独特的内在经验:"道德独异性意味着骤然来袭之恐惧的绝对的无从比较性。"②在此基础上,我们针对事件做出不同的道德选择:或者陷入绝望和忧郁的深渊,或者将之转化为一种继续生活的勇气和公民责任,去追问为了让此类事件永不再发生,我们能够和应该做些什么。

利奥塔对事件的思考同样源于对海德格尔 Ereignis 的反思。对他而言,海德格尔《同一与差异》中提及的"淳朴经验"构成了理解事件的关键:"一个事件,一个发生事件,海德格尔的 ein Ereignis 总是极致地单纯,然而这种单纯只能在匮乏(dénuemnet)中被切近。这就是我们所谓的'思想必须解除武装'。"③为了理解一个历史的、政治的或艺术的事件,我们总是将其纳入惯例中加以解释,但利奥塔的"事件"并无建构意义的野心,它是某种尚未确定的事物,出现于一切解释和意义的活动之前。当我们遭遇意外事件时常常追问"发生了什么",但这在利奥塔看来并不是重点,事件关乎的不是发生的事情(内容),也不是它意味着的事情(意义),关键在于事件的发生本身:

> 发生(qu'il arrive)总是'先于'发生了什么的问题。或者更确切地说,提问先于问题本身。因为'它发生了'是关于事件的问题,'然后',它才涉及刚发生的事件。作为问号的事件'先于'作为疑问的事件到来。发生(il arrive),更准确地说'首先'是'发生了吗'(arrive-t-il)、'这是?'(est-ce)、'这可能吗?'(est-il possible?)。'然后'才由疑问确定:此事或彼事发生了吗?是此事或彼事吗?此事或彼事

---

① Paul Ricoeur. *La Mémoire, L'Histoire, L'Oubli*. Paris: Seuil, 2000, p.432.

② Paul Ricoeur. *La Mémoire, L'Histoire, L'Oubli*. Paris: Seuil, 2000, p.435.

③ Jean-François Lyotard. *L'inhumain: Causeries sur le temps*. Paris: Galilée, 1988, p.102.

可能吗？①

　　面对意外事件，思想要学会迎接还没有准备被思考的东西。事件在此成为对"正常"意识的震惊和颠覆，后者却无力思考这种具有不确定性的发生。事件打破先前存在的认知框架，让事后的一切发生改变，而若无那些尚未被人类理解力规划的事件，就不可能产生任何新的思想和行动。此处利奥塔的"事件"抗拒了提供"意义"的救赎任务，与海德格尔形而上学的存在论渐行渐远。我们记得在《关于技术的追问》中海德格尔宣称现代技术用计算的方式控制人与世界，这种物化、量化的思维方式或世界观即所谓的"集置"，他虽然没有直接批判技术，但他怀旧式的语调和焦虑让价值的衰落成为现代人的命运，与之相对，作为真理性事件的诗歌成为人恢复与存在间深刻联系的希望。他承认用艺术让我们免受集置摧毁的可能性微乎其微，世界本身的贫瘠和机械化将持续下去，但他显然已将艺术视为人获取意义、恢复价值的关键。事件对利奥塔而言，并非意义的救赎者："它是消除意识之物，是废黜意识之物，是意识无法规定之物，更是意识在建构自身之际遗忘之物。我们无从规定者正是某事发生本身。或者更简单明了地说，它就是发生（qu'il arrive）。"②事件于是成为对时间之绵延的一种即时干扰，是在过去与未来之间的"现在"或"当下瞬间"（instant pérsent）的发生。

　　在《异识》中，奥斯维辛成为利奥塔讨论的第一个事件，它是真正意义上的异识事件："围绕在'奥斯维辛是集中营'这个短语周围的沉默并不是思想的一个状态，它是一个记号，标记着某些仍旧没有被言说且需要去言说的事物，某些仍旧不确定的事物。"③面对奥斯维辛事件，我们要做的不是把它历史化，重要的是真正把它当做事件看待，倾听那不可呈现的事物，非如此就无法评估事件的当代后果。作为历史的记号，奥斯维辛事件召唤着来自不同话语类型的解释，它需要被书写、被叙述、被思考、被感受，从而让我们做出判断，利奥塔称之为知识的深渊："这些深渊或其他的深渊，每一道深渊都希望它们的独异性得到精确探索。事实上，它们都解放判断。如果它们可以被感受到，判断就必须发生，而且不固守唯一的标

　　① Jean-François Lyotard. *L'inhumain: Causeries sur le temps*. Paris: Galilée, 1988, p.102.

　　② Jean-François Lyotard. *L'inhumain: Causeries sur le temps*. Paris: Galilée, 1988, p.102.

　　③ Jean-François Lyotard. *The Differend: Phrases in Dispute*. Trans. Georges Van Den Abeele. Manchester: Manchester University Press, 1988, p.57.

准。"①事件在撕裂宏大叙事的同时，给历史带来全新的东西，这里利奥塔对事件独异性的强调让他与利科走到达成"共识"的边界。但必须指出的是，在如何应对事件对思想的挑战，如何在深渊中继续行进，认识事件的独异性后又意味着迎向怎样的历史观念，在这些关键问题上利科与利奥塔的差异是根本性的。

利奥塔的异识事件是对任何宏大叙事的拒绝，它们强大的颠覆性，让我们获得新的短语连接方式，学会拒绝惯例并做出自己的判断。在《普遍历史与文化差异》（1984）一文中，利奥塔谈到的是 1911 年、1929 年的经济危机对经济自由主义教条的拒绝，1968 年"五月风暴"对代议制民主及自由主义教条的拒绝。正是由于我们与这些事件的遭遇，才能在事件中亲眼见证此类宏大叙事的坍塌，开始重新思考和选择，这让利奥塔所谓的后现代性成为可能性：不论我们选择忠实于事件的拒绝，还是顺从，抑或是沉默，我们至少已经可以重新判断。宏大叙事建构的是迈向自由的进步主义历史观，不论是通过自由贸易竞争和民主代议制，还是通过将自我献祭于集权体制，历史在这些叙事的承诺中终将抵达名为"自由"的终点。可以说，利奥塔的"事件"本身就是对这些虚假承诺的深刻质疑，返回并不断思考事件，去见证事件的发生带来的全部可能性，发现被我们的判断所压抑的空白、断裂和沉默。与之相对，利科似乎先入为主地将独异性事件还原为证实"自由主义"价值的历史证据，显然他无法像利奥塔一样，将"自由主义"视为一种宏大的进步主义叙事。在晚期著作《记忆，历史，遗忘》（2000）中，利科赞许地提及克利（Paul Klee）的《新天使》（Angelus Novus）和本雅明（Walter Benjamin）的著名阐释。《历史哲学论纲》（1940）将画作中的新天使命名为历史天使，他被天堂吹来的名为"进步"的风暴打入未来，终究无力修补作为"一连串事件"组成的"单一的灾难"的历史本身，只能任由尸骸和断壁累积如山。利科指出让天使无能为力的风暴实际上就是由人创造的历史，不是历史学家而是那些对事件做出回应的公民奠定了历史的"意义"。历史天使的愿望是"停下来唤醒死者，把破碎的世界修补完整"②，而能实现这个愿望的只能是用记忆见证事件，同时创造历史的人们。当记忆触及"死亡面具之下，那些从前存在过的，行动并受苦的人们，那些仍守着未完成约定之人的面庞"③时，我们才能说破碎世界的历史没有被遗忘，只有沉默的事件被回想起来时，彻底的革命或救赎才

---

① Jean-François Lyotard. *The Lyotard Reader*. ed. Andrew Benjamin. Oxford: Blackwell, 1989, p.404.

②〔德〕本雅明：《启迪》，张旭东、王斑译，北京：生活·读书·新知三联书店，2012 年，第 270 页。

③ Paul Ricoeur. *La Mémoire, L'Histoire, L'Oubli*. Paris: Seuil, 2000, p.649.

能发生。这里我们已经无法将利科所谓的"自由主义"价值与某种单一的政治经济制度等同起来，如果在注视事件的深渊后，我们仍有共同面向未来的勇气，那么用叙述和行动背负伦理责任的人，就是有限度地使用"自由"、追求"自由"的人。

三、艺术事件及其未来

对于利奥塔而言，与颠覆既定话语类型的奥斯维辛或"五月风暴"类似，艺术同样可以干扰既定的话语类型，挑战我们习以为常的观看方式，从而获得独异性事件的品格。艺术甚至在利奥塔看来构成了思考异识，对抗"共识"的主要模式。这样的艺术事件必须同样给历史带来新的东西，自我立法的"后现代艺术"就是以颠覆艺术惯例的方式，产生新的短语连接，创造新的思考政治与知识的方式，将被做出的选择所撤销的事物呈现出来。之所以如此重视后现代艺术，是因为他在艺术的实验形式中看到了重写话语的自由："艺术家和作家在无规则中工作，在将被创造出的作品中建立规则。这就是作品和文本呈现事件之性质的原因。"①艺术是用独有的方式呈现不可呈现之物，言说语言本身的沉默，以将自身化为异识的方式呼唤对异识的见证。

利奥塔在论及马拉美（Mallarmé）的《骰子一掷永远取消不了偶然》（1897）、杜尚（Marcel Duchamp）的现成品艺术、纽曼（Arnold Newman）的大幅单色画、奥威尔（Orwell）的《1984》等作品时，关注的正是这些艺术如何展现某个重要"事件"正在发生的真实情境。当我们的目光接触到这些艺术作品时，立即察觉到由经验积累而成的感知方式、理解方式无力应对全新的艺术事件，我们试图用意识捕捉它却反而被它捕获，意识到超乎预料之事正在发生的感觉中断我们连贯的存在感，主体意识与现实之间产生断裂，甚至将波及我们作为人类的身份认同。利奥塔的"后现代艺术"是在事件发生的瞬间见证事件之发生的"事件"，它让我们看到何为"非人"（inhumain）。在《力比多经济》（1974）、《后现代状态》等著作中，利奥塔在批判资本主义等宏大叙事对人的技术处置时，认为人已被资本掌控下的技术转化为非人之物。而在《非人：漫谈时间》（1988）中，利奥塔所谓的"非人"已不具有残酷的恶意，他开始思考两种不同的非人，他们都构成了对人文主义话语类型的冲击："第一个层面，人文主义意义上的人类是否

---

① Jean-François Lyotard. *The Postmodern Explained: Correspondence* 1982-1985. trans. Don Barry etc. Minneapolis: University of Minnesota Press, 2003, p.15.

在被迫变成非人？第二个层面，人所'固有'者是否就是栖于其身的非人？"①他坚持必须区分这两种非人，必须将以进步、发展为名被不断加剧的非人，与内在于我们自身的隐秘的非人区别开来。后现代艺术在利奥塔看来正是让我们感受到这非人的事件，它让人意识到人类自身的非人性，彻底摆脱人文主义叙事的束缚，看到我们作为一种语言动物的怪异性。艺术独具的这种令人眩晕、不安、着迷，陷入激进思考的能力，让其成为对非人的见证，也就是说艺术成为迫使人思考的事件。这就是后现代艺术让"人"处境尴尬的原因，它的不确定性动摇了艺术作为人类创造物的根基，"艺术必须分享、交流""艺术必须生产意义""艺术必须是人道的"等话语体制遭遇深刻质疑。与此同时，"以人为本"的人文主义权威也在艺术的非人"崇高"前面临追问和侵蚀。利奥塔的反人文主义试图唤醒我们自身潜在的非人，如在我们成"人"之前"未被训练"的"儿童"，正是内在于每个个体的非人存在；此后在《后现代道德》（1993）中利奥塔抵达了一种反人类中心主义的"后人类"视角，艺术事件对非人的见证意味着交流、沟通和共识的不可能性，它并不是人类汲取意义的开放源泉。

　　艺术在告别生产意义、促进交流的任务后，转向的是一种新的"自律"，即让艺术本身成为见证存在的事件。在利奥塔看来，纽曼的画作已经不再宣示、再现些什么，他的画作、创造直接成为宣示。如果说《太一Ⅰ》（1948）、《太一Ⅱ》（1949）、《崇高而英勇的人》（1950—1951）等作品存在"主题"，这个主题只能是艺术创造本身，甚至是呈现世界和人类历史从最初的本源中涌流而出的"创造"，一个作为一切之开端的发生事件，它不可预料，如同"神"或艺术家的创造本身："对纽曼而言，创造不是某人展开的行动；它是在无定之间发生的某事。所以，如果有任何'主题'的话，那就是'现时'。它发生于此时此地。发生之事（ce qui arrive, quid）随后到来。开端是有（il y a）……（quod）；世界是有某事（ce qu'il y a）。"②纽曼的颠覆性就在于他正在画存在显露自身的瞬间，在历史的混沌中找回先于存在者的存在，即"有某种东西"之前的"有"（il y a）本身，在 il y a 的事件之后，才次生出意义、个人或总体的问题。在意义被抛弃后，后现代艺术家的创造应转向对 il y a 的见证，对存在秩序的回应。利奥塔认为纽曼使用匀称的色调甚至晚期只用原色的做法（《谁怕红黄蓝？》）就是最好的例证，《这里》（Ⅰ-Ⅲ）（1963—1966）中的拉链被笔直的杠子划掉，《断碑》（1967）垂

①　Jean-François Lyotard. *L'inhumain: Causeries sur le temps*. Paris: Galilée, 1988, p.10.

②　Jean-François Lyotard. *L'inhumain: Causeries sur le temps*. Paris: Galilée, 1988, p.93.

直的姿态在利奥塔看来不仅有昂扬感，也在对立、坠落和摧毁，在事件的发生之中，微弱的意义被建立又被终结，接着又会有不确定的事件发生。作为事件的艺术不需要被解释，甚至不需要"创新"，激进的后现代艺术只有一个永不过时的任务："画出有不可决定之物存在这件事情，即有（il y a）本身。"①能见证存在的艺术事件同时构成了艺术的真理事件，它必然能以自己独有的方式揭示"现在"这个瞬间的真实状态，这就是后现代艺术扎根于资本主义政治经济，仍然保存激进潜能的理由。对存在的见证就是对现实的回应，因为它仍在召唤新的事件的降临。所以利奥塔坚持艺术必然是对犬儒主义的反抗，犬儒式的"不再有任何事件发生"的绝望终将被不可预料的事件驱散。在对奥威尔《1984》的解读中，利奥塔再度确证了艺术创造的事件潜能。温斯顿（Winston Smith）用写日记的书写活动进行反抗，日记中他的生命事件得到保存，而体制则千方百计让意外事件得到全面掌控，日记的语言在官僚系统的语言之外创造了连接短语的全新方式。这里利奥塔看到的是艺术的创造让事件撼人心魄的力量得到保存，艺术的见证让事件回归自身的原初场景，在宏大叙事对它进行分析、解释之外，艺术以不解释事件的方式让事件自己发生，它以此见证那些最重要的"非人"之物："偶遇的幼年，抵达对正在发生的奇迹（某事）的热望，对事件的尊重。不要忘记你曾是、现在正是的这个你：备受欢迎的奇迹，得到尊重的事件，与你父母相伴的幼年。"②作为对存在事件或"有"的呼应，艺术是以见证异识，制造"非人"之崇高的方式创造全新的事件。在这种艺术的事件本体论中，利奥塔拒绝了艺术的可交流性、可解释性，他以"后现代艺术"为赌注开启了激进的"非人"未来，舍弃的是艺术作为共识之中介的可能性，这与利科的"事件解释学"进路判然有别。

我们已经较为熟悉利科的思路。利科建构了嫁接在现象学之上的"事件解释学"，并将其运用到对叙述这一特殊的语言活动之上。在他看来，文本是在与读者的对话交流中保存了意义的开放性，人类行为则在书写的话语中成为可以让"读者"理解的东西。一切有意义的事件及其行为，通过当前的实践向这种解释开放，所以行动事件的意义就成为在未来的解释中不断生成的意义。叙述以其对事件的铭刻最终让个体得以在书写形式的中介下超出自我经验的限制，抽身反观事件的意义。事件无论属于哪个时间维度，都以新的形式被重塑。"叙述"处于利科解释学的中心位置，它以"物"

① Jean-François Lyotard. *L'inhumain: Causeries sur le temps*. Paris: Galilée, 1988, p.118.

② Jean-François Lyotard. *The Postmodern Explained: Correspondence* 1982—1985. Trans. Don Barry etc. Minneapolis: University of Minnesota Press, 2003, p.97.

的形式重塑了事件，让事件在文学、文本、作品中对象化，成为人类回忆自身行为事件的源泉，它让一种具有实践性的反思成为可能：叙述不仅能创造性地表现事件的真实，更能与事件拉开一段距离，它使人类在文学、历史叙述中得以反思自身行为的意义，而它本身也构成了触发、引导人类实践的"事件"。但我们需要进一步追问的是，在面对全新的事件时，透过叙述的中介，人们是否会在习得的逻辑中将事件结构化，或者说叙述活动作为语言本身的限度何在？这些关键的环节在利科的人文主义叙事中被悬置起来，而我们是否会在叙述中聆听他人孤独的见证，从记忆走向承认，并以忠实于事件的方式学会真正的记忆和遗忘，已经属于信仰的领域。作为事件的奥斯维辛提醒我们建基于逻各斯之上的语言、交流、解释、商谈、理性以及共同体伦理的崩坏，重建的工作需要对事件进行反思和解释，但显然不能止步于此。

从利科对艺术事件的解释和理解中，我们看到是他对历史解释者责任的强烈诉求。艺术事件作为历史总体的子集，解释者通过对它的解释最终达到的是在客观性与主观性之间的交叉地带。在《历史学与修辞学》(1994)一文中，利科指出被书写的历史虽然属于叙述性话语，但并非只是叙述或虚构，他明确反对的是将历史解释学等同于文学理论或批评的处理方式①。对事件的解释与叙述不可分离，但它同时具有客观性和真实性："其中客观性永不会完整，主观性则是一种具有批判眼光的主观性，它应当通过划分出好的主观性，即'探求中的自我'，以及坏的主观性，即'哀怨动人的自我'，抛弃一部分自身的因素。如同在其他领域一样，利科在这一领域的所有努力都是在证明探求真理的道路必然充满弯路。"②甚至这种解释的探究活动指向了真理，历史解释者的工作就是以对事件的解释对人性进行的探究，他们不仅是在事后弄清事件发生的痕迹，更重要的是弄清楚事件发生的基本意向，是对价值的唤醒："他所要解释的是人，是他在人类文明中发现或界定的人和价值。"③但问题在于，解释活动在穷究人性及其构成的历史之深渊时，究竟难以在废墟中凭空建立乐园，人文主义的叙述话语提供的可能仅是事后追补的幻相。面对不断被撕裂的历史，人类不断重复自身愚蠢的历史，我们已经很难再去信任通过解释活动达到的所谓最低限度的共识。也就是说，我们需要在满怀信心之际，对事件的潜能保持警惕，因

---

① 〔法〕保罗·利科：《历史学和修辞学》，元熙译，《第欧根尼》1996 年第 1 期。

② 〔法〕克里斯蒂昂·德拉克鲁瓦、弗朗索瓦·多斯、帕特里克·加西亚：《19—20 世纪法国史学思潮》，顾杭、占一民、高毅译，北京：商务印书馆，2016 年，第 316 页。

③ 〔法〕保罗·利科：《历史与真理》，姜志辉译，上海：上海译文出版社，2004 年，第 25 页。

为它同时有可能成为崩坏的现实。

　　对观利奥塔与利科的事件之思，我们细查事件作为诗学概念的复杂性时，也应理解他们的问题意识实际上都来自对未来政治生活的想象，只不过在后结构主义对意义、共识的反抗中，也许并不存在一个必然充满希望的未来，而这正是古老而强大的人文主义叙事竭力避免之事。透过利奥塔激进的"非人"视角，在绝对的灾难性事件发生之初，我们在马里内蒂（Marinetti）的未来主义狂想中窥见了艺术事件的崇高形象。他以《未来主义文学技巧宣言》（1912）宣称通过与机器的融合，新的身体超越肉身的局限，甚至克服终有一死的命运："通过直觉，我们将克服那种将我们的血肉与发动机的金属区分开来的，貌似不可调和的敌对意识……从死亡中解放出来。"①推动这一非人化过程的是对进化论话语的执着，人类基于"直觉"加速身体的赛博格化，到达全身可由机器替换的程度。我们同样记得，马里内蒂对破坏、暴力、速度、技术之美的热烈想象贯穿着"未来主义"激进的艺术—政治实践，直至成立最终被墨索里尼吸收的"未来党"（Partito Politico Futurista），人类解放自身的"非人"生成杀戮的机器。可见艺术见证的非人不仅仅是亲和的"儿童"形象，伴随着它的是成为非人"怪物"的可能性。而在利科"保守"的人文主义话语中，我们看不到"非人"的尺度，因为非人视角的引入将破坏一切人类意义活动的共同体，这正是一切哲学—诗学话语存在的基础：在其中所有事件终将归咎于某人的伦理责任②，并明确我们见证事件的义务。在他们的交锋中，最终可以让我们触摸到的是立场上的根本分歧，也很难用激进或保守的判断给出最后的结论。但可以肯定的是，在理解他们的各自观点和差异时，我们获得了继续思考事件性的中介。

---

　　① F. T. Marinetti. "Manifeste technique de la littérature futuriste". Milan: Direction du mouvement futuriste, May 11, 1912.

　　② Paul Ricoeur. *La Mémoire, L'Histoire, L'Oubli*. Paris: Seuil, 2000, p.432.

余论　以利科为中介

作为一种特殊的行为事件（话语事件）的结果，文学是一种"语义创新"的话语事件，它以人类可能事件为意向性对象，创造新的事件，对人类事件过程进行刻写，编织有意义的故事，给予未来事件的希望。利科试图表达的是对文学这一属人存在物的肯定。如果将以上六章视为一篇叙述文本，我们可以说情节逐步推进的过程就是发现利科诗学总体的过程，即建构起施皮格伯格并未见到的"关于作为意识中事件的文本的描述现象学"的过程。

就提出一种"关于事件的文学现象学"而论，利科之前的法语思想尚未有过如此深入和全面的论述，人们往往念及列维纳斯、德勒兹及阿兰·巴迪欧的"事件哲学"而遗忘了利科的贡献。巴迪欧的"事件"是绝对的、纯粹的，它如奇迹般发生、显现，是不可能被人的解释结构捕获的存在。事件指向的是一种孤独的存在，与任何现存事物毫无关系，人只能被动等待事件的突然降临，这就是巴迪欧的"纯事件"（pure event）概念。利科的"事件"虽然不如巴迪欧的"纯事件"那样神秘莫测，却切实地构成对诗之本质的捍卫和证明，我们被确信为能够通过解释活动承认并占有文学—事件的反思性主体。此外，伊格尔顿在《文学事件》中提出的"文学作为形式策略的事件在世界中发生"[1]的命题也没有跃出利科的理论视域。这是利科穿过战后的荒原，从结构—解构主义的霸权时代到反智的犬儒时代，在全球化消费帝国中，始终如一地在人文学领域忠于文本、作品、文学的符号本身，忠于主体及其行动的历史性和伦理学的一种"必然"的理论成果，其深刻性已经跃出"文学理论"或"美学"的逼仄空间，成为亟待我们承认并占有的思想事件。

---

① Terry Eagleton. *The Event of Literature*. New Haven and London. Yale University Press, 2012, p.118. 汤拥华：《伊格尔顿：作为'事件'的文学——从〈理论之后〉到〈文学事件〉》，《文艺理论研究》2014年第1期。

一

在确定话语事件的本质和表现形式的尝试中，利科始终将语言、语义分析问题放在文学话语的层面加以检验，在话语事件的维度上赋予言谈、话语、作品、文学触及存在本身的"意义"，成为我们谈论事件及文学存在方式绕不开的重要参照。他对文学话语的意谓功能或文学的意谓事件的确证，奠定了文学事件性发生的基础。

语言这种符号指向何物的问题早在斯多葛主义的语言理论中得到考察。古罗马哲学家、怀疑论者塞克斯都·恩披里柯（Sextus Empiricus）的《反数学家》（卷八，11—12 节）认为在斯多葛派那里，在语言中有三样东西联系在一起：所指、能指和事物。能指是语词发出的声音，事物是外界的存在物或人，这两者都是有形的，所指是"揭示出来的、依赖我们的思想而存在并被我们掌握的事物"①，它是无形的，是表示的意义实体，或表达的意义（lekton），这个 lekton 就是语言表达的意义所在，它也是"事物"，但并非实物，而是存在于人的精神中且能被人所把握的对象，它与能指、事物在语言的具体符号中关联在一起。lekton 接近于弗雷格的"意义"（Sinn），是语言、文本本身中蕴含的一种共有的、客观的、独立的思想内容，"意义实体"。在意谓（Bedeutung）维度上，斯多葛派的论述只涉及"外界存在物"的程度。直到奥古斯丁，一种真正意义上的"符号学观念"才被言及。符号（以语言为中心）在奥古斯丁看来，是达到精神传递、交际的方法："约定俗成的符号就是那些生命存在为了尽其所能表现自己心里的情感、感知或思想而相互交换的符号。给出一个符号没有别的原因，只是想要把符号给予者自己心里的东西表达出来并传递到另外的人的心里。"②符号本身的意义及意谓问题已经不是奥古斯丁关注的对象，符号的表意活动发生的原因才是他关心的问题，只有具有某种精神意义的人有表露这种意义的意向，他才会借助符号达成精神意义的传递。用茨维坦·托多罗夫的话来说："建立在分析指称基础上的斯多葛派的唯物主义学说逐步地，然而是坚决地被奥古斯丁的交际理论代替了。"③语言本身的功能被弱化了，因为语言并不直接指向某物，而只是在表达精神意义。在《论三位一体》中，奥古斯丁直呼这种"精神意义"为 logos，源于认识对象在心

---

① 〔法〕茨维坦·托多罗夫：《象征理论》，王国卿译，北京：商务印书馆，2010 年，第 11 页。

② 〔古罗马〕奥古斯丁：《论灵魂及其起源》，石敏敏译，北京：中国社会科学出版社，2004 年，第 45 页。

③ 〔法〕茨维坦·托多罗夫：《象征理论》，王国卿译，北京：商务印书馆，2010 年，第 40 页。

灵中留下的印记或上帝的"道"。logos 不属于任何民族语言,它的存在先于传达它的符号,是由心灵的内在知识产生的,当需要对方了解它时,我们求助于某个符号让其听见。人的符号表意过程与上帝的"道说"是类似的,但人的符号产物是语词、文本等人工制品,上帝的"道说"则使世界生成。上帝的"道说"是人的符号表意行为的认识来源,人用符号意指某物的时候表达的是该物在心灵中的印记,而这物本身就是神的道"说"出的,世界就是神的言语。说到底,语言符号最终表达和承受的就是所传之"道"的意义:"肉嘴所说的确乃'言'(logos)的声音,它之被称作'言'乃因那内在之言采用了它以向外显现。我们的言以一定方式变作了肉体的声音,以此向人的感官显现,正如神的圣言化身成人,以此向人的感官呈现。"[①] 虽然奥古斯丁在用神学的语言谈论符号问题,并将人的语言行为的最终意义归于上帝的"道说"("道成肉身"遵循这一逻辑),但语言符号与世界的意谓关系已经被提及。

利科不排斥斯多葛主义的"唯物主义"语言观,他谈论的自始至终是话语本身的意谓功能及事件性;但利科更倾向奥古斯丁的"交际理论",即语言符号与主体之间的意义传递问题。首先,言语(parole)作为人自身的有限性构成,在利科看来并不是外在于人的命运的纯粹沉思,而是人的存在的一个方面,他从对当代思想中言语与劳动(travail)的关系之反思出发,发展出关于人的言语的事件—意义理论;其次,利科在话语的时间性、意向性、主体性、他者维度上确立其事件性,话语总是当下发生的事件,它通过一系列指示活动涉及说话者(主体),并指向它声称要表征的世界,最终指向一个对话者(他者),信息得到交换;最后,利科的贡献还在于聚焦文学这种特殊话语的意谓维度。文学话语在现实的直接意谓之外具有一种独特的意谓维度,即可能世界,其中小说和诗歌以潜在的模式意指存在本身,在日常现实之外打开了一个可能性。利科以此明确了作为事件发生的文学话语的本质和价值:话语事件为意义的生产提供了可能性,文学由此可以意谓存在的某个方面,指向"生活世界"。

利科对话语事件和文学话语的研究辩证综合了日常语言学派的相关理论,基本观点和方法上是严格的现象学的,关于文学话语的意谓功能的说明显然更多地得益于晚期胡塞尔《危机》中的超越论现象学及海德格尔的理解存在论。晚期胡塞尔的生活世界理论在利科看来已经预示了解释的认识论被理解的存在论取代的趋势,海德格尔只是以《存在与时间》进一

---

① 〔古罗马〕奥古斯丁:《论三位一体》,周伟驰译,上海:上海人民出版社,2005 年,第 418 页。

步完成理解存在论这一思想革命。生活世界（Lebenswelt）存在于语言和逻辑世界之前，简单来说，就是人在其中生存并经验到的世界。但胡塞尔进一步规定了生活世界的特质："生活世界总是预先给定的世界，它总是有效的，并且预先就作为存在着的东西而有效，但并不是由于某种意图、题材范围，或按照某种普遍的目的而有效。每一种目的都是以它为前提。"①实践的世界，如科学的世界和哲学的世界都以它为前提，又构成它的一部分，当人们作为科学家或其他职业讲话、工作的时候，他只能在其特殊目的的地平线中活动，局限于自己的理论工作隶属的世界，其他世界及世界的总体，即作为普遍存在的生活世界不是他能考虑的主题。生活世界是奠基性的，它虽然不能被主题化，但又是我们能直观地经验的世界，是主观的、相对的世界。用利科的话来说，生活世界作为"前事件"不是被人为给定的，而是一个失而复得的乐园②。这里主客关系的优先性被有限地抛弃了，"所有对象性的客观之物都在其原初的、向经验主体的回溯性中给予自身，因而随着生活世界的被揭示，传统的客观主义成见本身也就得到昭示。"③对象化及其结果在源头处的生活世界那里被奠基。胡塞尔接着提出了如何转向生活世界的问题，即如何以新的态度按照生活世界自身的存在方式来了解它的问题。对此，胡塞尔求助于建立在生活世界基础上的"客观的"科学即超越论现象学，利科则在人的话语事件中发现希望。作为话语事件的文学所意谓的世界不是某种主题化的世界，文学以其事件性发生回溯到语言与世界的原初经验，使共同生活在世界中的人可以相互经验到自己世界之外的世界，于是打破诸世界的地平线，转向生活世界本身成为可能。

　　这一切与结构主义语言学和诗学的去历史、去主体化倾向针锋相对。当下文学理论界奢谈事件作为文学的存在方式，却缺乏从话语问题出发，通过描述诗学话语的特殊运作机制，达到对文学事件性发生的合理解释。如 Derek Attridge 的《文学的独一性》从语言作为对声音记号的发明（invention）说明话语事件的意义④，立论仅限于语音、语词层面。

---

① 〔德〕胡塞尔：《欧洲科学的危机与超越论的现象学》，王炳文译，北京：商务印书馆，2001 年，第 581 页。

② 〔法〕保罗·利科主编：《哲学主要趋向》，李幼蒸、徐奕春译，北京：商务印书馆，2007 年，第 198 页。

③ 倪梁康：《胡塞尔现象学概念通释》，北京：生活·读书·新知三联书店，2012 年，第 274 页。

④ Derek Attridge. *The Singularity of Literature*. London and New York: Routledge, 2004, p.58.

二

语言问题之后，"叙事"处于利科解释学的中心位置。叙述文本对事件的印刻不是机械地连接事件，而是在叙述智力的催动下对事件进行编排。可以说，利科对"叙述"的现象学考察打破了经典叙述学设置的叙述与生活世界的隔阂，实际上是对亚里士多德伦理学的回归。叙述智力作为叙述活动的动力来源，具体化为情节编排，是在叙述中将经验进行综合的过程，即将纷杂的事件、细节编织为一个故事，给时间塑形，这使得意义的传递和理解成为可能。叙述智力是叙述活动的起因，它作为实践智慧是一种先于逻辑、符号分析能力的存在；叙述智力具体化为情节编排，构成叙述活动的核心动力，在创造和阅读中凸显行动主体的理智与德性；读者通过阅读打通叙述与生活世界的隔膜，在叙述提供的想象空间中磨炼自己的伦理判断，获取叙述身份，达到更新经验，重构身份及价值世界的理想状态。由此，叙述动力延伸至文本与生活世界的边界，推动文本世界与生活世界的视域融合，生发出不同主体间的交互影响。总之，叙述在利科的解释中成为完整且连续的人类实践活动，叙述与其他实践一起，体现着人类趋向理性与德性的品质，这就是叙事文本编织事件的终极价值。

利科进而追寻人类的叙述意识（即叙述智力），描述它触发叙述活动的完整过程，并由此思考了叙述的实践意义。然而利科意识到，对意识发生过程的体验和描述依赖的是主体的经验结构，而这种经验结构本身也是主观的，意识在理论层面发生，却是在实践领域结果的，那么主观性统领下的意义和真理经验能在客观现实中发挥同等效用吗？也就是说人的内在性经验能理解从未经历过的现实吗？在利科看来，答案是否定的，这里的断裂必须以某种中介来弥合，这就是有意义的事件，即认识论、本体论维度的事件、故事。利科以神话、寓言（以《圣经》为中心）为对象，回到故事本身固有的事件模式中考察其存在方式和意义，这与汉娜·阿伦特对叙述、故事的思考相互印证。

在汉娜·阿伦特那里，制作与行动是截然不同的两种人类活动方式。制作有明确的开端和可预见的结果，它的最终结果即人工制品不仅超出了制作本身的时间，更在制成后成为一个独立的、有"生命"的实体；行动与计划周详的制作相比，显得盲目、徒劳，它并不能在结束之时留下任何"物"的痕迹，人的一切行动事件如果没有语言、叙述的中介，都将湮没在自然时间的无情洪流中，就像没有发生过一样，这就是阿伦特所谓人类行动的脆弱性，但人类拥有语言、叙述的能力来赋予行动以意义："行动从来都达不到它的目标；但也正是因为这个媒介，行动才能有意或无意地产生'故事'，就像制造活动自然而然地产生出有形之物一样。这些故事可以记录在文件里或纪念碑上，可以显示在使用物或艺术品中，也可以在讲述或复述中编织成各种材料。"①阿伦特并不将故事看成制作出的人工制品，因为故事不是可以物化的对象，人工制品都有稳定的制作者，故事作为言行的结果虽然揭示了某个行为的发出者，但这个发出者只是故事中的行动者和遭受者，而非故事的制作者。可见制作直接生产人工制品，行动则最终生产出了故事，正如行动者不能确定他的行动的意义，故事作为对行动事件的记录，其中的行动者（人物）也不能决定其行动的意义，只有在故事结束时，行动的全部意义才能呈现出来，故事由此成为人类自由、创始能力的体现，为人类行动注入活力，正是在这个意义上，阿伦特将故事视为我们生活中的奇迹事件："正是因为在所有现实当中存在着这种'奇迹般'的因素，事件才会在它出现的时候突然给我们一个惊奇，无论我们之前曾经如何怀着恐惧或希望设想过它。"②就作为行动记录的故事而言，它正是以事件的方式降临到我们面前的，故事就是人类事务这一世俗世界中的"奇迹"。可见利科与阿伦特都将故事视为人类专有的礼物，被赠予的故事让人类可以摆脱一己之见，在他者的视域中审视自身的缺陷和行动的盲目性，更好地投入生活的故事中，从远古的神话故事到当代小说，真正的故事扮演的正是这样的本体论、生存论维度的中介角色。

　　瓦茨拉夫·哈维尔指出故事始于一个事件，这个事件开始于每一个故事从中产生和由此孕育的那些状态、关系与矛盾。这个引发故事世界逻辑转变的事件是未知的、神秘的："故事当然有自己的逻辑，但是它是一种不同的真理、态度、思想、传统、爱好、人民、高层权力、社会运动等等之间的对话、冲突和相互作用的逻辑，有着许多自发的、分散的力量，它们预先不能相互限制，每一个故事都设想有多种真理、逻辑、采纳决定的代理人及行为方式。我们从来不能真正知道在这种对抗中将会产生什么，什么因素将加入进来，结果将会怎样；从来也不清楚在一个主人公身上，什么样的潜在素质将会被唤醒，通过他的对手的行动，他将被引导向怎样的行为。仅仅因为这个原因，神秘是每一个故事的尺度。"③已经被充分规定和知晓的事件不能引发任何真正的故事，这就是昆德拉所谓的人类事件的相对性和暧昧性，小说恰恰以表现这种相对性和暧昧性为基本模式。

---

① 〔美〕汉娜·阿伦特：《人的境况》，王寅丽、张立立译，上海：上海人民出版社，2009 年，第 144 页。
② 〔美〕汉娜·阿伦特：《过去与未来之间》，王寅丽等译，南京：译林出版社，2011 年，第 161 页。
③ 〔捷克〕哈维尔：《哈维尔文集》，崔卫平编译，内部发行，第 164 页。

在利科、阿伦特、哈维尔、昆德拉等故事的忠实信徒眼中，他们对故事的思考"属于存在本体论意义上关于人本身的理论。它不是形式主义的，不是叙述学的，即使是文学的各种形式技巧、叙事模式，在他们的笔下也只能放在存在论视野才变得如此人性化，而不只是一些没有生命的程序方法或编码技术"①。质言之，故事不是"文学理论"思考的对象，而是思考的来源。利科的独特贡献在于他从客观上说明了叙述文学以事件为对象的深层原因及必然性：书写的刻写话语使人类的行为事件超出了自然时间的限制，以"物"的形态为人类对自身行为事件的反思奠定了基础，人类行为事件本身的戏剧性结构决定了叙述文学这种书写的刻写话语的事件模式，而叙述文学最终的意义就是赠予人类认识自身、开启生活事件的能力。他考察恶的现象学的方法已经被彼得–安德雷·阿尔特（Peter-André Alt）应用在浪漫主义以降的文学解释中，后者在《恶的美学历程》（2010）一书中试图在从歌德直至当代的欧洲文学中描述恶的现象学谱系。

三

在考察文学事件的伦理性之后，利科从意识形态与乌托邦的辩证视角反思"叙事"的可能后果。

文学艺术以其固有的乌托邦属性在利科诗学的视域中被赋予潜在的肯定性功能，以及希望的可能性。阿尔都塞曾在《一封论艺术的信——答达斯普尔》（1966）中，为"真正的艺术"保留了一块飞地，"我并不把真正的艺术列入意识形态之中，虽然艺术确与意识形态有特殊且具体的联系"②，真正的艺术可以让我们"看到""觉察到""感觉到"而非"认识到"的，正是它从中产生的，又从中分离开来并暗指着的那种意识形态。阿尔都塞举巴尔扎克、托尔斯泰为例，指出他们的小说与他们的政治意识形态相分离，并为我们从外部"看到"，之所以能如此，在于他们在坚持政治意识形态的同时又作为小说家产生艺术"效果"，在他们的意识形态内部造成距离，所以文学艺术虽然不像科学一样提供严格的知识，却能使我们真正认识到现实。巴尔扎克、索尔仁尼琴的作品从一定的意识形态中孕育出来，并保持着这种意识形态，但作品本身却以我们能看到、感觉到的形式从内部生产出一种距离，使我们看清意识形态的本质。这就是文学艺术的乌托

---

① 陶东风：《故事、小说与文学的本质——阿伦特、哈维尔、昆德拉论文学》，《文艺争鸣》2012年第3期。

② Louis Althusser. *Lenin and Philosophy and other essays*. Translated by Ben Brewster. New York and London: Monthly Review Press, 1971, p.221.

邦潜能，它以宣言、独断的形式廓清意识形态无所不在的入侵。所以有必要生产与艺术的存在方式和特殊性有关的科学的知识，即生产艺术的知识，文艺理论与批评于是成为一种科学的理论实践。

确信文学艺术的乌托邦属性针对的无疑是霍克海默、阿多诺对文化必然陷入启蒙辩证法的悲观情绪。但马尔库塞、阿尔都塞等人将文学艺术放置在"上层建筑"之上的某处，这种乌托邦造就的距离究竟能否具备批判和颠覆现实的可能？詹姆逊对此显然缺乏信心："正是文化和其社会语境的这种距离使其能够成为对后者的批判和控诉，但这种干涉注定是无效的；艺术和文化被划归到一个无关紧要的、琐碎的空间，在其中，这些交集被提前取消了。"①将文学艺术与其意识形态起源割裂的结果是，文学艺术越是声称自己的乌托邦抱负，越想与当下世界保持差异性，就会越发成为不能想象且无法实现的乌托邦空想。在这两种对立的观点之外，利科提出的实际上是一种"辩证综合"式的观点，意识形态与乌托邦在利科"反思解释学"的语义探索下形成一种辩证关系：

首先，意识形态与乌托邦，作为意识范畴，前者是一种观念的综合体，后者作为现实所缺乏的事物，是一种他者性存在；前者能将统治阶级的权威和利益合法化，后者则能对权威发出挑战，"意识形态是权威信仰缺失所需的剩余价值，乌托邦即最终揭露这一剩余价值之物。"②意识形态与乌托邦之间构成了一种实践性的循环，我们无法跳出这一循环，而只有试着将其良性化："必须试着用意识形态中的有益成分治愈乌托邦的疾病——用再次成为生活基本功能的身份认同原则——并试着用乌托邦的原则治愈意识形态的刻板和僵化。"③也就是说，我们应该承认意识形态作为"想象共同体"的意识来源的认同功能，并以之对抗乌托邦的失败主义。与此同时，我们也需要用乌托邦的超越性来抵御现实中工具化的意识形态。其次，意识形态与乌托邦，作为两种人类想象力的形式，共同构成社会生活的现实本身，它们的对立在艺术领域恰如图像与小说的对立：意识形态面向过去与现在，重复现存的一切并尽力维持其合法性，正如图像对形象的保存功能；乌托邦趋向未来，提供"另一种生活"的现实可能性，正如小说对现实的重塑。最后，意识形态与乌托邦，作为两种人类的实践性"语义创新"，是在叙述的中介作用下存在的，从文本到社会生活，意识形态与乌托邦思

①〔美〕弗里德里克·詹姆逊：《未来考古学：乌邦托欲望及其他科幻小说》，吴静译，南京：译林出版社，2014 年，第 8 页。

② Paul Ricoeur. *Lectures on Ideology and Utopia*. New York: Columbia University Press, 1986, p.298.

③ Paul Ricoeur. *Lectures on Ideology and Utopia*. New York: Columbia University Press, 1986, p.312.

想只能通过叙述的形式（或充满"元叙述"的语言）才能为人们所理解，并在此基础上再生产或重新创造意识形态与乌托邦的实践。

总之，意识形态与乌托邦绝非抽象概念，恰恰相反，它们是现实社会生活中业已形成或正在形成的活生生的意志本身，这"实践应当"（胡塞尔语）的意志同时也就是社会实践。利科将意识形态与乌托邦视为社会意识、社会存在一部分的观点表面上与齐泽克的意识形态理论走到了一起。后者同样认为意识形态不是虚假意识（false consciousness）或对现实的虚幻再现（illusory representation），而是社会现实；不是"他们没有意识到这一点，但是他们这样做了"①，而是"他们知道，在他们的行为中，他们在追寻着幻觉，但他们依然我行我素"②。意识形态不是掩饰事物真实面目的幻觉，而是我们用来结构社会现实的无意识幻象。结果更加绝望："即使我们并不严肃地对待事物，即使我们保持反讽性疏离，我们依然在对意识形态推波助澜。"③可见齐泽克对意识形态幻象（ideological fantasy）采取彻底的批判立场，但在幻觉结构现实的前提下如何展开批判？齐泽克的否定性立场存在滑入他所批判的犬儒主义（当代主流意识形态）的逻辑。利科则是从意识的发生这一现象学视角来看待意识形态与乌托邦在文本—社会现实中的肯定性功能，文学乌托邦对未来事件的见证为我们提供的是希望而非幻觉，这再次说明利科诗学接续的人文主义传统和希伯来精神。

据说，这是一个意识形态、乌托邦终结了的时代④，其中人的认识和想象能力已经无须改变，因为生活的丰盈证明了相应观念的合理性。没有意识形态之分，只有作为终极价值的人道、民主、自由、平等、博爱；没有乌托邦精神，只有犬儒式的"敌托邦"（dystopia）或反面乌托邦（negative utopia）。思想上的麻木不仁和不思进取培育着这些"终结感"，人们已经失去了想象另一种生活方式的能力：未来只会重复现在，所以无须选择，无须改变。此外，如拉塞尔·雅各比所言，"不但有人为的死亡而且有人为

---

① 〔德〕马克思：《资本论》（第一卷），《马克思恩格斯全集》（第四十四卷），北京：人民出版社，2001年，第91页。

② 〔斯洛文尼亚〕齐泽克：《意识》形态的崇高客体》，季广茂译，北京：中央编译出版社，2014年，第45页。

③ 〔斯洛文尼亚〕齐泽克：《意识形态的崇高客体》，季广茂译，北京：中央编译出版社，2014年，第30页。

④ 参雷蒙·阿隆（Raymond Aron）、卡尔·波普尔（Karl Popper）、塔尔蒙（J.L.Talmon）、以赛亚·柏林（Isaiah Berlin）、汉娜·阿伦特（Hannah Arendt）、丹尼尔·贝尔（Daniel Bell）、弗兰西斯·福山（Francis Fukuyama）的相关论述。

的繁荣昌盛逐渐蚕食着乌托邦思想"①。利科对叙述、意识形态、乌托邦的反思性诠释在根本上否定了"终结论"，即使社会生活铁板一块，意识形态与乌托邦作为语义创新和实践意志，在叙述的中介作用下仍可以发挥"现实生活的语言"的认同功能，探索现实的可能性。只要人是能想象、能书写、能叙述、能行动的主体，意识形态与乌托邦就存在更新和实践的可能性。这体现了利科"反思解释学"由语义诠释抵达意义及存在本身的用心，同时构成对流行的意识形态、乌托邦终结论的有力回应。

四

考察利科"事件解释学"及其在诗学中的实施，并与现象学及当代激进的"哲学实践"进路展开比较研究后，我们对利科诗学中历史性与实践性的弱化有了更为深入的理解。"事件解释学"最终要达成的是通过对事件的叙述，理解事件的意义，让对于事件的不同解释可以在不断的叙述中形成对话，形成哈贝马斯所谓的公共空间，并在此基础上规划未来行动的方向。对于利科而言，"解释的冲突"迂回在实践领域之外是一切讨论的前提，但如果一种"叙事"无法有效对事件本身进行批判，走向改变现实的实践，事件及其解释就无法真正产生意义。

利科诗学作为一种理论的叙述，为我们建构一种"事件诗学"提供了中介性的思想文本。在他的诗学中，语义创新的话语事件涉及文学作为话语如何发生的问题，从话语到文本、作品，文学的意谓事件通过话语本身的结构和意向性而发生，其中象征、隐喻和叙述话语各自履行其意谓功能；事件的叙述化涉及文学作为对事件的编织如何印刻事件过程、赋予意义的问题，事件被视为文学的意向性对象，编织后的故事以其本身的事件模式和原型意义成为事件—意义的统一体；由阅读触发的理解事件引发出身份认同问题，被文学抛出的伦理冲突在与之遭遇的读者那里成为其生活伦理事件的反思基础，文学叙述与人生故事相互实现，而读者的伦理判断只能依据"确信"的肯定原则，这可以视为从生存论维度对文学—事件的主体性的捍卫；事件被编织这一事实可能存在的意识形态风险在利科关于意识形态与乌托邦的辩证法中得到了一种肯定式的处理，文学叙述被置于"绝对歪曲"与"现实生活的语言"之间的意义空间，利科以乌托邦叙述为例说明被虚构和编织的事件具有成为未来事件之希望的潜力。统观利科的上

---

① 〔美〕拉塞尔·雅各比：《不完美的图像：反乌托邦时代的乌托邦思想》，姚建彬等译，北京：新星出版社，2007年，第191页。

述思考，可以说"事件"已经被确立为文学存在的根本方式，一种文学的"事件本体论"得以出场。

确信文学作为事件存在意味着主体对自身能动性（从语义创新到实践中创造新的事物和行动）的承认和过更好的共同生活的希望，意味着不可预见的生活事件被触发的可能性，而这正是一切变革和革命的契机。面对各异的终结论（意识形态、乌托邦、历史乃至民族国家的终结）及其背后耸立的全球市场，事件诗学不合时宜地出场可谓意义微弱时代的一次微弱抵抗，但承认这种思想的意义在于：只要过去时代和现时代中一切有意义的写作仍然存在、发生、被视为事件，那么这种抵抗就会持续下去，在社会存在和社会意识的辩证法中作为一种客观存在被不断地思考、实践，于是自身和所属共同体的真实状况在基于文学的反思中清晰起来，可能的"转化"之路向我们显现其必然性，文学事件、个体生命事件和政治生活事件汇入创造未来的历史事件中。这是我们在利科宏富的文本中发掘出事件概念的命意所在。

以利科为中介意味着我们同时需要对他的事件诗学保持一种反思性的解释学态度。利科虽然试图用解释学"补充"现象学，但仍是"不纯粹"的现象学，他也并未真正重视胡塞尔晚期对历史性的深刻反思。在事件诗学的谱系中，对观其他哲学家，利科较为保守的人文主义立场让其观点常常秉持游移不定的中庸之道，他对人的常识、理性、可理解性、可交流性的信任，不免有"太过人性"之嫌；而他对奥斯维辛之后诗之事件性的乐观态度，他所坚持的自由主义政治理念，让他的理论趋近于一种经典的人文主义叙事。而我们知道新的诗学无不发生于具体的历史事件，虽然理论或概念有一定的普遍适用性，但事件的诗学恰恰是在不可预料的历史—艺术事件中更新自身的，它无法被单一的叙述话语所统摄。我们看到利科缺少的正是缘事而发的具体历史性，从历史的断裂处生发而来的事件诗学要求的是一种断裂性的叙述话语，它不会按计划在事件之后随即发生，也并不一定走向那个已经被规定好的充满"希望"的未来。

承认文学作为事件的现实/潜能就是邀请我们去虚心聆听符号的声音，而非自顾自地言说肤浅体验或"理论创新"，让被文学刻写和沉思的事件成为通向我们生活事件的道路，以之确信自己是能言说、能行动、能叙述、能转化的主体，并能与他人一起在政治的、伦理共同体中过一种更好的生活。由此我们可以说利科诗学的命意即确证文学事件与生活事件的相互实现，这是文学、哲学能赠予我们未来之希望的根源，也是以利科为中介，开启事件诗学之思的林中小径。

参考文献

利科的法文、英文著作

［1］Paul Ricoeur. *Finitude et Culpabilité* II: *La Symbolique du mal*. Paris: Aubier Montaigne, 1960.

［2］Paul Ricoeur. *Freedom and Nature: The Voluntary and Involuntary*. Trans. Erazim V. Kohák, Northwestern University Press, 1966.

［3］Paul Ricoeur. *Freud and Philosophy: An Essay on Interpretation*. trans by Denis Savage. New Haven and London, Yale University Press, 1970.

［4］Paul Ricoeur. *La métaphore vive*, Paris: Seuil, 1975.

［5］Paul Ricoeur. *Histoire Et Vérité*. Paris: Seuil, 1975.

［6］Paul Ricoeur. *The Philosophy of Paul Ricoeur: An Anthology of his Work*. Ed. Charles E. Reagan and David Stewart. Boston, Beacon Press, 1978.

［7］Paul Ricoeur. *Temps et récit* I, Paris: Seuil, 1983.

［8］Paul Ricoeur. *Lectures on the Ideology and Utopia*. Chicago: Chicago University Press, 1983.

［9］Paul Ricoeur. *Temps et récit* II, Paris: Seuil, 1984.

［10］Paul Ricoeur. *Temps et récit* III, Paris: Seuil, 1985.

［11］Paul Ricoeur. *The Text as Dynamic Identity*. in Valdés M J, Miller Q ed. Identity of the Literary Text. Toronto: University of Toronto Press, 1985.

［12］Paul Ricoeur. *Du texte à l'action*, Essais d hermeneutique, Paris: Seuil, 1986.

［13］Paul Ricoeur. *Fallible Man*. Trans. Charles Kelbley, New York: Fordham University Press, 1986.

［14］Paul Ricoeur. *Soi-même comme un autre*. Pairs: Éditions du Seuil, 1990.

［15］Paul Ricoeur. *A Ricoeur Reader*. Ed. M J Valdés and Buffalo: University of Toronto Press, 1991.

〔16〕 Paul Ricoeur. *Oneself as Another*, Trans. Kathleen Blamey. Chicago: Chicago University Press, 1992.

〔17〕 Paul Ricoeur. *Le Juste*. Paris: Seuil, 1995.

〔18〕 Paul Ricoeur. *Critique and Conviction*, Trans. Kathleen Blamey. New York: Columbia University Press, 1995.

〔19〕 Paul Ricoeur. *A Key to Husserl's Ideas I*. Trans. Bond Harris & Jaqueline Bouchard Spurlock, Marquette University Press, 1996.

〔20〕 Paul Ricoeur. "In Memoriam Emmanuel Levinas". *Philosophy Today* vol 40, Issue 3, 1996.

〔21〕 Paul Ricoeur. *Autrement: Lecture d'Autrement qu'être ou au-delà de l'essence d'Emmanuel Levinas*. Paris: Presses Universitaires de France, 1997.

〔22〕 Paul Ricoeur. *Hermeneutics and the Human Sciences*. Trans. Jonh Thompson, New York: Canbridge University Press, 1998.

〔23〕 Paul Ricoeur. *La Mémoire, L'Histoire, L'Oubli*. Pairs: Seuil. 2000.

〔24〕 Paul Ricoeur. *The Conflict of Interpretations*. Edited by Don Ihde. London·New York: Continuum, 2004.

〔25〕 Paul Ricoeur. *The Course of Recognition*, Trans. David Pellauer. Cambridge: Harvard University Press, 2005.

〔26〕 Paul Ricoeur. *Amour et Justice*. Paris: Seuil, 2008.

〔27〕 Paul Ricoeur. *Living up to Death*. Trans. David Pellauer, Chicago: The University of Chicago Press, 2009.

〔28〕 Paul Ricoeur. *Hermeneutics*. Trans. David Pellauer. Cambridge: Polity Press, 2013.

〔29〕 Paul Ricoeur. *Hermeneutics and the Human Sciences*. Trans. John Thompson. New York: Cambridge University Press, 2016.

利科著作中文译本

〔30〕 〔法〕保罗·利科：《解释学与人文科学》，陶远华、袁耀东、冯俊、郝祥译，石家庄：河北人民出版社，1987 年。

〔31〕 〔法〕保罗·利科：《言语的力量：科学与诗歌》，朱国均译，胡经之、张首映主编：《西方二十世纪文论选》（第三卷），北京：中国社会科学出版社，1989 年。

[32] 〔法〕保罗·利科：《法国史学对史学理论的贡献》，王建华译，上海：上海科学出版社，1992年。

[33] 〔法〕保罗·利科：《利科北大讲演录》，杜小真主编，北京：北京大学出版社，2000年。

[34] 〔法〕保罗·利科：《语言的隐喻使用》，佘碧华译，胡景锺、张庆熊主编：《西方宗教哲学文选》，上海：上海人民出版社，2002年。

[35] 〔法〕保罗·利科：《虚构叙事中时间的塑形》，王文融译，北京：生活·读书·新知三联书店，2003年。

[36] 〔法〕保罗·里克尔：《恶的象征》，公车译，上海：上海人民出版社，2005年。

[37] 〔法〕保罗·利科：《历史与真理》，姜志辉译，上海：上海译文出版社，2004年。

[38] 〔法〕保罗·利科：《活的隐喻》，汪堂家译，上海：上海译文出版社，2004年。

[39] 〔法〕保罗·利科主编：《哲学主要趋向》，李幼蒸、徐奕春译，北京：商务印书馆，2004年。

[40] 〔法〕保罗·利科：《过去之谜》，綦甲福、李春秋译，济南：山东大学出版社，2009年。

[41] 〔法〕保罗·利科：《存在与诠释学》(1965)、《诠释学的任务》(1973)、《诠释学与意识形态批判》(1973)，洪汉鼎译，洪汉鼎主编：《理解与解释——诠释学经典文选》，北京：东方出版社，2006年。

[42] 〔法〕保罗·利科：《胡塞尔与历史的意义》(1949)，方向红译，倪梁康主编：《面对实事本身——现象学经典文选》，北京：东方出版社，2006年。

[43] 〔法〕保罗·利科：《论公正》，程春明译，北京：法律出版社，2007年。

[44] 〔法〕保罗·利科：《解释的冲突：解释学文集》，莫伟民译，北京：商务印书馆，2008年。

[45] 〔法〕保罗·利科：《论现象学流派》，蒋海燕译，南京：南京大学出版社，2010年。

[46] 〔法〕保罗·利科：《承认的过程》，汪堂家、李之喆译，北京：中国人民大学出版社，2011年。

[47] 〔法〕保罗·利科：《诠释学与人文科学——语言、行为、解释文集》，孔明安、张剑、李西祥译，北京：中国人民大学出版社，2012年。

［48］〔法〕保罗・利科：《作为一个他者的自身》，佘碧平译，北京：商务印书馆，2013 年。

［49］〔法〕保罗・利科：《从文本到行动》，夏小燕译，上海：华东师范大学出版社，2014 年。

［50］〔法〕保罗・利科：《爱与公正》，韩梅译，上海：华东师范大学出版社，2016 年。

［51］〔法〕保罗・利科：《记忆，历史，遗忘》，李彦岑、陈颖译，上海：华东师范大学出版社，2017 年。

［52］〔法〕保罗・利科：《弗洛伊德与哲学：论解释》，汪堂家、李之喆、姚满林译，杭州：浙江大学出版社，2017 年。

其他英文著作

［53］Auerbach, Erich. *Mimesis*. Translated by Willard R. Trask. Princeton: Princeton University Press, 1953.

［54］Althusser, Louis. *Lenin and Philosophy and Other Essays*. Translated by Ben Brewster. New York and London: Monthly Review Press, 1971.

［55］Agamben, Giorgio. *The Man Without Content*. Trans. Georgia Albert. California: Stanford University Press, 1999.

［56］Agamben, Giorgio. *Remnants of Auschwitz: The Witness and the Archive*. Trans. Daniel Heller-Roazen. New York: Zone Book, 1999.

［57］Agamben, Giorgio. *The End of Poem: Studies on Poetics*. Trans. Daniel Heller-Roazen. Stanford: Stanford University Press, 1999.

［58］Agamben, Giorgio. *Homo Sacer: Sovereign Power and Bare LIfe,* trans. Daniel Heller-Roazen, Stanford: Stanford University Press, 1998.

［59］Adorno, Theodor W. *Aesthetic Theory*. Ed. Gretel Adorno and Rolf Tiedemann, Trans. Robert Hullot-Kentor. London and New York: Continuum, 2002.

［60］Adorno, Theodor W. "Cultural Criticism and Society". in *Prisms*. trans. Samuel and Shierry Weber. Cambridge: The MIT Press, 1981.

［61］Attridge, Derek. *The Singularity of Literature*. London and New York: Routledge, 2004.

［62］Abel, Olivier and Porée, Jéôrme. *Le vocabulaire de Paul ricoeur*, Ellipses Édition Marketing S.A, 2007.

［63］Bergson, Henri. *Creative Evolution.* trans by Arthur Mitchell. New York: Random House, 1944.

［64］Bachelard, M. *La Poétique de l'Espace.* Paris, 1957.

［65］Benveniste, Émile . *Problèmes de Linguistique Générale I.* Paris: Gallimard, 1966.

［66］Bergeron, R. *La vocation de la Libertédans La philosophie de Paul Ricoeur*, Bellarmin-Editiions Universitaires, 1974.

［67］Bourgeois, L. *Extension of Ricoeur's Hermeneutics*, Nijhoff, 1975.

［68］Beardsley, Monroe C. *Aesthetics.* Hackett Publishing Company, 1981.

［69］Booth, Wayne C. *The Rhetoric of Fiction.* （Second edition） Chicago & London: The University of Chicago Press, 1983.

［70］Bakhtin.M. M. *Art and Answerability: Early Philosophical Essays.* Trans by Vadim Liapunov. Austin: University of Texas Press, 1990.

［71］Bottomore, Tom; Harris, Laurence(ed.). *A Dictionary of Marxist Thought.* Oxford: Blackwell Publishers Ltd, 1998.

［72］Bakhtin.M. M. *Toward a Philosophy of the Act.* Trans by Vadim Liapunov. Austin: University of Texas Press, 1999.

［73］Badiou, Alain. *Manifesto for philosophy.* New York Press, 1999.

［74］Badiou, Alain. *Theoretical Writings.* Edited and Translated by Ray Brassier and Alberto Toscano. Continuum, 2004.

［75］Badiou, Alain. *Fifteen Theses on Contemporary Art.* Lacanian ink. Vol.23, Spring 2004.

［76］Badiou, Alain. *Handbook of Inaesthetic.* Translated by Alberto Toscano. California: Stanford University Press, 2005.

［77］Badiou, Alain. *Philosophy as Creative Repetition.* Lacan.com. The Symptom, 2007（8）.

［78］Badiou, Alain. *Pocked Pantheon.* Translated by David Macey. Verso. 2009.

［79］Badiou, Alain and Truong, Nicolas. *In Parise of Love.* London: Serpent's Tail, 2012.

［80］Badiou, Alain. "Philosophy and Politics". Radical Philosophy. Vol. 96. July/August 1999.

［81］Bal, Mike. *Narrative Theory Volume* Ⅰ .Edited by London and New York: Routledge, 2007.

［82］ Baumann, Alison Scott. *Ricoeur and the Hermeneutics of Suspicion.* Continuum, 2009.

［83］ Blundell, Boyd. *Paul Ricoeur between Theology and Philosophy*, Indiana University Press, 2010.

［84］ Badiou, Alain. with Nicolas Truong. *In Praise of Love.* London: Serpent's Tail, 2012.

［85］ Clark, S H. *Paul Ricoeur.* London: Routledge, 1990.

［86］ Corospe, Athena E. *Narrative and Identity: An Ethical Reading of Exodus 4*, Leiden: Brill, Hotei Publishing, 2007.

［87］ Celan, Paul . "Aschenglorie". in *Breathturn.* trans. Pierre Joris. Los Angeles: Sun & Moon Press, 1995.

［88］ Deleuze, Giles. *Logique du sens.* Paris: Les Éditions de Minuit, 1969.

［89］ Deleuze, Giles. *Difference and Repetition.* trans. Paul Patton. Columbia University Press, 1995.

［90］ Derrida, Jacques . *Acts of Religion.* New York and London: Routledge, 2001.

［91］ Dowling, William C. *Ricoeur on Time and Narrative: An introduction to Temps et Récit*, University of Notre Dame Press, 2011.

［92］ Empiricus, Sextus. *Against the Musicians.* trans by Denise Greaves. Lincoln and London: University of Nebraska Press, 1986.

［93］ Eagleton,Terry. *The Event of Literature.* New Haven and London. Yale University Press, 2012.

［94］ Gilmore, Zackary; Donoughue, Jason (ed.). *The Archaeology of Events.* Tuscaloosa: The University of Alabama Press, 2015.

［95］ Hyppolite, Jean . *Genesis and Structure of Hegel's Phenomenology of Spirit.* trans. Samuel Cherniak and John Heckman. Evanston: Northwestern University Press, 1974.

［96］ Hahn, Lewis Edwin Edited. *The Philosophy of Paul Ricoeur.* Southern Illinois University Press, 1995.

［97］ Hardt, Michael and Negri, Antonio. *Empire.* Harvard University Press, 2001.

［98］ Hall, W. David. *Paul Ricoeur and the Poetic Imperative*, State University of New York Press, Albany, 2007.

［99］ Ihde, Don. *Hermeneutic Phenomenology: The Philosophy of Paul*

Ricoeur, Northwestern University Press, 1971.

[100] Jakobson, Roman. *Selected WritingsII*.The Hague·Paris, Mouton & Co, 1971.

[101] Jameson, Frederic. *The Political Unconscious*. Ithaca, N.Y: Cornell University Press, 1981.

[102] Joy, Morny. *Paul Ricoeur and Narrative: Context and Contestation*, University of Calgary Press, 1997.

[103] Jervolino, D. *Paul Ricoeur : Une herméneutique de la condition humaine,* Paris： Éd. Ellipses Marketing S.A, 2002.

[104] Justin, Mabiala; Kenzo, Robert. *Dialectic of Sedimentation and Innovation: Paul Ricoeur on Creativity after the Subject*, Peter Lang Publishing, Inc, New York, 2009.

[105] Kojève. *Introduction to the Reading of Hegel*. Trans. James H. Nichols. Ithaca and London: Cornell University Press, 1980.

[106] Kemp, T·Peter、 Rasmussen, David M. *The Narrative Path： The Later Works of Paul Ricoeur*, The MIT Press , 1989.

[107] Kaplan, David.M. *Ricoeur's Critical Theory*. Albany: State University of New York Press, Albany, 2003.

[108] Kaplan, David.M Edited. *Reading Ricoeur.* Albany: State University of New York Press, Albany, 2008.

[109] Kearney, Richard. *On Paul Ricoeur: the Owl of Minerva*, Ashgate Publishing Limeted, 2004.

[110] Korthals Altes, Liesbeth. "Ethical Turn." D. Herman et al. eds. *Routledge Encyclopedia of Narrative Theory*. London: Routledge, 2005.

[111] Levinas, Emmanuel. *De l'existence à l'existant*. Paris, France. Librairie Philosophique J. Vrin, 1986.

[112] Levinas, *Dieu, la Mort et le Temps*. Paris: Grasset, 1993.

[113] Levinas, *Autrement Qu'être Ou Au—Delà De L'Essence*. Paris: Kluwer Academic, 2006.

[114] Lyotard, Jean-François . *The Differend: Phrases in Dispute*. trans. Georges Van Den Abeele. Manchester: Manchester University Press, 1988.

[115] Lyotard, Jean-François. *The Postmodern Explained: Correspondence*

1982-1985. trans. Don Barry. Minneapolis: University of Minnesota Press, 1992.

[116] Lyotard, Jean-François. *Discours, Figure*. Paris: Klincksieck, 1971.

[117] Lyotard, Jean-François. *La Condition Postmoderne: Rapport sur le Savoir*. Paris: Minuit, 1979.

[118] Lyotard, Jean-François. *L'inhumain: Causeries sur le temps*. Paris: Galilée, 1988.

[119] Lyotard, Jean-François. *The Lyotard Reader.* ed. Andrew Benjamin. Oxford: Blackwell, 1989.

[120] Marcel, Gabriel. *Homo viator*. Paris: Aubier, 1944.

[121] Marcel, Gabriel. *Tragic Wisdom and Beyond*. Trans. Stephen Jolin and Peter Mcgormick. Evanston: Northwestern University Press, 1973.

[122] Mink, Louis O. *History and Fiction as Modes of Comprehension*, in New Directions in Literary History, edited by Ralph Cohen. Baltimore: Johns Hopkins University Press, 1974.

[123] Madison, G. *Sens et existence: En hommage à Paul Ricoeur*, Seuil, 1975.

[124] Millen, J·Hillis. *The Ethics of Reading*. New York. Columbia University Press, 1987.

[125] Mongin, Olivier. *Paul Ricoeur.* Editions du Seuil, 1994.

[126] Mootz III, Francis J and Taylor, George H Edited. *Gadamer and Ricoeur: Critical Horizons for Contemporary Hermeneutics.* Continuum, 2011.

[127] Martinich, A · P. *The Two Gods of Leviathan*. Cambridge: Cambridge University Press, 1992.

[128] Marinetti, F ·T. "Manifeste technique de la littérature futuriste". Milan: Direction du mouvement futuriste, May 11, 1912.

[129] Nkeramihigo, Th. *L'homme et la transcendence*, Lethielleux-Culture et vérité, 1984.

[130] Newton, Adam Zachary. *Narrative Ethics*. Cambridge: Harvard University Press, 1997.

[131] Philibert, M. *Paul Ricoeur ou la liberté selon l'espérance*, Seghers, 1971.

[132] Prince, Gerald. *A Dictionary of Narratology*. Lincoln: University of

Nebraska Press, 1987.

［133］Reagan, Charles E Edited. *Studies in the Philosophy of Paul Ricoeur.* Athens: Ohio University Press, 1979.

［134］Reagan, Charles E. *Paul Ricoeur: His Life and His Work.* Chicago: University of Chicago Press, 1996.

［135］Ritivoi, Andreea Deciu. *Paul Ricoeur: Tradition and Innovation in Rhetorical Theory.* State University of New York Press, 2006.

［136］Simms, Karl. *Paul Ricoeur,* London and New York Press, Routledge, 2003.

［137］Sim, Stuart ed. *The Lyotard Dictionary.* Edinburgh: Edinburgh University Press, 2011.

［138］Vanhoozer, Kevin J. *Biblical Narrative in the Philosophy of Paul Ricoeur: A Study in Hermeneutics and Theology.* Cambridge University Press , 1990.

［139］Williams, Raymond. *Keywords.* New York: Oxford University Press, 1985.

［140］Wood, David. *On Paul Ricoeur. Narrative and Interpretation,* London and New York：Routledge, 1991.

［141］Wall, John; Schweiker William and Hall, W. David Edited. *Paul Ricoeur and Contemporary Moral Thought.* New York and London: Routledge, 2002.

［142］Wall, John. *Moral Creativity: Paul Ricoeur and the Poetics of Possibility.* Oxford University Press, 2005.

［143］Žižek, Slavoj. *Event: Philosophy in Transit.* London: Penguin Books, 2014.

其他中文著作

［144］〔法〕埃米尔·本维尼斯特：《普通语言学问题》，王东亮译，北京：生活·读书·新知三联书店，2008 年。

［145］〔古罗马〕奥古斯丁：《论灵魂及其起源》，石敏敏译，北京：中国社会科学出版社，2004 年。

［146］〔古罗马〕奥古斯丁：《论三位一体》，周伟驰译，上海：上海人民出版社，2005 年。

［147］〔古罗马〕奥古斯丁：《忏悔录》，周士良译，北京：商务印书馆，1963 年。

［148］〔法〕阿尔都塞：《哲学与政治：阿尔都塞读本》，陈越编译，长春：吉林人民出版社，2011 年。

［149］〔美〕爱德华·W.萨义德：《世界·文本·批评家》，李自修译，北京：生活·读书·新知三联书店，2009 年。

［150］〔法〕阿兰·巴迪欧：《世纪》，蓝江译，南京：南京大学出版社，2011 年。

［151］〔法〕阿兰·巴迪欧：《瓦格纳五讲》，艾士薇译，郑州：河南大学出版社，2017 年。

［152］〔美〕阿兰·邓迪斯编：《西方神话学论文选》，朝戈金等译，上海：上海文艺出版社，1994 年。

［153］〔美〕安德鲁·劳斯主编：《古代经注：公元 1—800 年》（卷 1），石敏敏译，上海：华东师范大学出版社，2014 年。

［154］〔法〕阿尔都塞：《保卫马克思》，顾良译，北京：商务印书馆，2010 年。

［155］〔德〕阿多诺：《否定辩证法》，王凤才译，北京：商务印书馆，2019 年。

［156］〔意〕阿甘本：《奇遇》，尉光吉译，重庆：西南师范大学出版社，2018 年。

［157］〔意〕阿甘本：《潜能》，王立秋、严和来等译，桂林：漓江出版社，2014 年。

［158］〔意〕阿甘本：《无目的的手段：政治学笔记》，赵文译，郑州：河南大学出版社，2015 年。

［159］〔意〕阿甘本：《例外状态》，薛熙平译，西安：西北大学出版社，2015 年。

［160］〔意〕阿甘本：《渎神》，王立秋译，北京：北京大学出版社，2017 年。

［161］〔俄〕巴赫金：《巴赫金全集》（第一卷），钱中文主编，晓河、贾泽林等译，石家庄：河北教育出版社，1998 年。

［162］〔英〕鲍桑葵：《美学史》，张今译，北京：商务印书馆，1997 年。

［163］〔古希腊〕柏拉图：《柏拉图全集》（第一卷），王晓朝译，北京：人民出版社，2003 年。

［164］〔古希腊〕柏拉图：《柏拉图文艺对话集》，朱光潜译，北京：人民

文学出版社，2008 年。

[165] 〔德〕彼得-安德雷·阿尔特：《恶的美学历程：一种浪漫主义解读》，宁瑛、王德峰、钟长盛译，北京：中央编译出版社，2014 年。

[166] 〔法〕莫里斯·布朗肖：《亚米拿达》，郁梦非译，南京：南京大学出版社，2016 年。

[167] 〔法〕莫里斯·布朗肖：《无尽的谈话》，尉光吉译，南京：南京大学出版社，2016 年。

[168] 陈永国主编：《激进哲学：阿兰·巴丢读本》，北京：北京大学出版社，2010 年。

[169] 陈学明、王凤才：《西方马克思主义前沿问题二十讲》，上海：复旦大学出版社，2008 年。

[170] 〔法〕茨维坦·托多罗夫：《象征理论》，王国卿译，北京：商务印书馆 2010 年。

[171] 〔英〕德里克·帕菲特：《理与人》，王新生译，上海：上海译文出版社，2005 年。

[172] 〔意大利〕但丁：《致斯加拉亲王书》，缪灵珠译，章安祺编：《缪灵珠美学译文集》（卷一），北京：中国人民大学出版社，1998 年。

[173] 〔古希腊〕第欧根尼·拉尔修：《名哲言行录》，徐开来、溥林译，桂林：广西师范大学出版社，2010 年。

[174] 〔美〕达斯杜尔：《事件现象学——等待与惊诧》，孙鹏鹏、田瑞译，汪民安主编：《事件哲学》，南京：江苏人民出版，2017 年。

[175] 〔德〕恩斯特·布洛赫：《希望的原理》（第一卷），梦海译，上海：上海译文出版社，2012 年。

[176] 〔美〕E.D.赫施：《解释的有效性》，王才勇译，北京：生活·读书·新知三联书店，1991 年。

[177] 〔法〕弗朗索瓦·多斯：《解构主义史》，季广茂译，北京：金城出版社，2012 年。

[178] 〔德〕弗雷格：《弗雷格哲学论著选辑》，王路译，北京：商务印书馆，2006 年。

[179] 伏飞雄编：《保罗·利科的叙述哲学——利科对时间问题的"叙述阐释"》，苏州：苏州大学出版社，2011 年。

[180] 〔美〕弗里德里克·詹姆逊：《未来考古学：乌邦托欲望及其他科幻小说》，吴静译，南京：译林出版社，2014 年。

[181] 高宣扬：《利科的反思诠释学》，上海：同济大学出版社，2004 年。

［182］〔古希腊〕埃斯库罗斯等：《古希腊悲剧喜剧全集》（第2卷），张竹明、王焕生译，南京：译林出版社，2007年。

［183］〔德〕哈贝马斯：《后形而上学思想》，曹卫东、付德根译，南京：译林出版社，2012年。

［184］〔美〕赫伯特·施皮格伯格：《现象学运动》，王炳文、张金言译，北京：商务印书馆，2011年。

［185］〔美〕汉娜·阿伦特：《过去与未来之间》，王寅丽、张立立译，南京：译林出版社，2011年。

［186］〔美〕汉娜·阿伦特：《人的境况》，王寅丽译，上海：上海人民出版社，2009年。

［187］〔美〕汉娜·阿伦特：《论革命》，陈周旺译，南京：译林出版社，2011年。

［188］〔美〕汉娜·阿伦特编：《启迪：本雅明文选》，张旭东、王斑译，北京：生活·读书·新知三联书店，2012年。

［189］〔德〕黑格尔：《法哲学原理》，范扬、张企泰译，北京：商务印书馆，1979年。

［190］〔德〕黑格尔：《美学》（第二卷、第三卷），朱光潜译，北京：商务印书馆，2006年。

［191］〔德〕黑格尔：《精神现象学》，贺麟、王玖兴译，北京：商务印书馆，2011年。

［192］〔德〕海德格尔：《同一与差异》，孙周兴、陈小文、余明锋译，北京：商务印书馆，2014年。

［193］〔德〕海德格尔：《演讲与论文集》，孙周兴译，北京：生活·读书·新知三联书店，2011年。

［194］〔德〕海德格尔：《存在与时间》，陈映嘉、王庆节译，北京：生活·读书·新知三联书店，1999年。

［195］〔德〕海德格尔：《林中路》，孙周兴译，上海：上海译文出版社，2004年。

［196］〔德〕海德格尔：《荷尔德林诗的阐释》，孙周兴译，北京：商务印书馆，2000年。

［197］〔德〕胡塞尔：《欧洲科学的危机与超越论的现象学》，王炳文译，北京：商务印书馆，2001年。

［198］〔德〕胡塞尔：《纯粹现象学通论》，李幼蒸译，北京：商务印书馆，1992年。

[199] 〔德〕胡塞尔：《胡塞尔选集》（下），倪梁康选编，上海：上海三联书店，1997年。

[200] 〔捷克〕哈维尔：《哈维尔文集》，崔卫平编译，内部发行。

[201] 〔古希腊〕赫拉克利特：《赫拉克利特著作残篇》，〔加〕罗宾森英译、楚荷汉译，桂林：广西师范大学出版社，2007年。

[202] 〔英〕J.L.奥斯汀：《如何以言行事——1955年哈佛大学威廉·詹姆斯讲座》，杨玉成、赵京超译，北京：商务印书馆，2012年。

[203] 〔德〕伽达默尔：《诠释学 I：真理与方法》，洪汉鼎译，北京：商务印书馆，2007年。

[204] 〔美〕J.希利斯·米勒：《解读叙事》，申丹译，北京：北京大学出版社，2002年。

[205] 姜宇辉主编：《德勒兹身体美学研究》，上海：华东师范大学出版社，2007年。

[206] 〔德〕卡尔·曼海姆：《意识形态与乌托邦》，黎鸣、李书崇译，上海：上海三联书店，2011年。

[207] 〔德〕康德：《纯粹理性批判》，《康德著作全集》（第三卷），李秋零译，北京：中国人民大学出版社，2013年。

[208] 〔德〕康德：《纯然理性界限内的宗教》，《康德著作全集》（第六卷），李秋零译，北京：中国人民大学出版社，2013年。

[209] 〔法〕克洛德·穆沙：《谁，在我呼喊时——20世纪的见证文学》，李金佳译，上海：华东师范大学出版社，2015年。

[210] 〔法〕克里斯蒂昂·德拉克鲁瓦、弗朗索瓦·多斯、帕特里克·加西亚：《19—20世纪法国史学思潮》，顾杭、吕一民、高毅译，北京：商务印书馆，2016年。

[211] 〔以色列〕S.里蒙-凯南：《叙事虚构作品：当代诗学》，姚锦清译，北京：生活·读书·新知三联书店，1989年。

[212] 〔法〕勒维纳斯：《塔木德四讲》，关宝艳译，北京：商务印书馆，2002年。

[213] 〔法〕列维纳斯：《总体与无限：论外在性》，朱刚译，北京：北京大学出版社，2016年。

[214] 〔法〕列维纳斯：《时间与他者》，王嘉军译，武汉：长江文艺出版社，2020年。

[215] 李建盛：《理解事件与文本意义——文学诠释学》，上海：上海译文出版社，2002年。

[216] 〔法〕罗兰•巴尔特：《S/Z》，屠友祥译，上海：上海人民出版社，2000 年。

[217] 〔美〕拉塞尔•雅各比：《不完美的图像：反乌托邦时代的乌托邦思想》，姚建彬等译，北京：新星出版社，2007 年。

[218] 刘惠明：《作为中介的叙事——保罗•利科的叙事理论研究》，广州：世界图书出版公司，2013 年。

[219] 〔法〕雅克•朗西埃：《美学中的不满》，蓝江、李三达译，南京：南京大学出版社，2019 年。

[220] 〔德〕马克思：《资本论》（第一卷），《马克思恩格斯全集》（第四十四卷），北京：人民出版社，2001 年。

[221] 〔德〕马克思：《1844 年经济学哲学手稿》，北京：人民出版社，2008 年。

[222] 〔德〕马克思、恩格斯：《马克思恩格斯选集》第二版（一至四卷），北京：人民出版社，1995 年。

[223] 〔捷克〕米拉•昆德拉：《被背叛的遗嘱》，余中先译，上海：上海译文出版社，2003 年。

[224] 〔罗马尼亚〕米尔恰•伊利亚德：《神圣与世俗》，王建光译，北京：华夏出版社，2002 年。

[225] 莫伟民、姜宇辉、王礼平著：《二十世纪法国哲学》，北京：人民出版社，2008 年。

[226] 〔德〕马丁•布伯：《我与你》，陈维纲译，北京：生活•读书•新知三联书店 1986 年。

[227] 〔美〕A.麦金太尔：《追寻美德：道德理论研究》，宋继杰译，南京：译林出版社，2008 年。

[228] 〔美〕莫里斯•迈斯纳：《马克思主义、毛泽东主义与乌托邦主义》，张宁、陈铭康等译，北京：中国人民大学出版社，2013 年。

[229] 〔英〕尼古拉斯•布宁、余纪元编著：《西方哲学英汉对照辞典》，北京：人民出版社，2001 年。

[230] 〔德〕尼采：《权力意志》，孙周兴译，北京：商务印书馆，2009 年。

[231] 〔德〕尼采：《瓦格纳事件 尼采反瓦格纳》，孙周兴译，北京：商务印书馆，2011 年。

[232] 倪梁康：《胡塞尔现象学概念通释》，北京：生活•读书•新知三联书店，2012 年。

[233] 〔加〕诺思罗普•弗莱：《批评的解剖》，陈慧、袁宪军、吴伟仁译，

天津：百花文艺出版社，2006年。

[234]〔意〕普里莫·莱维，莱昂纳多·德·贝内代蒂：《这就是奥斯维辛　1945—1986年的证据》，沈萼梅译，北京：中信出版社，2017年。

[235]〔意〕普里莫·莱维：《被淹没与被拯救的》，杨晨光译，北京：中信出版社，2017年。

[236]〔斯洛文尼亚〕齐泽克：《意识形态的崇高客体》，季广茂译，北京：中央编译出版社，2014年。

[237]〔斯洛文尼亚〕齐泽克：《暴力：六个侧面的反思》，唐健、张嘉荣译，蓝江校，北京：中国法制出版社，2012年。

[238]〔美〕乔治·斯坦纳：《语言与沉默：论语言、文学与非人道》，李小均译，上海：上海人民出版社，2013年。

[239]〔法〕让-保罗·萨特：《萨特文学论文集》，施康强等译，合肥：安徽文艺出版社，1998年。

[240]〔奥〕让·埃默里：《罪与罚的彼岸：一个被施暴者的克难尝试》，杨小刚译，厦门：鹭江出版社，2018年。

[241]〔荷兰〕斯宾诺莎：《伦理学·知性改进论》，贺麟译，上海：上海人民出版社，2009年。

[242]〔德〕叔本华：《叔本华论说文集》，范进等译，北京：商务印书馆，1999年。

[243]〔法〕萨特：《辩证理性批判》，林骧华、徐和瑾、陈伟丰译，合肥：安徽文艺出版社，1998年。

[244]〔法〕单士宏：《列维纳斯：与神圣性的对话》，姜丹丹、赵鸣、张引弘译，上海：华东师范大学出版社，2018年。

[245]〔美〕梯利：《西方哲学史》，葛力译，北京：商务印书馆，1995年。

[246]〔英〕托马斯·莫尔：《乌托邦》，戴镏龄译，北京：商务印书馆，1982年。

[247]〔美〕唐纳德·戴维森：《真理、意义与方法　戴维森哲学文选》，牟博选编，北京：商务印书馆，2008年。

[248]〔美〕卫姆塞特、布鲁克斯：《西洋文学批评史》，颜元叔译，北京：中国人民大学出版社，1987年。

[249]〔德〕沃尔夫冈·伊瑟尔：《虚构与想象——文学人类学疆界》，陈定家、汪正龙等译，长春：吉林人民出版社，2003年。

[250]汪晖：《别求新声：汪晖访谈录》，北京：北京大学出版社，2010年。

［251］〔英〕休谟：《人性论》，关文运译，北京：商务印书馆，1996 年。

［252］〔古希腊〕亚里士多德：《形而上学》，吴寿彭译，北京：商务印书馆，1995 年。

［253］〔古希腊〕亚里士多德：《尼各马可伦理学》，廖申白译注，北京：商务印书馆，2003 年。

［254］〔古希腊〕亚里士多德：《诗学》，陈中梅译，北京：商务印书馆，1996 年。

［255］〔古希腊〕亚里士多德：《修辞术》，颜一译，苗力田主编：《亚里士多德全集》（第九卷），北京：中国人民大学出版社，1990 年。

［256］〔古希腊〕亚里士多德：《范畴篇》，秦典华译，苗力田主编：《亚里士多德全集》（第一卷），北京：中国人民大学出版社，1990 年。

［257］〔古希腊〕亚里士多德：《残篇·劝勉篇》，李秋零、苗力田译，苗力田主编：《亚里士多德全集》（第十卷），北京：中国人民大学出版社，1990 年。

［258］〔古希腊〕亚里士多德：《物理学》，张竹明译，北京：商务印书馆，2006 年。

［259］〔古希腊〕亚里士多德：《形而上学》，苗力田译，苗力田主编：《亚里士多德全集》（第七卷），北京：中国人民大学出版社，1990 年。

［260］〔德〕伊瑟尔：《阅读活动——审美反应理论》，金元浦、周宁译，北京：中国社会科学出版社，1991 年。

［261］〔德〕汉斯·罗伯特·耀斯：《审美经验与文学解释学》，顾建光、顾静宇、张乐天译，上海：上海译文出版社，2006 年。

［262］〔美〕约瑟夫·弗莱彻：《境遇伦理学——新道德论》，程立显译，北京：中国社会科学出版社，1989 年。

［263］〔德〕雅斯贝尔斯：《悲剧的超越》，亦春译，光子校，北京：工人出版社，1988 年。

［264］〔德〕卡尔·雅斯贝斯：《生存哲学》，王玖兴译，上海：上海译文出版社，2013 年。

［265］杨慧林：《在文学与神学的边界》，上海：复旦大学出版社，2012 年。

［266］姚满林：《利科文本理论研究》，北京：社会科学文献出版社，2014 年。

［267］张寅德编选：《叙述学研究》，北京：中国社会科学出版社，1989 年。

［268］周慧：《利奥塔的差异哲学：法则、事件、形式》，重庆：重庆大学出版社，2012 年。

[269] 赵毅衡：《广义叙述学》，成都：四川大学出版社，2013 年。

[270] 〔意〕詹尼·瓦蒂莫：《现代性的终结》，李建盛译，北京：商务印书馆，2013 年。

[271] 赵娜：《保罗·利科语义想象理论研究》，济南：山东大学出版社，2013 年。

中文论文类

[272] 〔法〕阿尔都塞：《阿尔都塞论艺术五篇》（上），陈越、王立秋译，《文艺理论与批评》2011 年第 6 期。

[273] 〔法〕阿尔都塞：《阿尔都塞论艺术五篇》（下），陈越译，《文艺理论与批评》2013 年第 1 期。

[274] 毕日生：《阿兰·巴丢"事件"哲学视域中的"非美学"文艺思想研究》，中国人民大学 2011 年文艺学博士学位论文。

[275] 〔美〕J.希利斯·米勒：《论文学的权威性》，国荣译，《文艺报》2001 年 8 月 28 日。

[276] 马大康：《论作为"事件"的文学作品》，《社会科学》2012 年第 11 期。

[277] 陶东风：《故事、小说与文学的本质——阿伦特、哈维尔、昆德拉论文学》，《文艺争鸣》2012 年第 3 期。

[278] 汤拥华：《伊格尔顿：作为'事件'的文学——从〈理论之后〉到〈文学事件〉》，《文艺理论研究》2014 年第 1 期。

[279] 汪向东：《对时间性问题之叙事解说》，2004 年复旦大学博士论文。

[280] 王金凤：《保罗·利科诗学思想研究》，山东大学 2009 年博士论文。

[281] 叶秀山：《哲学的希望与希望的哲学：利科对解释学之推进》，《中国社会科学院研究生院学报》1991 年第 4 期。

[282] 殷学明：《论文学作为事件存在》，《山西师大学报（社会科学版）》2011 年第 6 期。

[283] 赵东明：《利科的诠释学隐喻理论研究》，中山大学 2008 年博士论文。

[284] 张进：《马克思主义批评视域中的文学事件论》，《中国人民大学学报》2016 年第 3 期。

后 记

本书是在我的博士论文《保罗·利科"文学—事件"思想研究》（中国人民大学，2015 年）基础上的修改和推进。它的立项和出版得到国家社科基金后期资助项目"保罗·利科诗学的'事件'概念研究"（19FZWB068）的支持，感谢匿名评审专家和全国哲学社会科学规划办公室的帮助。

这是我个人目前最重要的著作，如要追问它"何以可能"，需要回到母校中国人民大学。由衷感谢我在中国人民大学的两位老师。导师卢铁澎教授，自我入门以来一直关心着我的学业和生活，告诫我研究要讲立场和方法，马克思主义和中国革命传统是我们的历史选择，是我们面对现代西方文论思潮理应坚守的底色。卢老师让我根据自己的学术兴趣与知识背景来自主选择博士论文选题，并对初稿提出很多中肯的意见，这些都令我难以忘怀。

感谢张永清教授，张老师一直关心我的学术发展，对我的点拨和帮助都是不遗余力的。张老师常提醒我要对提出的问题、试图解决的问题有明确的认识，自己找题目而不是向老师要题目。他还提醒我以后的研究要更集中才能更深入，这是我会铭记的教诲。

感谢江守义教授，他是我的启蒙老师，在他的建议下，我硕士阶段开始从朱光潜入手，进入西方美学、文论，进而选择叙事学为研究对象。也是在他的建议下，我报考中国人民大学文艺学专业，有幸来到海淀那小小的人大校园。博士阶段江老师也一直关心我的学习和生活，为这个不成器的学生操心。

其实老师除了指导你写出一篇及格的论文，拿到学位之外，并没有其他的义务。幸运的是，我所遇到的老师们都能以真正的学术标准来衡量我的学习成果，总会提醒我跳出井底，从未曾顾及的视角重新审视自己，不断补课。从开题到预答辩再到答辩，各位老师的意见帮助我获得了深化此项研究的机会，这些合力最终让本书从可能走向现实。

来到杭州师范大学后，在人文学院的领导和老师们的支持下，我得以持续推进博士论文的思路，最终完成这部书稿。这里要特别感谢洪治纲教授，单小曦教授，刘正平教授，陈兆肆教授，斯炎伟、俞晓霞教授夫妇和海明哥。

本书的部分内容曾在学术期刊公开发表：

1.《叙述智力、情节编排与身份认同——论保罗·利科的叙述动力学》，《安徽师范大学学报》2013 年第 1 期，《人大复印资料·文艺理论》2013 年第 6 期全文转载；

2.《作为实践的叙述》，《西部学刊》2014 年第 8 期；

3.《阿尔都塞与巴迪欧：文学实践的"终结"》，《文艺理论与批评》2015 年第 5 期；

4.《叙述的意识形态性及其超越——基于利科〈意识形态与乌托邦讲座〉的考察》，《文艺理论研究》2015 年第 6 期，《人大复印资料·文艺理论》2016 年第 6 期全文转载；

5.《西方文论关键词：事件》，《外国文学》2016 年第 3 期；

6.《利科与马克思：隐蔽的诗学关联》，《中国语言文学研究》2016 年第 2 期；

7.《保罗·利科的"话语事件"思想》，《安徽师范大学学报》2016 年第 3 期；

8.《论保罗·利科的神话诗学》，《民族文学研究》2017 年第 1 期；

9.《叙述的伦理性如何可能——评利科〈作为一个他者的自身〉》，《文艺研究》2017 年第 2 期，《人大复印资料·文艺理论》2017 年第 6 期全文转载；

10.《忠实于事件本身——保罗·利科的叙述伦理学》，《文艺研究》2020 年第 7 期，《人大复印资料·文艺理论》2020 年第 11 期全文转载；

11.《论作为事件的隐喻——基于利科〈活的隐喻〉》，《中国语言文学研究》2020 年第 2 期，《人大复印资料·文艺理论》2021 年第 8 期全文转载；

12.《事件、话语与艺术：重审利奥塔、利科之争》，《浙江学刊》2021 年第 4 期；

13.《事件的诗学：阿甘本与"奥斯维辛之后"命题》，《外国美学》2021 年第 2 期；

14.《回到叙述本身——保罗·利科的"事件解释学"》，《河北师范大学学报》2021 年第 6 期。

感谢编辑老师和匿名评审们对一个青年学人的无私支持。他们让我相信文艺学及其学术共同体的理论品格，并相信批评理论的未来。

感谢父母，是父母的支持和鼓励让我坚固信心，专心学业。当初少年时代即决心攻读博士学位，一路选择文科、中文系、文艺学，大抵是受了父亲（同为中文系本科毕业）潜移默化的影响。感谢他们的默默付出。

感谢面吉的辛劳，没有她迷你拉就不会整天吃吃玩玩睡睡，一直开心任性且宝气的。当然还有我的小帮手小鑫同学。

谨以此书向我的母校和老师们致敬！

刘欣

2021 年初疫情中于杭州小和山